ullstein

Das Buch

Leila wächst in einer idyllischen Kleinstadt in der Nähe von
Sarajevo auf. Sie hört Popmusik und liest gerne Liebesromane,
später will sie einmal Wirtschaftswissenschaften studieren. Leila
führt ein ganz normales Leben, bis der Ausbruch des Krieges in
Bosnien mit all seinen Schrecken über sie hereinbricht. Sie wird
in mehrere Lager verschleppt, gefoltert und systematisch vergewaltigt. Doch ihr Überlebenswille ist stark und ihr gelingt die
Flucht. Sie zieht mit einer serbischen Feldküche nahe der Front
durch den Krieg, bis sie schließlich zu ihrer Mutter zurück-
findet.

Die Autorin

Alexandra Cavelius arbeitete nach einem Volontariat in einer
Presseagentur als Redakteurin für eine Tageszeitung. Seit mehreren Jahren ist sie als freie Journalistin und Sachbuchautorin
tätig und publiziert in renommierten Zeitschriften- und Buch-
verlagen.

Alexandra Cavelius

LEILA

Ein bosnisches Mädchen

Ullstein

Besuchen Sie uns im Internet:
www.ullstein-taschenbuch.de

Die meisten Personen- und Ortsnamen in diesem
Buch sind aus Gründen der Sicherheit geändert
worden.

Umwelthinweis:
Dieses Buch wurde auf chlor- und säurefreiem Papier gedruckt.

Ungekürzte Ausgabe im Ullstein Taschenbuch
3. Auflage 2008
© Ullstein Buchverlage GmbH, Berlin 2007
© 2000 by Econ Ullstein List Verlag GmbH & Co. KG, München
Umschlagkonzept: Lohmüller Werbeagentur GmbH & Co. KG, Berlin
Umschlaggestaltung: Jorge Schmidt
Titelabbildung: © Julia Krüger
Druck und Bindearbeiten: CPI – Ebner & Spiegel, Ulm
Printed in Germany
ISBN 978-3-548-36282-3

Warum mußte ich dich erblicken,
dich, so zittrig, so zärtlich wie ein Tautropfen
nun friert mein müdes Herz,
und meine trüben Augen tragen den Schmerz.

Hast du ein Herz wie ein Eisberg,
du imaginäre Frau, die ich bewundere,
um alle Menschen zu quälen oder nur
diejenigen, die für dich leben?

Früher habe ich innig das Leben geliebt,
stürmisch gelebt wie auch viele andere,
und nun ist für mich nichts mehr wichtig,
weil du mein Leben wie ein Glas Wasser
ausgeschüttet hast.

Meine Tage vergehen so langsam, so leise, meine
Liebste, und du bist so weit weg, und doch so nah,
neben meinem Herz, im Tiefsten meiner Seele.
Ich wünsche mir so schmerzlich, dich wiederzusehen,
deine Stimme zu hören.
Aber es läßt sich nicht ändern: Du bist so weit weg
von mir.

Ratko für Leila

Die Kronzeugin

»Für die anderen Menschen hat der Krieg aufgehört. Für uns hat er erst angefangen«, sagt meine Mutter immer. Seit dem Ende der Kämpfe bestimmen Krankheit, Arbeitslosigkeit und Armut unseren Alltag. Es bleibt wenig Zeit zum Träumen. Meine Familie kämpft ums Überleben. Eigentlich müßte ich mich dringend um einen Job bemühen, aber das habe ich vorerst hintangestellt. Mein derzeitiges Leben ist ganz auf meine Aussage vor dem Obersten Gerichtshof ausgerichtet. Vermutlich im Frühling 2000 werde ich als Kronzeugin in Den Haag auftreten. Das Reden über all die schrecklichen Ereignisse, die hinter mir liegen, habe ich mühselig erlernt. Ich hatte bereits mehrere Male Besuch von Inspektoren, Staatsanwälten und Richtern. Man stellte mir viele Fragen und klärte mich über den Ablauf vor Gericht auf.

An jede Einzelheit, jede kleine Bewegung, jede Minute müßte ich mich erinnern. Ich muß wissen, zu welchem Zeitpunkt sich welcher Gegenstand wo befand. Ich will mich bemühen. Selbst wenn mir davor graut. Hoffentlich versagt mir nicht die Stimme. Und hoffentlich läßt mich mein Gedächtnis in der Aufregung nicht im Stich. Sonst schiebt mich der Richter als unglaubwürdige Zeugin ab. Nach all den Befragungen kehren die Alpträume wieder zurück. Nachts wache ich oft schreiend auf. Ich habe mit einer Therapeutin darüber gesprochen. Sie meinte, daß ich jetzt alles verarbeiten und langsam wieder in einen gesunden Zustand zurückkehren würde. Das wäre ein schmerzhafter Prozeß.

Angst meinen Vergewaltigern gegenüberzustehen habe ich nicht. Nach allem, was mir zugestoßen ist, fürchte ich außer dem Tod nichts mehr. Ich lebe für diesen Tag vor Gericht! Die Wahrheit darf nicht vergessen werden. Ich glaube an Gerechtigkeit. Und ich verlange, daß diese Männer bestraft werden. Man sagt, daß Gott alles sähe. Auch wenn er sich manchmal Zeit lasse.

Vergeben kann ich genausowenig wie vergessen. Das ist etwas, was einen ständig begleitet. Morgens, wenn man aufsteht, und abends, wenn man zu Bett geht. Nur wenn ich mit meinem Kind spiele, versinkt die Welt um mich herum. Lange Zeit verspürte ich schreckliche Mordgelüste. Ich wollte jeden einzelnen meiner Folterknechte aufsuchen und abstechen. Doch damals war ich wahnsinnig. Heute würde ich mich stolz wie eine Heldin vor sie hinstellen: »Seht her! Ich habe überlebt.« Und ich will weiterleben – trotz allem.

Geboren in B.

Der Aschenbecher ist randvoll. Daneben türmt sich Schokoladen- und Bonbonpapier. »Nervennahrung« nennt meine Mutter dieses Zeug. Vierundzwanzig Jahre alt bin ich und fühle mich doch oft wie eine Großmutter. Es ist lange her, daß ich als normales Mädchen ein normales Leben geführt habe. Meine Vergangenheit sieht man mir nicht an. Manche Leute behaupten sogar, daß ich schön wie Schneewittchen sei. Weiße Haut, schwarze Haare und Augen wie Kohle. Groß und schlank. Wie oft habe ich mir gewünscht, häßlich zu sein. Vielleicht wäre mir manches erspart geblieben. Wer mich genauer betrachtet, entdeckt meine vom Rheuma geschwollenen Gelenke und die verfaulten Zahnstummel, die ich zu verbergen versuche.

Das sind die äußeren Spuren meiner gestohlenen Jugend. Verlorene Jahre, in denen ich mich von fauligen Abfällen ernährte und mit menschlichen Bestien zusammengesperrt war. Ein Leben wie ein Herumirren in einem Alptraum. Meine Familie hatte ich zuletzt mit vierzehn gesehen. Bis zu unserer ersten Wiederbegegnung vergingen noch fünf Jahre. Erst an einer alten Operationsnarbe am Hals erkannte mich meine Mutter wieder.

Meine Kindheit liegt weit zurück, so weit, daß ich mich heute kaum noch daran erinnern kann. Geboren wurde ich an einem sonnigen Tag am 17. September 1976 in B. Das ist eine Kleinstadt mit zweitausend Einwohnern, etwa zwei Fahrstunden von Sarajevo entfernt. »3300 Kilogramm, 52 Zentimeter, kerngesund und putzmunter«, schrieb Mama in Schnörkelschrift in mein Babyalbum. Sie war damals einundzwanzig, Papa sechsundzwanzig.

Um uns herum gibt es nur Berge, Wälder und sonst nichts. Die Winter sind lang und eisig. Besonders begeistert war ich von dieser Gegend nie. Ich wollte immer lieber sehen, was hinter den Hügeln liegt. Das Ländliche an B. liebe ich, aber ich hasse es, wenn die Leute ständig die Nase in die Angelegenheiten der anderen stecken. Hier kennt jeder jeden. In Sarajevo könnte man in Unterhosen herumlaufen, und keiner würde darauf achten. In B. hingegen würde die ganze Stadt zur Hexenjagd aufrufen. Ich wollte immer weg von hier. Deshalb habe ich nach der achten Klasse Grundschule die erste Möglichkeit genutzt und meine Koffer gepackt. Damals hatte ich große Pläne. Ich wollte bei meinen Verwandten in der Krajina die Handelsschule besuchen und dort später studieren. Leider kam alles völlig anders.

Kindheit

Meine Kindheit war normal. Zumindest normal für diesen Ort. Die meisten Männer hier trinken. Man behauptet, daß das an der harten Arbeit im Bergbau und der düsteren Gegend liegt. Mein Vater hat auch getrunken. Meiner Meinung nach sogar am schlimmsten von allen. An meine ersten fünf Lebensjahre kann ich mich nur noch bruchstückhaft erinnern. Papa arbeitete damals als Schreiner. Mama war Hausfrau. Mit zwei anderen Familien lebten wir auf einer steilen Anhöhe. Eine Stunde brauchte man von dieser Einöde zu Fuß bis in die Stadt. Autos waren für uns unbezahlbare Luxusgüter. Außer ein paar Wölfen, vielen Bäumen und einem großen Wohnhaus, das im Krieg zu einer Kaserne umfunktioniert wurde, gab es nichts Aufregendes. Mama erlaubte mir nie, draußen alleine zu spielen. »Das Gelände ist zu gefährlich«, ermahnte sie mich. Doch kaum war sie mal einen Augenblick unaufmerksam, entwischte ich mit den anderen Kindern zu unserem Lieblingsfelsen. Meiner Mutter fiel ein Stein vom Herzen, als wir endlich am Stadtrand von B. eine Wohnung in einem kleinen Block fanden.

Statt auf dem Berg lebten wir nun in einer engen Schlucht, durch die sich ein Fluß schlängelte. Eine Brücke führte zu unserem Haus. Wir zogen in den zweiten Stock. Zwei Räume, Küche und ein Bad. Mama richtete alles sehr liebevoll mit Häkeldeckchen, Blumen und Ölbildern ein. Als ich viereinhalb war, kam mein

Bruder Emir zur Welt. Wir teilten uns ein Zimmer. Nachts kroch ich aber meist zu Mama unter die Bettdecke.

Kaum konnte der Kleine laufen, beklebten wir unser Zimmer mit Tierpostern und drückten unsere bemalten Hände auf die Wände. Mein Bruder bemühte sich eifrig, mir alles nachzumachen. Deshalb sahen unsere Zimmerhälften auch später noch sehr ähnlich aus. Bis auf kleinere Reibereien verstand ich mich mit Emir prima. Er war mein geliebtes Knuddelbaby. Erst in letzter Zeit hat sich unser Verhältnis ein bißchen getrübt. Emir beschwert sich öfter: »Leila kann machen, was sie will. Aber ich werde immer sofort ausgeschimpft.« Mein Bruder ist eifersüchtig, weil meine Mutter sich seit meiner Heimkehr besonders liebevoll um mich kümmert. Er reagiert so sauer, weil sie schon während des Krieges die Familie vernachlässigt hat. Tagein und tagaus hatte Mama nach mir gesucht. Und das jahrelang.

Mit der neuen Wohnung am Stadtrand wuchsen die Probleme zwischen meinen Eltern. Während Vater jede freie Minute in irgendeiner Kneipe verbrachte, übernahm unsere zart gebaute Mutter einen Job im Sägewerk. Über die harte Arbeit hat sie sich nie beklagt. Selbst wenn wir in dieser Zeit nicht besonders wohlhabend waren, hat es uns Kindern an nichts gefehlt. Das erste hübsche Kleid, das nach B. geliefert wurde, bekam immer ich geschenkt. Tagsüber kümmerte sich eine Bekannte um Emir und mich. Tante Marinka war spindeldürr und trug eine Brille. Täglich bürstete sie mein langes schwarzes Haar und las mir mein Lieblingsmärchen »Aschenputtel« vor.

Für die anderen Kinder war es bestimmt schlimm, wenn sie mich auftauchen sahen. Denn ich wollte immer die Chefin sein. Ich weiß noch, wie wir im Winter hinter unserem Haus an einem gefrorenen Wasserfall Eiskönigin spielten. Dort war es für uns wie in einem

Schloß. Selbstverständlich war ich die Königin, und die anderen mußten mir die Eiszapfen bringen. Während wir draußen Stühle aus Moos flochten oder auf dem Schlitten die Berge herunterrodelten, schleppte Mama Balken, stapelte Bretter oder legte Parkettböden. Nichts war ihr wichtiger, als daß es uns gutging. Und das hat sie, trotz meines Vaters, auch geschafft. Sie war immer wie ein Licht, das selbst den dunkelsten Raum noch erhellte.

In den allerschlimmsten Zeiten vertrank Papa beide Löhne. In solchen Fällen nahm Mama auch mal einen Kredit auf und veranstaltete trotz der Not eine kleine Party mit Süßigkeiten für uns. Sie war nie streng mit uns. Wenn mein Vater im Morgengrauen besoffen nach Hause schwankte, hörte man ihn schon von weitem auf der Brücke grölen: »O ja, deinetwegen bin ich jede Nacht blau. Mein Schätzchen, ich komm in deine Wohnung ...« Seine Stimme versetzte uns in Alarmbereitschaft. Mama wimmerte vor Angst. Es kam vor, daß Papa sie kurz darauf krankenhausreif prügelte. In solchen Situationen verhielten Emir und ich uns bereits wie ein eingespieltes Team. Während der Kleine sich unter seiner Bettdecke versteckte, streifte ich mir schnell eine Hose über. Dann schlich ich aus dem Haus und rannte zur zwei Kilometer entfernten Polizeistation. Dort verzogen die Beamten bereits gelangweilt die Gesichter, wenn ich keuchend die Tür aufstieß. Trotzdem begleitete mich ein Uniformierter nach Hause und hielt meinem Papa eine Moralpredigt.

Oft kauerte er heulend wie ein kleiner Junge am Boden und jammerte. »Ich weiß einfach nicht, wie ich das tun konnte.« An seinem schwarzen Schnurrbart klebte der Rotz. Papa war ein komischer Mann. Er schenkte mir einen Pelzmantel und nahm ihn mir zwei Wochen später wieder weg. »Du bist noch zu jung dafür«, erklärte er augenzwinkernd und küßte mich auf die Wange. Er schwang herzzerreißende Reden über Liebe und Fairneß. Und wir lauschten ihm hingerissen. Voller Bewunderung kniete er vor seiner Frau und dankte ihr: »Wie oft bin ich gestorben, und du hast mich wieder zum Leben erweckt.« Dabei roch er komisch aus dem Mund.

Einmal kam Mama abgearbeitet von der Nachtschicht. Als die Arme ihre Handtasche an der Garderobe abstellen wollte, schnappte mein Vater sie am Handgelenk und drosch auf sie ein. »Wo hast du gesteckt, du alte Schlampe?« brüllte er los. Er war immer übertrieben eifersüchtig auf seine hübsche Frau. Dabei war Papa derjenige, der fremdging. Selbst wenn der Lärm in unserer Wohnung unüberhörbar wurde, war von den Nachbarn keine Hilfe zu erwarten. Hinter verschlossenen Türen schlugen sie sich mit denselben Problemen herum. Nach einer Weile gelang es Mama, sich von dem Tobenden loszureißen und die Treppe herunterzuflüchten. Der Flur war mit Blut bespritzt. Unbemerkt folgte ich ihr, und gemeinsam hetzten wir zur Polizeistation. Als wir mit einem Beamten in unser Haus zurückkehrten, hatte mein Vater alle Kampfspuren bereits beseitigt. Das Blut war weggewischt, und die umgestürzten Möbel standen wieder an ihrem Platz. Im Aschenbecher lag sogar eine Zigarette mit Lippenstiftspuren. Solche Einfälle waren typisch für ihn. Noch unzählige Male sind wir nachts aufgestanden und streichelten der am Boden liegenden Mama über das blutverklebte Haar. Schnarchend lag unser Vater daneben. Am nächsten Tag schrieb er ihr auf einen Zettel: »Ohne dich wäre meine Seele eine nackte Wüste.«

Ich kann gar nicht zählen, wie oft ich mir als Kind eine glückliche Familie gewünscht habe. Um Papa zu beeindrucken, nahm ich an verschiedenen Gesangs- und Theateraufführungen teil. Meine Mutter hatte mich für diese Anlässe stets besonders hübsch hergerichtet. Bald war ich in der Stadt für meine Auftritte bekannt. Jedesmal suchte ich voller Hoffnung mit den Augen die Sitzreihen der Besucher ab. Aber Vater war nie darunter. Innerlich verteidigte ich sein Verhalten: »Er ist krank. In Wirklichkeit ist er ein guter Mensch.« Als ich vor zwei Jahren aus der Gefangenschaft zurückkehrte, wollte er mich nicht wiedersehen. Seitdem wechsle ich die Straßenseite, wenn ich ihm zufällig begegne. Fremden gegenüber erzähle ich heute, daß mein Vater bereits sehr früh verstorben ist.

Gegen mich erhob Papa nur ein einziges Mal die Hand. Einmal deckte ich den Tisch für Mama, Emir und mich, da polterte er unerwartet in die Wohnung und verlangte etwas zu essen. Erst am Tage vorher hatte er Milchtüten und Reis in einem Wutanfall aus dem Fenster geschmissen. Wir hatten aber Hunger. »Nein. Du bekommst nichts«, schrie ich ihn deshalb an. Im nächsten Moment verpaßte er mir so eine Ohrfeige, daß ich auf den Po fiel. Kurz darauf wollte er meinen Bruder im Suff mit einem Stuhl schlagen. »Ich schaffe das nicht mehr alleine«, klagte Mama. Für zwei Jahre schickte sie den Kleinen zu meinen heißgeliebten Großeltern nach K. in die Krajina. Das war etwa zweihundert Kilometer von uns entfernt.

Die Trennung von Emir war schrecklich für mich. Als ob man ein Körperteil von mir abgetrennt hätte. Mein einziger Verbündeter war weg! Mit den anderen Kindern redete ich nicht über die Probleme zu Hause. Zu sehr schämten sich alle für ihre Väter. Um die Tage mit dem Säufer leichter ertragen zu können, fieberte ich in Gedanken fortwährend auf die großen Ferien hin. Dann war endlich Sommer! Mama und ich reisten gemeinsam im Bus nach K. In dieser kleinen Stadt fühlte ich mich wie im Paradies.

Schulzeit

Aufgeregt zählte ich die Tage, bis ich eingeschult wurde. Als ich sieben war, ging es schließlich los. Da es keinen Bus gab, lief ich mit den vielen anderen Kindern zur Schule. Mir bereitete der Unterricht so viel Spaß, daß ich zu Hause immer drei bis vier Lektionen im voraus lernte. Mama schärfte mir ein, wie wichtig die Ausbildung für eine Frau wäre: »Du siehst, was aus mir geworden ist. Du sollst in der Zukunft von keinem Mann abhängig sein.« Bald war ich eine der Besten in der Schule. Sogar mein Foto stellte man im Schaukasten aus. Trotzdem war ich keine Streberin. Meistens streckte ich in der vorderen Bankreihe am Fenster die Füße aus, blickte in den Park und träumte vor mich hin. Dabei malte ich mir aus, wie ich als elegante Dame in einer amerikanischen Fernsehserie mitspielen oder als Pop-Sängerin mit rauschendem Applaus gefeiert würde. »Deine Phantasie hat dich vor dem Tod gerettet«, behaupteten die Therapeutinnen später.

Wir waren eine gemischte Klasse. Kroaten saßen neben Serben oder Muslimen wie mir. Alles, was ich über den Islam wußte, war, daß Moslems kein Schweinefleisch essen sollten. Früher habe ich die Gegensätze zwischen den Religionen nicht bemerkt. Man sah den Leuten schließlich nicht an der Nasenspitze an, ob sie orthodox, muslimisch oder sonst was waren. Kopfbedeckung und lange Gewänder trugen meist nur die älteren Frauen in B. Katholiken besuchten die Kirche und

Moslems die Moschee. Für mich war beides das gleiche. Der Rest – so wie ich – blieb lieber draußen und spielte. Nur die einfachen Leute vom Land achteten schon vor dem Krieg streng darauf, welcher Name welche Religionszugehörigkeit verriet. Mich interessiert das bis heute nicht.

Religion bedeutete mir nie besonders viel. Trotzdem würde ich mich als Gläubige bezeichnen. Ich bin nämlich der Ansicht, daß Gott oder irgendeine andere höhere Macht existiert. Wenn ich mich abends ins Bett legte, betete ich auch immer: »Lieber Gott, ich bitte dich, daß du mir morgen wieder einen schönen Tag schenkst.« Ohne meinen Glauben hätte ich den ganzen Wahnsinn wahrscheinlich nicht überstanden.

Genausowenig wie die Religion war Gleichberechtigung zwischen Männern und Frauen für mich ein Thema. Ich weiß noch, wie wir schwatzend mit einer kleinen Gruppe älterer Frauen bei uns in der Küche zusammenhockten. Da kam ein zehnjähriger Junge herein. Hektisch rafften die alten Frauen ihre Röcke und sprangen auf, um dem Knirps einen Platz frei zu machen. So was sah ich nicht ein. Wenn kein Platz mehr frei war, konnte es sich der Herr meinetwegen auf dem Boden gemütlich machen.

Für diese Gegend hier hatte mich meine Mutter ungewöhnlich fortschrittlich erzogen. Sie unterschied sich schon immer von den anderen. Während sich ihre Bekannten über Stricken und Kochen unterhielten, blätterte Mama lieber in Zeitschriften. Sie lackierte sich die Nägel, toupierte ihre Haare und zog sich schick an. Das bot natürlich reichlich Anlaß zum Tratsch. Im Sommer kaufte Mama mir Miniröcke. Spazierte ich mit den anderen Mädchen von der Schule nach Hause, drehten sich manche nach mir um und stöhnten: »Um Gottes willen, wie läuft die denn rum?«

Außer mir hatte meine Mutter niemanden, mit dem

sie über ihre Gefühle reden konnte. Ihre sieben Geschwister und Eltern lebten zu weit weg, in der Krajina. Deshalb war ich schon als Kind mehr ihre Freundin als ihre Tochter. Eines Tages sank Mama zwischen meine Malsachen auf den Boden und fing an zu weinen. Ich kritzelte gerade meinen Block mit dem Maskottchen der Olympischen Spiele voll. »Was hast du?« wollte ich wissen. Schluchzend sagte sie mir: »Ich weiß einfach nicht, was ich tun soll. Mit diesem Mann kann ich nicht mehr zusammenleben. Das bringt mich noch um. Ich muß mich scheiden lassen. Was denkst du darüber?« Zum ersten Mal hörte ich das Wort »Scheidung«. Ich war gerade zehn. Mama mußte mir erst mal erklären, was damit genau gemeint war. Als ich es kapiert hatte, erwiderte ich ihr: »Wenn so was möglich ist, dann mach' das. Das ist die einzige Rettung.« Drohend fügte ich hinzu: »Wenn du dich nicht scheiden läßt, dann verlassen wir dich.« Mein Bruder war zwischenzeitlich wieder nach Hause zurückgekehrt.

Als meine Mutter sich endlich zu einer Entscheidung durchgerungen hatte, unterstützten ihre Bekannten sie: »Du solltest diesen Kerl so schnell wie möglich vor die Tür setzen.« Diese klugen Ratgeber kehrten Mama allerdings den Rücken, als sie sich tatsächlich nach vierzehn Ehejahren von dem Säufer trennte. Zu jener Zeit war es sehr ungewöhnlich, daß eine Frau sich von ihrem Mann scheiden ließ – und nicht umgekehrt.

»Wie soll ich ohne dich leben?« explodierte der Vater. Und weil er kein Mann großer Worte war, reagierte er sofort wieder handgreiflich. Leider besaß man in B. eine seltsame Vorstellung von Gerechtigkeit. Die Richter beschlossen, daß Vater so lange in unserer Wohnung bleiben dürfte, bis Mama eine andere Unterkunft für ihn gefunden hätte. Der alte Säufer stellte sich aber bei den Vorstellungsgesprächen bewußt so dämlich an, daß ihn kein Vermieter freiwillig aufnehmen wollte.

Jugendzeit

Immer wieder lauerte Papa meiner Mutter auf und nahm ihr das ganze Geld weg. Glücklicherweise stand dann Goran, ein alter Freund des Hauses, am nächsten Tag mit vollen Tüten vor der Tür. Er war das ganze Gegenteil von meinem Vater. Ein rundlicher, etwas kleinerer und unglaublich herzensguter Mensch. Der 38jährige arbeitete als Maschinentechniker im Bergwerk. Ihn interessierte das Gerede der Leute nicht.

»Soll ich diesen Mann heiraten?« wollte meine Mutter eines Tages von mir wissen. Ich war platt, denn Mama hatte eigentlich die Nase gestrichen voll von all den Kerlen. »Goran? Der ist viel zu nett, um mein Vater zu sein«, schoß es mir durch den Kopf. »Wen sonst, wenn nicht den!« bestärkte ich sie. Doch innerlich trauerte ich ein wenig um meinen Vater. Goran selbst war seit längerer Zeit geschieden. »Ihr könnt für einige Monate bei meinen Eltern im Haus unterschlüpfen«, bot er uns an. Unser zukünftiger Stiefvater wollte dort zwei Zimmer für Mama, meinen Bruder und mich freiräumen. Da überlegten wir nicht lange.

Als sich die Heiratspläne meiner Mutter wie ein Lauffeuer verbreitet hatten, jaulte der ganze Ort vor Entsetzen auf. Eine muslimische Frau liebte einen kroatischen Mann. Das war zuviel des Guten. Nach B. war noch nicht vorgedrungen, daß gemischte Ehen in größeren Städten ganz alltäglich waren. Von einem Tag auf den anderen wendeten sich in der Schule alle Kinder von mir ab. Selbst Munevera und Nataša, meine besten Freundinnen, wollten nichts mehr mit mir zu tun haben. Sobald mich die beiden auf dem Pausenhof entdeckten, machten sie sich schnell aus dem Staub. Nach Hause mußte ich ab sofort auch immer alleine gehen. In diesem Moment habe ich zum ersten Mal begriffen, daß die Religionen Unterschiede zwischen den Menschen machen. In meiner Verzweiflung suchte ich sogar Zuflucht in einer Moschee. Allerdings fühlte ich mich dort genauso einsam wie draußen auf der Straße. Wahrscheinlich lag das daran, daß ich kein einziges Gebet kannte.

»Beeilt euch! Wir müssen raus aus der Wohnung, bevor euer Vater Wind von der Sache bekommt«, trieb Mama uns zur Eile an. Die Taschen waren bereits gepackt. Doch da tauchte Papa plötzlich wieder wie eine tückische Krankheit auf. Diesmal verletzte er Mama in seinem Rausch so sehr, daß sie für vier Monate ihr Gedächtnis verlor. Goran transportierte die Halbtote im Auto zu unserer neuen Bleibe. Als Mama aus der Bewußtlosigkeit erwachte, war sie total apathisch. Die einfachsten Dinge, wie Kochen oder Waschen, konnte sie nicht mehr ausführen. »Mama!« flehte ich sie an, »wach auf!« Doch sie hatte sogar meinen Namen vergessen.

Das war ein harter Schlag für mich. Sicherlich wäre es schlimm um mich bestellt gewesen, wenn Goran und der Rest seiner Verwandtschaft sich nicht aufopfernd um mich gekümmert hätten. Auf diese Weise begann, trotz der Krankheit meiner Mutter, die schönste Zeit in meinem Leben. Mit einemmal konnte ich mir vorstellen, was es bedeutete, einen Vater zu haben. Außerdem waren Kinder zum Glück nicht so nachtragend wie Erwachsene. Nach zwei Monaten hatten auch meine Freundinnen ihren Bann über mich wieder aufgehoben.

Unser Häuschen befand sich etwas abgelegen, nahe bei einem Steinbruch, wo ein kleiner Bach floß. Emir und ich tobten draußen herum. Kaum hatte sich Mama erholt, wiederholte sie unentwegt: »Dieser Mann ist ein Geschenk des Himmels.« Sie war inzwischen sechsunddreißig und strahlte vor Glück, als sie sich im schlichten weißen Hochzeitskostüm vor uns drehte. Aus gegebenem Anlaß feierten wir nur im kleinen Kreis. Mamas Freude war allerdings ein wenig getrübt. Ständig sorgte sie sich darum, wie ihre Eltern und Geschwister in K. diese zweite Hochzeit aufnehmen würden. Sie hatte ja auch ihren Eltern jahrelang verheimlicht, daß ihr Mann Alkoholiker war. So peinlich war ihr das gewesen.

»Vielleicht wollen sie jetzt nichts mehr von uns wissen«, versuchte Mama uns gefaßt beizubringen. Das traf Emir und mich hart. Wir liebten unsere Großeltern mehr als alles andere auf der Welt. Den Kummer hätten wir uns jedoch ersparen können. Denn gleich zwei Tage nach der Hochzeit reiste unser Opa mit dem Bus an, um seinen neuen Schwiegersohn kennenzulernen. Er blieb zwei Wochen und verabschiedete sich fröhlich von Mama: »Du hättest dich schon viel früher scheiden lassen sollen.«

Endlich flog Papa aus unserer Wohnung raus, weil er seit Monaten keine Miete und keinen Strom gezahlt hatte. Kurz darauf zog unsere frischgebackene Familie dort wieder ein. Mit der Hochzeit krempelte sich unser ganzes Leben um. Mittlerweile hatte Mama eine körperlich weniger anstrengende Arbeit in der Holzverarbeitung gefunden. Ich bemerkte auch schnell die Vorteile einer gemischten Ehe. Ab sofort gab es Hunderte verschiedene Festtage, die man miteinander begehen konnte. Wir feierten Weihnachten genauso wie das muslimische Neujahr. Gingen uns versehentlich mal die Feiertage aus, fanden wir todsicher einen anderen Anlaß für eine Party.

Die Tische bogen sich bei jedem Fest unter Kuchen und anderen Leckereien. Unter den Gästen waren meist einige Arbeitskollegen meiner Eltern und Gorans gesamter Familienclan. Besonders freute ich mich über meine Verwandten aus K. Da ich mich zu dieser Zeit für die Tollste hielt, wollte ich alle Gäste mit meinen Showeinlagen beeindrucken. Meistens schenkte man mir den erhofften Beifall. Erntete jedoch ein anderes Kind mehr Sympathien, kam es schon mal vor, daß ich unter dem Gelächter der Erwachsenen türenschlagend das Zimmer verließ.

Unser Stiefvater verwöhnte uns. Er schenkte mir sogar Puma-Sportschuhe, die ich mir seit Jahren heftig herbeigesehnt hatte. Einen Wunsch allerdings verweigerte er Emir und mir. »Kannst du nicht unseren Vater verprügeln? Dann läßt er Mama endlich in Ruhe!« versuchten wir ihn anzustacheln. Doch in seiner besonnenen Art entgegnete Goran: »Später würdet ihr es mir nachtragen, daß ich diesen Mann geschlagen habe. Er ist schließlich euer Vater.« Wahrscheinlich hatte er recht. Glücklicherweise stellte Papa seine Prügeleien von selbst ein, als meine Schwester Gorana geboren wurde. Endlich hatte er kapiert, daß es kein Zurück mehr gab. Ich war zwölf Jahre alt.

Erste Schwärmereien

Es begann die Zeit, in der unsere Mädchen-Clique Jungen gleichzeitig blöd und faszinierend fand. Mit meinem kleinen Bruder hatte ich mit Eintritt in die Pubertät nicht mehr so viel zu tun. Er war mit seinen acht Jahren eben noch ein Baby. Wir gingen uns, so gut es möglich war, aus dem Weg. Wollte ich alleine sein oder mich umziehen, verließ er ohne Aufmucken das Zimmer. Unsere Tierposter hatten Emir und ich mittlerweile gegen Bilder von Michael Jackson oder Madonna ausgetauscht.

Nach der Schule zappten wir zwischen den Fernsehprogrammen hin und her. Ich liebte damals Soap-Operas und Action-Filme. Außerdem schwärmte ich für Liebesromane von Danielle Steele. Darin drehte es sich meist um Liebe, Leidenschaft, Verrat und Tod in gefährlichen Zeiten. Im Mittelpunkt stand meist ein armes Mädchen, das nach schrecklichen Verwicklungen ihren Märchenprinz kennenlernte.

Als angehender Teenager war ich ziemlich eitel. Ich sang vor dem Spiegel, zog mich alle zwei Minuten um und band mir den Schmuck vom Weihnachtsbaum um den Kopf. Im Sommer riet mir Mama immer: »Binde dir doch die Haare hoch.« Doch lieber wollte ich mich zu Tode schwitzen, als diese Pracht zu verstecken. An Selbstbewußtsein hat es mir wirklich nicht gemangelt. Ich fühlte mich unbesiegbar. Gemeinsam mit Nataša und Munevera schminkte ich mich heimlich. Wir quatschten über irgendwelche Sänger und Kino-Stars, probierten neue Schrittkombinationen aus und bemühten uns, so auszusehen wie unsere Idole.

Meine Regel bekam ich zum ersten Mal mit zwölf. Danach blieb sie bis zu meinem sechzehnten Lebensjahr aus. Das war vielleicht ein Riesenschreck, als ich auf der Toilette in der Schule das Blut in meiner Unterhose entdeckte. Die Lehrerin schickte mich nach Hause, und Mutter schleppte mich besorgt zum Arzt: »Das ist noch ein bißchen zu früh für die Menstruation«, glaubte sie. Der Arzt beruhigte uns und klärte mich über Sexualität auf. Mit unschuldiger Miene lauschte ich ihm. In Wirklichkeit wußte ich wie alle Kinder in meinem Alter darüber schon ziemlich gut Bescheid. Schließlich hatte ich oft genug Fernsehen geguckt und mit meinen Freundinnen über dieses Thema gekichert.

Voller Stolz zeigte ich Mama den ersten Ansatz meiner Brüste. Sofort schenkte sie mir einen Büstenhalter und schöne Wäsche. Mama hat mir nie zu verstehen gegeben, daß Geschlechtsverkehr etwas Unanständiges wäre. Sex war ihrer Meinung nach das Intimste und Innigste, was zwischen zwei Menschen existierte. Damals war ich noch so naiv, daß ich das geglaubt habe. So sehr hat mich dieses Thema nun aber auch noch nicht interessiert. Ich stand gerade erst am Anfang und ähnelte noch einem dünnen, zu groß geratenen Spargel.

Im Gegensatz zu meinen Freundinnen durfte ich nur ziemlich selten in die Disko gehen, obwohl es dort sehr gesittet zuging. Zwischen Mädchen und Jungen hing stets so etwas wie eine unsichtbare Trennwand. Unter der Lichtorgel nippten wir an unserer Cola und prüften mit kritischen Blicken, wer die Schönsten im Lande waren. Mama verbot mir die Besuche mit Ausflüchten wie: »Der Weg ist zu weit« oder »Es ist zu viel Verkehr auf der Straße«. Natürlich empörte mich das. Allerdings war ich nie eine große Rebellin. In der Regel habe ich Mama gehorcht. Dafür mußte sie sich aber ziemlich deutlich meine Meinung über ihre Gebote anhören.

Wenn ich abends zu Hause bleiben mußte, kritzelte ich mein Tagebuch mit meinen unerfüllten Sehnsüchten voll: »Liebe hat einen besonderen Klang. Liebe ist wie ein Traum. Liebe ist ein Wort, das man manchmal nicht aussprechen kann. Liebe ist eine Macht, die nie vergehen soll.« Oft klebte ich Bildchen von meinem Lieblingsstar Michael Douglas dazu. Ein schlechtes Männerbild hatte ich trotz meines trinkenden Vaters auf keinen Fall. Schon als Kind war ich der Auffassung, daß man Menschen nicht in Schubladen stecken dürfte.

Von einer Beziehung hatte ich sehr romantische Vorstellungen. Als Traumpartner stellte ich mir einen echten Gentleman vor. Einer, der mir bei Kerzenlicht einen Platz im Restaurant anbot und mich wie eine Prinzessin verwöhnte. In der Teenagerzeit schenkte ich einem Jungen namens Haris meine Aufmerksamkeit. Er war ein sportlicher Typ, der gute Witze riß und immer im Mittelpunkt stand. Hinsichtlich Haris erinnere ich mich an große Mengen Eiscreme und Lachkrämpfe im Park. Liebesschwüre oder gar ein Kuß waren tabu. Als höchstes der Gefühle hat er mir meine Schultasche geklaut und ist damit johlend weggerannt. Diese Jungs waren einfach noch zu blöd für ihr Alter.

»Stell dir vor, heute hat Haris beim Spazierengehen meine Hand gestriffen«, schnatterte ich los, kaum daß ich zu Hause die Tür geöffnet hatte. Mit einer Engelsgeduld hörte Mama meinen ausschweifenden Ergüssen zu. Für mich war sie wie eine große Schwester und natürlich mein Vorbild. Ich versuchte, mich ähnlich wie sie anzuziehen, genauso zu frisieren und ihr Verhalten nachzuahmen. Bis heute verstehe ich nicht, wie sie es trotz schlimmster Umstände stets geschafft hat, ein Lächeln auf ihr Gesicht zu zaubern.

Die Tage in B. waren ein bißchen langweilig. Nach der Schule trafen sich die Jugendlichen im Park. »Was ziehen wir morgen an?« überlegten Munevera, Nataša und ich. Damals trug ich hypermoderne Stiefel mit Nieten, die bis zu den Knien reichten. Wir diskutierten über Klamotten, Musik oder alltäglichen Kram. Politische Themen interessierten uns nicht. Jeden Tag entwarf ich mit meinen Freundinnen ein neues Bild über unsere Zukunft. Mal sahen wir uns als Schauspielerinnen dann wieder als Ärztinnen oder Sängerinnen.

Das einzige Ziel, das mir keine Entscheidungsschwierigkeiten bereitete, hieß: »Weg von B.!« Mir war nach der achten Klasse Grundschule auch schnell klar, wohin ich gehen würde. Ich hätte zu Verwandten nach Zagreb oder Rijeka ziehen können, aber in K. gefielen mir Landschaft und Leute am besten. Dort wollte ich die Mittelschule besuchen und anschließend ein Wirtschaftsstudium beginnen. Meinen 15. Geburtstag feierte ich bereits dort.

Auf in die Krajina

»Bleib doch bei uns«, lag mir meine Mutter in den Ohren. »Was soll ich in diesem Loch?« hielt ich ihr entgegen. Darauf fiel Mama auch keine richtige Antwort ein. Sie hätte mich gerne bei sich behalten und hier auf die weiterführende Schule geschickt. Doch nichts konnte mich von meinem Vorhaben abbringen, obwohl mir die Trennung von meiner Familie unglaublich schwerfiel.

Im September 1991 half mir Mama, meinen Koffer zu packen. »Willst du es dir nicht doch noch mal überlegen? Vier Jahre auf der Mittelschule ist eine lange Zeit«, versuchte sie mich weichzukriegen. Als ich mein hartnäckiges Kopfschütteln wiederholte, gab sie schließlich auf. Für meinen Dickschädel war ich ja ziemlich bekannt. Aufgeregt verstaute ich meine Michael-Jackson-Kassetten, die Puma-Turnschuhe und all meine kleinen Schätze.

Am Busbahnhof küßten und umarmten wir uns alle noch einmal. Tapfer lachte ich. Zuletzt drückte ich der kleinen Gorana einen Schmatzer auf ihre runden Pausbäckchen. Wehmütig winkte ich aus dem Busfenster. Mama wischte sich ihre Tränen mit dem Taschentuch ab. »Bis bald!« riefen wir uns durch die Scheibe zu. Damals konnte ich nicht ahnen, daß sich das »bald« zu einer Ewigkeit ausdehnen würde. Erst fünf Jahre später würde ich meiner Mutter wieder gegenüberstehen. Als Fremde.

»Wenn das Heimweh zu groß wird, fahre ich einfach

für ein paar Tage nach Hause«, tröstete ich mich die nächsten drei Stunden. Je näher der Bus aber auf K. zurollte, desto mehr löste sich der Kloß in meinem Hals. Endlich wieder Oma und Opa, meine Lieblingstante Amila, den Lieblingsonkel Senad und all die anderen wiedersehen. Mutters drei Brüder und eine Schwester lebten samt Familienanhang in K.

Das Haus meiner Großeltern befand sich inmitten eines riesigen Grundstücks, das mit Obstbäumen bewachsen war. Drumherum hatten meine anderen Verwandten ihre Häuser gebaut. So waren sich alle ganz nah. Im Hof plätscherte ein Springbrunnen. Der jüngste Onkel Cazi war zwanzig. Er machte gerade eine Ausbildung zum Handelsfachmann und wohnte im Dachgeschoß des Hauses meiner Großeltern.

»Da bist du ja endlich«, begrüßte mich Oma mit ausgebreiteten Armen im Hof. Ihre Fröhlichkeit steckte mich sofort an. Ich hing an dieser schmalen Person im knielangen Röckchen fast wie an meiner Mutter. Ihre kurzen Haare waren pechschwarz gefärbt. Gleich darauf erschien mein Opa. Ein hochgewachsener, korpulenter und sehr gepflegter Mann. Seine Hemden spannten ein wenig über dem Bauch. Auf seinem Kopf wuchsen noch spärlich einige braune Haare. Opa war im Zweiten Weltkrieg schwer am Arm verwundet worden. Seither bezog er eine Kriegsrente.

In der Wohnung duftete es herrlich nach Quitten, die Oma im Garten gepflückt hatte. Der lange Tisch im Eßzimmer war fürstlich gedeckt. Abends speisten wir in großer Runde. Opa thronte am Kopf des Tisches. Alle wollten mich willkommen heißen. Das war ein ständiges Kommen und Gehen. Am nächsten Tag richtete ich mir mein schönes helles Zimmer ein. Das Bücherregal stopfte ich sofort mit meinen Liebesromanen voll. Die Wände dekorierte ich mit Fotos von Gorana, Emir und Goran. Mutters Bild hing in der Mitte in einem Rahmen, der aussah wie ein Stern. Dann setzte ich mich erst mal an meinen Schminktisch und betrachtete mich ernst im großen Spiegel.

K. war meine Traumstadt. Sie war etwas größer und moderner als B. Ein besonders dicker Pluspunkt war der tolle Badestrand am Fluß. Außerdem türmten sich um K. keine dunklen Berge auf. In der neuen Schule freundete ich mich mit Sabina und Ferida an. Nach den Hausaufgaben verabredeten wir uns am Strand. Fast jeden Tag probierte ich einen anderen Badeanzug aus. Zweiteiler, Einteiler, Mehrteiler.

Die mollige Sabina beschäftigten andere Probleme als mich. Sie wollte unbedingt schwimmen lernen. Einmal paddelten wir mit ihrem Freund Ibrahim in einem Boot den Fluß entlang. Augenzwinkernd verständigte ich mich mit ihm. »Hauruck!« packten wir die kreischende Sabina, schmissen sie ins Wasser und sprangen schnell hinterher. Auf diese Weise haben wir ihr das Schwimmen beigebracht.

Nachmittags jobbte ich in einem Kiosk, der meinem Lieblingsonkel Senad gehörte. Das machte mir Spaß, und gleichzeitig verdiente ich ein kleines Taschengeld dabei. Ich verkaufte dort Milch, Zigaretten, Kekse und solche Sachen. Senad handelte mit Lebensmitteln. Nur Schweinefleisch verkaufte er nicht. In K. lebten nämlich ausschließlich Moslems. Senad besaß das größte Haus auf dem Grundstück meiner Großeltern. Da ihm vier Autos gehörten, brauchte er als einziger auch eine eigene Zufahrt. Am Kiosk besuchte mich regelmäßig Sabina und schwärmte mir von ihrem Freund vor. Einziges Ziel in ihrem Leben schien die Heirat zu sein.

Mehrmals täglich schaute ein junger Mann am Kiosk vorbei. Ein hübscher, aber ziemlich eingebildeter Kerl. Mit Sabina machte ich mich über meinen Verehrer lustig. Mehmet arbeitete nebenan in einer Autowerkstatt. Er buhlte um meine Gunst, weil seine Eitelkeit es nicht vertrug, daß ich ihn immer kühl abblitzen ließ. Der Arme erkundigte sich jedesmal ganz irritiert: »Was ist denn mit dir los?« Natürlich bekam er keine befriedigende Antwort, so daß er am nächsten Tag wieder auftauchte.

Nach der Arbeit schaute ich je nach Lust und Laune bei einem meiner Onkels oder Tanten vorbei. Meine Lieblingstante war die lustige Amila. Sie war Lehrerin und mit sechsundzwanzig noch relativ jung. Gemeinsam mit Onkel Muhammed hatte sie zwei kleine Kinder. Überhaupt wimmelte es von Babys und Kleinkindern auf unserem Hof. Es war immer was los. Treffpunkt war bei Oma und Opa im Haus, danach schwärmten wir wie die Bienen aus. Bevor ich mich mit Ferida und Sabina traf, kämmte mir Oma mein langes schwarzes Haar, bis es wie polierte Kastanien glänzte. Im Ort gab es ein großes Hotel mit Disco. In bauchfreien Shirts drehten wir uns auf der Tanzfläche. Ich habe mich stets sehr bemüht, nach der neuesten Mode angezogen zu sein.

Meine Großeltern waren wie meine Mama sehr tolerant. Trotzdem mußte ich abends spätestens um zehn wieder zu Hause sein. Wenn ich meiner Oma über Sabinas Freund vorschwärmte, ermahnte sie mich: »Was kümmern dich die anderen! Sieh zu, daß du deine Schule schaffst. Mit den Männern, das hat noch Zeit.« Sie war eben ein bißchen altmodisch. Ab und an veranstalteten wir auch bei uns im Haus eine Party. In anderen Haushalten war es üblich, daß sich Frauen und Männer in getrennten Räumen aufhielten. Durch die offene Tür schielten sie dann zueinander hinüber. Uns war das zu umständlich. Wir setzten uns alle zusammen in ein Zimmer und stießen miteinander an.

Die Tage waren so ausgefüllt, daß ich erst abends im Bett zum Nachdenken kam. Dabei überfiel mich regelmäßig Heimweh. Jede Nacht heulte ich mein Kissen naß. Trotzdem wollte ich um jeden Preis die Schule durchziehen. Um den Schmerz zu lindern, telefonierte ich mindestens zehnmal am Tag mit meiner Mutter. Zum Glück beschwerte sich nie jemand über die hohe Telefonrechnung. »Was gibt's Neues? Wohin gehst du abends aus?« überhäufte mich Mama mit Fragen. Wie immer erzählten wir uns bis ins kleinste Detail, was wir erlebt hatten. »Ich habe Sehnsucht nach dir, aber hier ist es super«, schwatzte ich dahin. Meine Tränen erwähnte ich lieber nicht. Sonst hätte mich Mama sofort nach Hause geholt. »Bald komme ich zu Besuch«, versprach sie mir. Momentan wäre sie sehr eingespannt mit der Arbeit und meinen kleinen Geschwistern. Einige Monate danach war es jedoch zu spät. Der Krieg hatte begonnen. Es gab kein Durchkommen mehr.

Kriegsausbruch

06.04.1992
In Sarajevo hat der Krieg begonnen.
Das Leben in B. ist nicht einfach. Es gibt keine Löhne
mehr. Die Schlange vor dem Roten Kreuz wird immer län-
ger.
aus dem Tagebuch der Mutter

Von einem Tag auf den anderen begannen sie, auf uns zu
schießen. Warum? Weil ich Leila hieß? Niemand kapierte das! Als der Krieg ausbrach, war ich sechzehn. Inner-
halb weniger Monate wurde ich mit einem Schlag er-
wachsen. Seit in Sarajevo die Kämpfe eingesetzt hatten,
versammelten wir uns bei Oma und Opa im Wohnzimmer, hörten Nachrichten im Radio und hockten vor
dem Fernseher. Die Zusammenhänge waren mir schlei-
erhaft. Was hätte ein junges Mädchen auch von all dem
verstehen sollen? Abends beim Essen diskutierten wir
darüber, ob es auch bei uns Krieg geben würde. Wir waren alle große Optimisten und der Ansicht: »Nie im Leben.« Nur mein Opa, der alte Kriegsveteran, schüttelte
traurig den Kopf und behauptete: »Wartet ab! Uns wird
es auch noch treffen.«
 Eines Morgens weckte mich ein fernes Donnern.
»Gleich wird's regnen«, nahm ich an. Da mein Magen
knurrte, zog ich mir was über und wollte runter zum
Frühstücken gehen. Als ich durch den Korridor lief, sah
ich meine Großmutter, die schluchzend am Fenster saß.
»Oma, was hast du?« fragte ich sie. »Guck doch mal,

Leila, der Krieg hat begonnen«, antwortete sie und zeigte aus dem Fenster. Es rauchte und grollte am Stadtrand. Ich weinte, weil meine Oma weinte. Bisher kannte ich den Krieg nur aus dem Geschichtsunterricht und aus schlechten Action-Filmen wie »Rambo«. Niemand konnte diesen Irrsinn begreifen, bevor er ihn nicht selber erlebt hatte.

31. 05. 1992
In der Nähe von B. finden die ersten Zusammenstöße zwischen der HVO* und den Serben statt. Heute waren die Sirenen zweimal zu hören. Bei den Serben starben drei Männer und bei der HVO einer.

aus dem Tagebuch der Mutter

Sobald das Telefon frei war, stürzte ich hin und rief bei Mama an. Mit großem Ernst erklärte sie mir, daß in Sarajevo die Situation sehr kritisch wäre. Dann weinte sie und ermahnte mich, daß ich auf Oma und Opa hören sollte. »Mach dir keine Sorgen, bald ist alles wieder vorbei. Ich komme, so schnell es geht«, sprach sie mir Mut zu. Mit der Bombardierung der großen Nachbarstadt Biha setzte aber auch für uns der Krieg ein.

Die Tür wurde aufgerissen, und Tante Mirsa aus Biha stürmte in den Flur. Sie war völlig aufgelöst. Opa versuchte, sie zu beruhigen und drängte gleichzeitig ungeduldig: »Erzähl, was passiert ist.« Tante Mirsas Haare waren zerzaust. Sie stöhnte: »Eine Granate ist neben unser Haus gefallen.« Von der gewaltigen Druckwelle wären alle auf den Boden gerissen worden. Unter den umgestürzten Möbeln und Trümmern hätten sie ihre dreijährige Tochter nicht finden können. Erst eine halbe Stunde später fand ihr Mann die Kleine. Durch ein aufgerissenes Loch war sie herabgestürzt. Das Mädchen

---

* Kroatische Armee in Bosnien

hätte die Sprache für Stunden verloren, aber glücklicherweise war sie nur leicht verletzt. Dann berichtete Tante Mirsa, daß sie viele Tote und Verletzte auf der Straße gesehen habe. »Das kann doch nicht wahr sein«, verschlug es Onkel Senad fast die Sprache. Keiner von uns hatte mit so was gerechnet. Nach wie vor gingen wir alle ganz normal unserer Arbeit nach. Doch mit dem Besuch meiner Tante wurde mir klar, daß sich unser Leben nun ernsthaft verändern würde.

Es dauerte nicht lange, da war K. eingekesselt. Man bombardierte und beschoß uns von allen Seiten. Über den ersten Granateinschlag in unserer Nähe erschrak ich sehr heftig. Mit einem Satz hechtete ich unter den Wohnzimmertisch und blieb dort, lange nachdem der Einschlag verhallt war. Es war schon merkwürdig, wie schnell man sich an diesen Kriegsalltag gewöhnte. Nach vierundzwanzig Stunden waren einem bereits die einfachsten Regeln vertraut. Vom Fenster wegbleiben und sich ducken. Anfangs gab es nur Verwundete, keine Toten. Die Serben attackierten vorwiegend die Industrieanlagen in den Vororten. Höchstens zwei oder drei Häuser im Ort waren völlig zerstört. Schnell nahmen jedoch die Angriffe auf die Zivilbevölkerung zu.

Gegenseitig spendeten wir uns Trost: »Bald wird wieder alles gut.« Tagsüber kreisten meine Gedanken ständig um Mama. Das verlieh mir die Kraft zu lächeln. Nur nachts fühlte ich mich schwach: »Meldet sich Mama morgen? Sagt sie mir, daß alles bald wieder aufhören wird?« Doch es folgte kein Anruf mehr. Die Verbindung war zusammengebrochen. Natürlich war mir bewußt, daß man im Krieg sterben konnte. Trotzdem blieb ich relativ gelassen. Am meisten von allem schmerzte mich, daß Mama mich nicht anrufen konnte.

Ich fühlte Angst, aber nie diese panische Angst wie meine Tanten. Sobald draußen dumpf die Einschläge krachten, brach Panik unter ihnen aus. Sie weinten, schrien und wußten nicht, wo sie sich mit ihren Kleinen verstecken sollten. Meine Verwandten haben mich alle sehr geliebt, aber jetzt machten sie sich in erster Linie um ihre eigenen Kinder Sorgen. Mich hatten sie vergessen.

Wenn die Sirenen zu heulen begannen, stürzten wir in den Keller. Ein etwa zwanzig Quadratmeter großer Raum, in dem es dunkel wie in einem Tunnel war. Früher lagerten dort die Wintervorräte. Jetzt drängten sich hier an manchen Tagen zwanzig oder mehr Personen eng aneinander, weil auch die Nachbarn bei uns Schutz suchten. Der Keller bebte unter den Bombardierungen. Wir hatten keine Kerzen. Geredet wurde kaum. Einige weinten. Mein jüngster Onkel Cazi zitterte wie Espenlaub. Die Mütter wiegten ihre Kinder hin und her, die laut brüllten. Zweimal übernachtete ich eingehüllt in einer Decke in dem Kellerloch. Danach blieb ich lieber in meinem Bett. Ich brauchte Luft zum Atmen.

Zu jener Zeit ist Oma schwer krank geworden. Bei Luftalarm schleppten wir sie gemeinsam hinunter in den Keller. Meistens kauerte ich stundenlang neben ihr und streichelte ihre faltigen Hände. Noch immer wußte ich nicht genau, zwischen wem nun eigentlich der Krieg ausgebrochen war. Alle sprachen davon, daß die Tschetniks eingefallen wären. »Die Tschetniks hassen uns«, hieß es. Genauer wurde das nicht erklärt. Meiner Meinung nach handelte es sich um eine Gruppe von Menschen, die sich aus Machtgier gegen uns zusammengeschlossen hatte. Ich konnte mir nicht vorstellen, daß alle Serben plötzlich meine Feinde sein sollten.

Wenn ein Tschetnik einen Verwandten von mir getötet hätte, würde ich ihn abgrundtief hassen. Doch würde ich seinetwegen meine serbische Freundin verachten? Sie hätte mir im Gegensatz zu ihm doch nichts getan. Bald darauf beklagte man die ersten Toten in K. Ich erinnere mich nicht mehr genau, wann ich die erste Leiche gesehen habe. Menschen verloren Augen, Beine oder gleich ihr ganzes Leben. Anfangs empfand ich das alles als sehr schockierend.

Mit den Toten schlug auch die Stimmung in unserer Familie um. Vor dem Krieg waren meine Onkels und Tanten alles andere als Nationalisten. Das änderte sich nun. Auf einmal trugen auch sie Uniformen. Der ängstliche Cazi kämpfte an der Front. Senad hatte einen relativ sicheren Schreibtischjob bei der Armee ergattert. Die Frauen rauften sich die Haare vor Kummer. Und die Männer mußten erst einmal lernen, eine Waffe richtig in der Hand zu halten.

20. 08. 1992
In B. wurde dreimal Luftalarm ausgelöst. Nervosität und Ungewißheit gehen in Angst über. Tagelang passieren Flüchtlinge die Stadt.

aus dem Tagebuch der Mutter

Es spielte sich langsam so ein, daß wir meist morgens, mittags und abends bombardiert wurden. Die Bevölkerung wußte, wann man sich auf die Straße wagen durfte. Sobald draußen Ruhe herrschte, krochen alle wie die Ameisen aus ihren dunklen Löchern. Da, wo eine Granate eingeschlagen war, rannten mein Opa und ich hin. Neugierig begutachteten wir die Schäden und diskutierten wie Fachleute darüber. In K. machte man sich bereits über uns lustig: »Die beiden sind zugleich die Tapfersten und Dümmsten im Ort.« Bald kannte ich mich ziemlich gut aus mit den verschiedenen Geschossen. Die kleineren beschädigten in der Regel nur ein Dach. Fielen sie aber ungünstig, so konnten sie auch zwei Etagen zerschlagen. Als die Soldaten diese dicken Granaten warfen, die man »Sau« nannte, bekam ich es erst richtig mit der Angst zu tun. Manchmal verfehlten diese Waffen ihr Ziel und landeten auf dem freien Feld. So eine »Sau« riß einen riesigen Krater, in den ein ganzes Haus hineingepaßt hätte. Bald war unser Ort bis zur Hälfte zerstört. Ein Spruch in K. lautete: »Im Vergleich dazu, wieviele Granaten es hagelte, gab es relativ wenig Tote.« Es gab Hunderte von Toten.

Da die Schule bis auf weiteres ausfiel, besuchte ich in den Kampfpausen meine Freundinnen. Selbst Sabina hatte sich mittlerweile in eine Extremistin verwandelt. Von ihr erfuhr ich erst mal, um wen es sich bei den Tschetniks handelte. »Das sind serbische Schlächter mit langen Bärten«, meinte sie, »man sollte sie alle umbringen.« Über ihren Standpunkt haben wir einige Male gestritten. »Für mich gibt's nur gute und schlechte Menschen«, war Feridas Ansicht. Ein paar Tage später erwischte es sie. Eine Granate hatte die 16jährige beim Mittagessen zerfetzt. Ich weinte, aber ich war nicht mehr gelähmt vor Schreck. Der Tod war mittlerweile zur Normalität geworden. »Glaubst du mir jetzt, daß alle Serben schlecht sind?« zischte Sabina, als wir unsere Freundin betrauerten. Da geriet ich völlig außer mir: »Hör mal, diese Granate hat doch nicht irgendeine serbische Freundin aus B. von mir abgefeuert.« Unbeirrt blieb ich bei meiner Meinung. Doch ich behielt sie lieber für mich.

An Flucht verschwendete unsere Verwandtschaft keinen Gedanken. Wir hätten gar nicht gewußt, in welche Richtung wir hätten laufen sollen. Mich beschäftigten andere Dinge. Wurde meine Familie in B. auch beschossen? Lebten noch alle? Ich bemühte mich, so stark wie meine Mutter zu sein. Das gelang mir am besten, wenn ich meine Zeit mit Tante Amila verbrachte. Wir rissen Witze, weil es sonst nichts zum Lachen gab. Wie immer hatten wir alle Fenster sperrangelweit geöffnet, damit die Scheiben nicht vom Druck der Bomben zersplitterten. Die Vorhänge waren zur Seite gezogen. Als wieder eine Granate anzischte, stand Tante Amila plötzlich auf und zog die Gardinen zu. Verwundert fragten wir: »Was soll das denn?« Sie scherzte: »Das soll uns vor den Granatsplittern schützen.« Wir hielten uns die Bäuche vor Lachen.

Sobald die Angriffe vorbei waren, unterhielten wir uns wieder über ganz alltägliche Dinge. Man ließ das Essen nicht kalt werden, nur weil gerade Alarm war. Wir hatten ein Gespür dafür entwickelt, wann es für uns gefährlich werden konnte. Aus der Stärke und dem Ton des Einschlags schloß man, ob ein Gebäude getroffen worden war. Zum Glück verfügten wir im Haus meiner Großeltern außer über Strom auch über andere wichtigste Dinge. Wir besaßen genug Vorräte, weil mein Onkel fast alles aus seinen Läden zurückgeholt hatte. So konnten wir auch an die anderen Leute im Ort etwas verteilen. Jeden Tag dachte ich: »Morgen ist der Spuk vorbei. Dann besuche ich meine Eltern.«

Der Verrat

Seit keine Bomben mehr flogen, zwitscherten die Vögel wieder in den Obstbäumen. Mit Opa, Tante Amila und ein paar anderen ließ ich mir auf der Terrasse die späte Herbstsonne ins Gesicht scheinen. Meine Tanten saßen auf der Hollywoodschaukel. An diesem Plätzchen fühlte ich mich wie in einer friedlichen Oase. Einen Monat lang war nun schon Ruhe eingekehrt. Wir vermuteten, daß das Schlimmste überstanden wäre. An diesem Tag besuchte uns Tante Nermana. Sie war die Tochter des Bruders von meinem Großvater und stammte aus Velika Kladuša. Das ist ein kleines Örtchen, ein paar Kilometer von K. entfernt. In regelmäßigen Abständen schaute sie bei uns auf ein Schwätzchen vorbei.

Meine anderen Tanten mochten die 30jährige nicht besonders. Amila drückte das so aus: »Ich kann es nicht begründen, aber sie gefällt mir menschlich nicht.« Tante Nermana war eine zurückhaltende Frau. Sie trug einen Kurzhaarschnitt, war eher häßlich als hübsch. Ich kannte sie noch nicht besonders lange, aber wir kamen gut miteinander aus. An diesem Nachmittag unterhielten wir uns am Kaffeetisch über meine Schule, über ihr Baby und über ihr Zuhause. »Komm doch für ein paar Tage mit zu mir. Dann kannst du dir selber mal angucken, wie es bei uns aussieht. Abends könnten wir dann ein bißchen ausgehen«, lud mich Tante Nermana ein.

Endlich mal hier raus! Nach den Katastrophen in den letzten Wochen verspürte ich große Lust auf Abwechslung. Im stillen überlegte ich: »Zwei oder drei Tage ist nicht lange. Wenn es mir nicht gefällt, bin ich schnell wieder zurück.« Opa paßte mein Plan überhaupt nicht. Die Zeit wäre nicht danach, sich von zu Hause zu entfernen. »Geh nicht, Leila, es könnte zu Schießereien kommen! Dann werden die Straßen gesperrt, und du kannst nicht mehr zurück«, warnte er mich. »Nein, das glaube ich nicht«, entgegnete ich. Denn bisher war Kladuša nicht angegriffen worden. Auch Onkel Senad war meiner Meinung. Belustigt klopfte er Opa auf die Schulter: »Mensch Alter, du übertreibst immer!«

Da es langsam kühler wurde, klemmte ich meinen Mantel unter den Arm, verabschiedete mich kurz von allen und spazierte mit meiner Tante zur Bushaltestelle. Es war das letzte Mal, daß ich meine Großeltern sah. Zwei Kriege in einem Leben und die Trauer um mich hatten sie ins Sterbebett gezwungen. Kaum waren wir in Kladuša angekommen, fielen in der Ferne schon vereinzelt die ersten Schüsse. »Kein Grund zur Beunruhigung«, beschwichtigte mich meine Verwandte. Voller Vertrauen trottete ich neben ihr her. Diese Stadt war mir auf Anhieb unsympathisch. Zu klein und zu eng. Eine einzige Straße führte durch Velika Kladuša. Auf einem Hügel thronte eine alte Burg. Die Berge am Ortseingang erinnerten mich unangenehm an B.

Vor einem Wohnblock kramte Tante Nermana ihren Schlüssel aus der Tasche. Dabei erzählte sie, daß sie hier mit ihrem Mann Mehmet eine Zweizimmerwohnung gemietet hätte. »Er ist für einige Tage unterwegs«, erwähnte sie beiläufig. Wie meine anderen Verwandten würde auch Mehmet Soldat in der bosnischen Armee sein. Ich fragte nicht weiter nach.

Den Rest des Tages verbrachten wir ruhig. Ich spielte mit ihrem kleinen Sohn, während Tante Nermana etwas für uns kochte. Abends schoben wir den Kinderwagen auf den Spielplatz. »Morgen gehen wir in einen Kaufhof«, schlug sie vor. »Gute Idee«, fand ich, »endlich mal wieder was Hübsches zum Anziehen kaufen.« Nachts richtete sie mir im Nebenzimmer die Couch als Bett her.

Was war das?! Erschrocken fuhr ich frühmorgens hoch. Draußen knatterte und knallte es. Heftiger Kampfeslärm tobte. Die Schreie der Verletzten drangen nach oben. Direkt unter unserem Fenster beschossen sich Soldaten, verschanzt hinter Sandsäcken. »Was ist hier los?« fragte ich aufgeregt meine Verwandte. Doch sie war selber völlig verwirrt und versuchte, ihr Baby zu beruhigen. Während ich nach draußen schaute, wurde mir schlecht vor Entsetzen. Von einem Augenblick zum anderen war der Feind ganz nah. Er hatte ein Gesicht. Mund, Nase, Ohren und Augen.

»Das sind die autonomen Einheiten von Fikret Abdi , einem ehemaligen Parlamentsabgeordneten«, sagte meine Tante mit belegter Stimme. Seine Truppen setzten sich aus serbischen und muslimischen Soldaten zusammen. Abdi hatte der bosnischen Armee, dem sogenannten 5. Korps, an jenem Morgen den Krieg erklärt. In Velika Kladuša kämpften Muslime gegen Muslime. Alle trugen die gleichen Uniformen. Mit dem Unterschied, daß die bosnischen Soldaten grüne und die autonomen Einheiten rosa Bänder um den Arm gewickelt hatten.

Wie es mein Großvater vorhergesagt hatte, war auf einmal der Rückweg nach K. versperrt. Die Soldaten kontrollierten alle Durchfahrtsstraßen. Mir blieb nichts anderes übrig, als in dieser Wohnung zwischen den verfeindeten Truppen auszuharren. »Mehmet, mein armer Mehmet«, jammerte Tante Nermana um ihren Mann. Tröstend legte ich ihr die Hand auf die Schulter. Doch bald verließ auch mich mein letzter Rest Mut. Schwindel erfaßte mich. Bangend schlug ich die Hände über meinem Kopf zusammen. Bis zum Abend schlichen wir auf Zehenspitzen umher, in der Hoffnung, daß die Feinde uns vergessen würden. Aus dem Fenster riskierte ich nur noch hin und wieder einen Blick. Leicht hätte sich eine Kugel verirren können. Draußen kämpften Soldaten um ein Nachbarhaus. Eine Hälfte besetzte die bosnische Armee, die andere die Autonomen. Von Stunde zu Stunde wurde die Situation immer kritischer für das 5. Korps. Merkwürdigerweise entspannte sich meine Verwandte dabei zusehends.

In dieser Nacht tat ich kein Auge zu. Immer wieder erhellten Leuchtraketen gespenstisch die kleine Wohnung. Am Morgen hatten die paramilitärischen Einheiten die bosnischen Soldaten vertrieben. Während ich mir vor Sorgen die Fingernägel abkaute und ständig wissen wollte, was wir tun sollten, blieb Tante Nermana seltsam ruhig. Gerade so, als wäre ein schwerer Ballast von ihr abgefallen. Diese Gelassenheit befremdete mich so sehr, daß ich schon an ihrem Geisteszustand zu zweifeln begann.

Plötzlich klopfte es an der Tür. Tante Nermana zögerte. Die Tür wurde eingetreten. Zwei jüngere Soldaten traten ins Zimmer. Einer trug eine Goldkette, die quer über das Gesicht von einem Ohr zum anderen reichte. »Wir nehmen euch zur Polizeistation mit. Macht euch fertig!« forderte er uns auf. »Warum?« fragte Tante Nermana fast gelangweilt. Sie verhielt sich so, als ob sie das alles gar nichts mehr anginge. Aus Verzweiflung begann ich zu weinen. »Beruhige dich, es passiert nichts Schlimmes«, raunzte mich Tante Nermana genervt an. Ihr Tonfall erschreckte mich. Die beiden Soldaten meinten, daß wir lediglich eine Erklärung darüber abgeben sollten, warum wir uns hier in Velika Kladuša aufhielten. Sie würden uns mit dem Auto wieder zurückbringen.

In der Aufregung vergaß ich meinen Mantel. Nur mit einer Hose und einem langärmeligen Seidenhemd bekleidet, ging ich in die Kälte. »Aufhören! Das soll alles bitte sofort wieder aufhören!« hämmerte es in meinem Kopf. Fünf Minuten später hielten wir vor der Polizeistation. Kaum hatten wir das Büro betreten, fing Tante Nermana an, bitterlich zu weinen. Mit einem Male hob sie den Kopf und wütete gegen die Polizisten: »Mein Mann kämpft auf der gleichen Seite wie ihr! Dafür, daß ihr mich und mein Baby so schäbig behandelt, werdet ihr euch verantworten müssen!« Mich erwähnte sie in ihrer Klage mit keinem Wort. »Und wer ist die da?« bat ein Polizist verdutzt um Aufklärung. Wie aus der Pistole geschossen erwiderte Tante Nermana, daß ich zufällig in der Nacht bei ihr vorbeigekommen wäre und wegen der Schießereien Unterschlupf gesucht hätte. »Ich kenne diese Person überhaupt nicht. Das ist eine Fremde«, schloß sie. Dabei sah sie mir in die Augen.

Ich fiel aus allen Wolken. »Sie lügt«, schrie ich, als ich wieder Atem geschöpft hatte, »das ist meine Tante.« Nermana brüllte zurück: »Nicht ich, sondern sie lügt!« Im nächsten Augenblick hatte meine Verwandte einen teuflischen Einfall: »Ich werde Ihnen das Tagebuch dieser Person zeigen. Darin werden Sie genug Hinweise finden, daß es sich bei diesem Mädchen um eine Verräterin handelt.« Sie kannte mein Tagebuch aus K. Öfter hatte sie mich beim Schreiben beobachtet und sich für den Inhalt interessiert. Dummerweise hatte ich auch aufgeschrieben, welche Funktionen meine Onkels im Krieg ausübten.

Kurz darauf verließ Tante Nermana mit einem Polizisten das Büro. Fassungslos blieb mein Blick an der Holzvertäfelung hängen. »Warum lügt sie? Das ist doch meine Tante! Warum lügt sie?« In meinem Kopf drehte sich alles. Keinen Ton brachte ich mehr heraus. Nach etwa zwanzig Minuten kehrte Tante Nermana mit dem Buch in der Hand zurück. Der Polizeichef klappte es auf und blätterte darin herum. Mit ironischer Stimme las er einige Sätze vor. »Jetzt weiß ich, was für ein Zustand herrscht. Krieg und Kälte. Liebe Mama, ich vermisse dich unendlich.« Dann befragte er mich über die einzelnen Personen, die ich im Buch erwähnt hatte. »Wer ist Senad? Was macht er in der Armee? Wer ist Ciko?« In diesem Stil zog sich das noch zwei bis drei Stunden hin.

Über jeden einzelnen von meinen Verwandten sollte ich Bericht erstatten. »Ich weiß nichts Genaues«, versuchte ich mich in Ausflüchte zu retten. Innerlich verfluchte ich mich für meine Aufzeichnungen und fühlte mich wie eine Verräterin. Der Inspektor verlor die Geduld mit mir, fluchte und spuckte auf den Boden. Schließlich las er das Buch Seite für Seite durch und schmiß es danach in den Mülleimer. Dann befahl er: »Steckt sie zu den Puten.« Damit war eine stillgelegte Putenfarm gemeint, die die Paramilitärs in ein Konzentrationslager umfunktioniert hatten. Doch das wußte ich zu diesem Zeitpunkt noch nicht.

Meine Tante saß längst wieder in ihrer warmen Wohnung, als man mich in das gegenüberliegende Haus brachte. Scherben glitzerten auf dem Boden, und die Wände waren mit Granatsplittern übersät. Vermutlich war das ein ehemaliges Café. Im Raum befanden sich noch etwa acht andere Gefangene, die wie ich auf ihren Abtransport warten sollten. Ich hatte jedoch keinen Blick für diese Männer. Als mich der Polizist über die Türschwelle schob, fragte ein fetter Wächter ihn: »Warum ist die denn hier?« Seine schwarzen Augenbrauen waren zugewachsen. Auf dem Kopf trug er eine Militärmütze. Der Polizist antwortete: »Das ist eine Spionin.« Mit voller Wucht schlug mir der Fettsack ins Gesicht. Dann packte er mich an meinen langen Haaren und schlug meinen Kopf mehrmals an einen eisernen Ofen. Danach spürte ich nichts mehr.

Es wurde bereits dunkel, als eine Stimme verkündete: »Heute gibt es keinen Transport mehr.« Einen Augenblick später sagte jemand zu mir: »Geh nach Hause zu deiner Tante. Warte dort, bis wir dich am Morgen abholen. Wenn du woandershin abhauen solltest, wir finden dich. Du hast keine Chance, uns zu entkommen.« Blind stolperte ich in die Nacht hinaus. Da ich kaum laufen konnte, setzte ich mich an den Straßenrand. Was war nur mit mir los? Alles fühlte sich so taub an. Wohin sollte ich jetzt gehen? Meine Tante hätte mir die Tür mit Sicherheit nicht geöffnet.

Als Velika Kladuša drei Jahre später im August 1995 befreit wurde, suchten meine Verwandten und Eltern überall nach mir. Sie erkundigten sich in der Serbischen Republik, in Kroatien und Bosnien. Natürlich wendeten sie sich zuerst an Tante Nermana in Kladuša. Unverfroren behauptete sie, daß ich nie bei ihr zu Hause angekommen wäre. Man habe mich irgendwo auf der Straße entführt. Sie wäre jedoch nicht dabei gewesen. Vorstellen konnte sich das keiner so recht. Deshalb klopfte auch meine Tante Mirsa aus Biha bei ihr an. »Wo hast du Leila zum letzten Mal gesehen?« wollte sie wissen.

In der Garderobe entdeckte Mirsa meinen Mantel. Tante Nermana hatte ihn öfter getragen, erfuhr sie später von den Nachbarn. Heftig fingen die beiden Frauen an, miteinander zu streiten. Doch Nermana blieb trotz dieses eindeutigen Beweises bei ihrer Version. Auf diese Weise konnte keiner meinen Spuren folgen. Wie im Nichts war ich für die anderen verschwunden. Heute lebt Tante Nermana nicht mehr in Kladuša. Sie ist an einen anderen Ort gezogen.

Zerina

Während ich in die Dunkelheit starrte, fiel mir eine gute Bekannte in Kladuša ein. Sie hieß Zerina und war wie ich sechzehn Jahre alt. Am Badestrand in K. hatten wir uns kennengelernt. Wir mochten uns sehr. Sie wohnte nicht weit. Gleich an der nächsten Straßenecke. Oft genug hatte sie mir von ihrer Wohnung erzählt für den Fall, daß ich sie einmal besuchen würde. Wie eine Betrunkene torkelte ich die Straße entlang. Auf dem Namensschild an ihrem Wohnblock sah ich alles doppelt. Um schärfer sehen zu können, kniff ich meine geschwollenen Augen zusammen. Da entdeckte ich Zerinas Klingel. Natürlich wußte ich nicht, ob sie zu den autonomen oder bosnischen Soldaten hielt.

»Leila! Wie siehst du denn aus?« stieß sie entgeistert hervor. Mein Körper war voller blauer Flecken. »Komm herein«, forderte sie mich auf und blickte sich hastig im Treppenhaus um. Zerina lebte alleine in einem kleinen Appartement. Manchmal übernachteten ihre Eltern oder ihr Bruder bei ihr. Eigentlich stammte sie aus einem Nachbardorf und wohnte nur während der Schulzeit hier. Wie alle nahm sie an, daß dieser Krieg nächste Woche zu Ende wäre und die Schule wieder beginnen würde.

»Waren sie hier auch schon?« wollte ich wissen. »Nein, bisher war niemand da«, versuchte mich Zerina zu beruhigen. Kraftlos sank ich auf ihrem Sofa zusammen. »Wer hat das getan?« fragte sie erregt. In einem Atemzug erzählte ich ihr von meiner Tante und von allem, was mir zugestoßen war. Zerina liefen die Tränen übers Gesicht. »Du kannst bei mir bleiben, so lange du willst. Bestimmt entspannt sich die Situation bald wieder«, redete sie mir gut zu. Dabei strich sie mir eine blutige Strähne aus dem Gesicht. Ihre Hände waren schweißnaß.

Wir waren uns ziemlich ähnlich. Nicht nur äußerlich. Zerina war nur ein bißchen kleiner als ich. Sie stand auf keiner politischen Seite. Für uns waren da draußen alle gleich verrückt. Die Menschen töteten sich, weil das irgendwelche Größenwahnsinnigen angeordnet hatten. Die ganze Nacht hindurch überlegten Zerina und ich uns einen Ausweg. Zwischendurch schliefen wir für wenige Minuten erschöpft ein. Uns steckte die Angst in den Knochen, daß die Paramilitärs jeden Moment die Tür einschlagen würden.

Als die Dämmerung am nächsten Morgen ins Zimmer kroch, wußten wir noch immer nicht, was wir unternehmen sollten. Unsere Mägen knurrten, aber wir vergaßen zu essen. Nur der Durst machte uns zu schaffen. Im ganzen Haus gab es kein Wasser. Unsere Kehlen waren trocken. Eigentlich war es verboten, die Wohnungen zu verlassen. Aber uns blieb nichts anderes übrig, als das Wasser heimlich aus einem Trinkbrunnen zu holen. Zusammen eilten wir die Straße entlang. Keine Minute wollte ich alleine in der Wohnung bleiben. Wahrscheinlich hat uns auf der Straße jemand beobachtet und verraten.

Noch den ganzen Tag und die ganze Nacht saßen wir beieinander. Bei jedem Geräusch zuckten wir zusammen. »Wir könnten zu meinen Eltern ins Dorf fliehen und uns dort verstecken«, fiel Zerina ein. Gemeinsam überlegten wir, wie man am geschicktesten aus der Stadt verschwinden könnte. Natürlich wußten wir, daß das so gut wie unmöglich war. Doch wir klammerten uns an diesen Strohhalm.

»Aufmachen!« Morgens um fünf hämmerte jemand an die Tür. Mein Herz schlug mir bis zum Halse. Aus Furcht konnten Zerina und ich uns in diesem Moment nicht in die Augen sehen. Zerina gab sich einen Ruck und öffnete die Tür. Drei Soldaten, um die Dreißig, marschierten hintereinander herein. Die Männer gehörten zur schwarzen Legion. Wir ahnten nicht, daß diese serbische Einheit wegen ihrer Grausamkeiten besonders berüchtigt war. Als Markenzeichen trugen sie alles in Schwarz: schwarze Mützen, schwarze Uniform. Und einen Totenkopf als Abzeichen an der Mütze.

Einer forderte uns auf: »Zieht euch was über. Ihr müßt eine Aussage machen.« Panisch drehte ich mich zu Zerina um und schluchzte: »Wohin werden die uns bringen?« Da baute sich meine kleine Freundin vor den Männern auf und entrüstete sich: »Sie haben kein Recht, uns abzuführen. Wenn Sie eine Aussage wünschen, können wir die auch hier in der Wohnung machen.« Plötzlich ging alles ganz schnell. Einer packte Zerina am Pullover und schüttelte sie hin und her: »Was hast du Weibsbild zu widersprechen? Du gehst dahin, wohin ich es dir befehle.«

Dieser Typ war groß und mager. Er hatte eine Narbe quer über seiner linken Wange. Wie erstarrt stand Zerina vor ihm. Plötzlich drehte sie sich um und rannte in Richtung Badezimmer davon. Ich weiß nicht, warum sie das tat. Warum nur hat sie das getan? Die drei Soldaten rasteten aus. Sie schlugen das Mädchen, traten mit den Stiefeln gegen ihren Kopf. Schützend hielt Zerina die Hände vors Gesicht. Ruckartig zog der mit der Narbe seine Pistole und schoß ihr in den Bauch.

Was wußten wir mit sechzehn schon vom Leben? Unsere Eltern hatten uns schlecht erzogen. Sie hatten uns nicht darauf vorbereitet, daß es auf dieser Welt so böse Menschen gab. Zerina stöhnte. Gott, sie hat entsetzlich laut vor Schmerzen gestöhnt. »Warum hast du das getan«, bellte einer der Schläger den mit der Narbe an. Der Mörder wehrte sich: »Ich hab' gar nichts gemacht.« »Wie sollen wir die jetzt mitschleppen?« wollte der Schläger wissen. »Wir werden sie überhaupt nicht mitschleppen«, entgegnete der Kerl mit der Narbe. Der dritte schwieg die ganze Zeit über. Im nächsten Moment schubste er mich vor sich her die Treppe runter. Die Tür blieb offen. Unten angekommen, hörte ich noch zwei Schüsse.

Wie einen alten Sack schmissen sie mich auf die Rückbank eines Autos. Von beiden Seiten klemmten mich die zwei Schläger in der Mitte ein. »Wenn dir dein Leben lieb ist, solltest du darüber niemals erzählen«, schüchterten sie mich ein. Dann schwiegen sie. Leere in mir. Da waren keine Panik, keine Tränen. Einfach nichts. Ich war mir sicher, daß ich noch am gleichen Tag wie meine Freundin enden würde. Eigentlich begriff ich erst mit dem Mord an Zerina, daß Krieg herrschte. Die Menschen waren wertlos, sie starben wie die Fliegen.

Wieder lieferte man mich auf der Polizeistation ab. Diesmal verhörte mich aber ein anderer Inspektor. Woher ich stammte? Wer ich wäre, und was ich in Kladuša triebe? Wie ein Automat spulte ich meine Antworten herunter. Dann befahl er mir: »Geh dort in den Saal und schreib alles in Stichpunkten auf.« Folgsam notierte ich meine Aussage. Ein Polizist trug den Zettel weg und kehrte gleich darauf mit einem leeren Blatt Papier zurück. »Schreib es noch mal«, verlangte er. Dieser Vorgang wiederholte sich noch fünfmal. Auf jedem Blatt stand zu lesen: »Ich heiße Leila Ziško und bin am 17. September 1976 in B. geboren. Ich bin zu meinem Großvater und meiner Großmutter nach K. gegangen, damit ich dort die Mittelschule besuchen kann. Vor vier Tagen kam ich hierher zu Besuch zu meiner Tante Nermana.«

Als ich das Blatt zum fünften Mal abgegeben hatte,

beorderte mich dieser Polizist ins Verhörzimmer. Sofort schnauzte mich der Inspektor an, wie unglaublich dickköpfig und hartnäckig ich wäre. Ob ich unbedingt meinen hübschen Kopf verlieren wollte? Dann donnerte er mit tiefer Stimme: »Bringt sie in die Putenfarm!«

Die Putenfarm

Im Auto herrschte Schweigen. Am Steuer saß der Mörder von Zerina. Ich weiß nicht mehr, ob ich während der Fahrt aus dem Fenster schaute und was draußen zu sehen war. Alles um mich herum verschwand wie im Nebel. Nach einer Stunde hielten wir an einem sehr abgelegenen Ort. Acht Hallen aus Blech standen vor uns. Der ganze Komplex glich einem Faß, das man in der Mitte durchgeteilt hatte. Das Gelände war mit Draht eingezäunt. Drumherum erstreckten sich Wiesen und Wald. Es dämmerte bereits.

Zwei Soldaten dirigierten mich durch ein Tor zu einem kleinen Wachhäuschen. Im Vorraum lümmelten drei Kerle an ihren Tischen herum. »Ah, Nachschub«, gähnte der eine. Angeödet winkten sie mich ins Nebenzimmer. Dort saß ein Mann, vielleicht Mitte Fünfzig, mit Halbglatze und einem riesigen Schnurrbart. Abfällig begutachtete er mich.

Seine Sekretärin zog ein bedrucktes Stück Papier aus der Schublade, das ich rasch unterschreiben sollte. Ich kam nicht dazu, es durchzulesen. In der Eile merkte ich mir nur, daß ich Angehörige der Armee von Bosnien-Herzegowina wäre und auf ein Auto mit einem bestimmten Kennzeichen geschossen hätte. Sofort wollte ich klarstellen, daß es sich hier um ein Mißverständnis handelte. »Halt die Klappe!« unterbrach mich der Alte. Es blieb mir nichts anderes übrig, als zu gehorchen. Als dieser Kerl meine Unterschrift betrachtete, höhnte er: »Es wäre besser gewesen, du hättest schreiben statt schießen gelernt.« Meine Schrift war völlig zittrig.

Es war dunkel, als mich einer der Wächter zu einer der hinteren Hallen führte. Ich verstand gar nichts mehr. Mit einemmal lief alles verkehrt. Der Soldat sperrte die Eisentür auf und stieß mich in einen finsteren Saal hinein. Ich konnte meine Hand nicht vor Augen sehen. »Das ist eine Gaskammer«, schoß es mir blitzartig durch den Kopf. Denn die Luft war so säuerlich und dick, daß man sie mit einem Messer hätte in Scheiben schneiden können. Angespannt lauschte ich, ob ich alleine wäre. Da nahm ich leises Wimmern und Geräusche von Körpern wahr. Ein Baby jammerte. Endlich Menschen!

Vorsichtig tastete ich mich mit ausgestreckten Armen vorwärts. Ich wollte wissen, wie groß dieser fensterlose Raum wäre. Gerade zwei Schritte kam ich weit, als ich mit den Füßen gegen jemanden stieß. Eine Frau schrie auf: »Paß doch auf!« Verschreckt bewegte ich mich weiter, und kurz darauf war ich wieder auf jemanden getreten. Da beschloß ich, mich einfach an die Wand zu lehnen. Mit beiden Armen hielt ich mich umschlungen, weil ich in meinem Seidenhemd entsetzlich fror. Mit der Zeit gewöhnten sich meine Augen an die Dunkelheit. Schemenhaft konnte ich dunkle Umrisse am Boden erkennen. Auf einmal löste sich einer dieser Schatten und steuerte direkt auf mich zu. »Bist du neu?« An der Stimme erkannte ich, daß es sich um eine alte Frau handelte. Ich kapierte ihre Frage nicht ganz: »Bitte erklären Sie mir, wo ich neu bin.« Die Frau besänftigte mich: »Hab keine Angst. Wie alt bist du?« Ich antwortete: »Sechzehn.« Dann ermunterte sie mich: »Setz dich hier auf den Boden, du kannst nirgends weiter. Alles ist voll.« Ich überschüttete die Frau mit Fragen: »Was machen die hier mit uns? Was ist das für eine Halle? Wo sind wir?« »Ich weiß es auch nicht, Kleines. Alle meine Kinder ha-

ben sie eingesperrt. Sie sind in einer anderen Halle.«
Dann begann sie zu schluchzen. Um uns herum war es
still. Genauso plötzlich wie sie aufgetaucht war, verschwand die Alte wieder und ließ mich alleine zurück.

Bis zu meiner Ankunft hatte ich keine Träne vergos-
sen. Auf einmal wich der ganze Druck von mir, und ein
Weinkrampf schüttelte mich. Da kam erneut die alte
Frau zu mir und tröstete mich. Alles würde wieder in
Ordnung kommen. Ich fiel in einen schweren Schlaf
und träumte von Zerina. Mein eigener Schrei weckte
mich auf. »Was ist los?« fragte die Alte besorgt. Da erzählte ich ihr, wie ich nachts zu Zerina gekommen war,
wie der Soldat ihr in den Bauch geschossen hatte und
wie laut sie vor Schmerzen gestöhnt hatte. Die Alte
schlummerte neben mir ein. Ich blieb bis zum Morgengrauen wach.

Jetzt erst konnte ich sehen, daß etwa siebzig andere
Frauen und Kinder im Raum eingepfercht waren. Einige lagen auf dem Stroh, das am Rand verteilt war. Es
war noch von den Puten übriggeblieben. Unruhig
rutschte ich hin und her, weil ich dringend aufs Klo
mußte. Die Alte wachte neben mir auf. »Komm mit«,
meinte sie. Zwischen den kauernden Körpern bahnten
wir uns einen Weg bis ans Ende der kleinen Halle. Dort
lagen auf dem Boden die Exkremente von siebzig Menschen. Viele hatten Durchfall. Mir wurde fast übel von
dem beißenden Gestank. »Hier kannst du dein Geschäft
erledigen«, erklärte mir die Alte, »du wirst dich daran
gewöhnen müssen.« Das sagte sie, obwohl sie erst vier
Tage hier war.

Plötzlich wurde die Tür aufgerissen. »Raustreten!«
bellte ein Soldat. Im Hof mußten sich gebrechliche
Großmütter, Kinder und Frauen mit Babys im Arm ge-
ordnet in drei Reihen aufstellen. Das Licht blendete,
und die frische Luft machte mich benommen. Die alte
Frau verlor ich aus den Augen. Verwirrt reihte ich mich

in eine Schlange ein und beobachtete, wie mehrere Wärter die Türen der anderen Hallen aufschlossen. Nach und nach versammelten sich etwa dreihundert Gefangene draußen. Aus den vorderen Hallen kamen die männlichen Gefangenen. Kurz darauf schritt unser Aufpasser die Reihen ab, zeigte willkürlich auf einige Frauen und befahl: »Du trittst raus, du bleibst, du trittst raus, du bleibst.« Auf diese Weise wurde jede von uns einer bestimmten Arbeitsgruppe zugeteilt. Zur Auswahl standen Kartoffel schälen, Krankendienst, Wasser holen und Fäkalien wegräumen. Im Schnitt wechselte der Dienst alle zwei Tage.

An meinem ersten Tag teilte man mich mit fünf anderen Frauen zum Krankendienst ein. Ein Wärter schickte uns in einen Keller, wo mehrere große Betonwannen eingebaut waren. Darin mußten wir Unmengen von Verbandmull waschen, an dem noch Fleisch und Knochenreste klebten. Ich ekelte mich sehr davor, die Hände in diese blutige Suppe zu tauchen und die Teile auszusortieren. Hilfesuchend blickte ich meine Gefährtinnen an. Doch ihre Augen waren weit in die Ferne gerichtet. »Wie heißt du?« versuchte ich ein Gespräch mit der Frau neben mir anzufangen. Sie nannte ihren Namen und drehte mir daraufhin den Rücken zu. Eingeschüchtert hielt ich bis zum Abend den Mund. Beim Waschen des Verbandmulls verletzte man sich, weil die Knochensplitter wie Nadeln in die Hände stachen. Abschließend stopften wir das widerliche Zeug in eine Waschmaschine. Später stellte ich fest, daß dieser Dienst einen großen Vorteil gegenüber den anderen hatte. Man konnte sich heimlich mit dem Wasser ein wenig die Hände und das Gesicht säubern.

»Putzen!« ordnete unser Wärter als nächstes an. In etwa fünfzehn Krankenzimmern waren jeweils zwei bis drei verwundete Soldaten untergebracht. Frischamputierte lagen neben Männern ohne Gesicht. Die Krankenschwestern hielten sich die Nase zu, als wir die Zimmer betraten und stießen mit vor Ekel gekünstelten Stimmen hervor: »Igitt, die stinkende Bande rückt wieder an.« Jede von uns mußte in mehreren Räumen die Böden mit einem Lappen aufwischen. Obwohl es den meisten Soldaten nicht besonders gutging, besaßen sie dennoch die Kraft, nach uns zu treten, uns zu bespucken und zu schlagen. Wir mußten stillhalten, bis sie damit fertig waren. Die meisten von ihnen waren Moslems. Unsere Brüder. Selten traf man hier auch auf normale Menschen, die einem heimlich mal einen Apfel oder eine Banane zusteckten.

Wie die Schafe trotteten wir abends in unseren stinkenden Stall zurück. Jede Frau suchte sich einen Schlafplatz in der Halle. Wer zuerst kam, hatte das Glück, ein wenig Stroh als Unterlage zu finden. Fröstelnd rollte ich mich auf dem Boden zusammen und war mir sicher, daß man mich am nächsten Morgen zu einem Verhör vorladen würde. Dort würde ich alle Irrtümer aufklären und endlich nach Hause fahren. Um mich herum drückten die Mütter ihre Kinder an sich. Die Babys schrien vor Schmerzen. Viele litten unter Hautkrankheiten. Es gab keine Windeln und natürlich auch kein Papier. Wir besaßen nur das, was wir auf dem Leibe trugen. Nach einigen Tagen transportierte man die Kleinsten weg. Jetzt gehörte ich mit zwei anderen Mädchen, sie waren siebzehn und sechzehn, zu den jüngsten. Auch diese beiden verschwanden. Befreit, verschleppt oder ermordet? Ich wußte es nicht.

Mein Magen schmerzte vor Hunger. Ich wußte nicht, wann ich zum letzten Mal etwas zu mir genommen hatte. »Wann bekommen wir Essen?« fragte ich eine Frau neben mir. »Du mußt lernen zu warten«, sagte sie. Kurz darauf fuhren die Wächter mit einer Schubkarre vor und verteilten Brot. Je nach Laune des Aufpassers verteilte er eine oder zwei Scheiben für jeden. Mit dem Finger kratzte ich den grünen Schimmel ab. Als ich mich nach Wasser erkundigte, hieß es: »Wenn sie uns was zum Essen geben, dann bekommen wir kein Wasser und umgekehrt.« Kauend hockte ich auf dem Boden und sehnte mich nach meiner Mama. Wenn sie mich nur einmal in den Arm nehmen könnte. Hoffentlich war meiner Familie nicht das gleiche wie mir zugestoßen. Laß sie leben, lieber Gott. Anfangs zählte ich noch jeden Tag. Dann vergaß ich es irgendwann. Ganz von selbst.

Schnell begriff man die Spielregeln im Lager. Viel hing dabei von den einzelnen Wächtern ab. Insgesamt waren es vielleicht dreißig. Ob es sich um einen Moslem oder Serben handelte, erkannte man entweder an ihrem Namen, mit dem sie gerufen wurden, oder manchmal auch an ihrer Uniform. Üblicherweise stand vor jeder Halle ein Aufpasser. Und zwischen den Hallen schoben noch mal zwei von ihnen Wache. Sie wechselten sich ständig ab. Unter ihnen waren schlimme und nette. Einige waren sehr kurz angebunden. Sie zwangen uns, Lieder bei der Arbeit zu singen. Bei einem besonders widerlichen jungen Kerl, der immer wie eine Puppe im Stechschritt stolzierte, durften wir uns nicht mal umdrehen. Freundlichere erlaubten uns, miteinander zu reden.

Das nutzten wir aus. Allerdings führten wir meist nur sehr oberflächliche Gespräche. »Wie heißt du? Woher kommst du? Was wirft man dir vor?« Die häufigste Antwort darauf lautete: »Ich stamme aus Velika Kladuša und bin wegen meines Mannes eingesperrt. Er ist Mitglied des 5. Korps.« Die Gefangenen standen sich nicht besonders nahe. Jeder war mit seinen eigenen Problemen beschäftigt. In den ersten Tagen ermutigte man sich noch gegenseitig mit Blicken, aber bald waren alle abgestumpft. Trotzdem spürte ich die ganze Zeit über so was wie eine Verbundenheit. Wir mußten alle dasselbe Leid ertragen. Nur eben jeder für sich alleine.

Nach einigen Tagen lernte ich Rabija beim Fäkaliendienst kennen. Sie war siebenundzwanzig und hatte lange braune Haare. Rabija wirkte unglaublich zart und zerbrechlich. Beim ersten Schubser würde sie in tausend Scherben zerbrechen, nahm ich an. Doch sie war zäher und stärker als andere. Während wir mit Schaufel und Besen den stinkenden Dreck zusammenkehrten und anschließend hinter der Halle abluden, stellten wir einander vor. Wir waren einer Meinung, daß der Fäkaliendienst die angenehmste Tätigkeit von allen war. Man konnte sich regelrecht glücklich schätzen, wenn man dazu eingeteilt wurde. Nach dem Säubern unserer Halle mußten wir noch die Soldatenunterkunft putzen. Während wir den Boden aufwischten, schnarchten die Wächter in ihren Betten. Sie ließen uns in Ruhe. Danach durften wir in unsere Halle zurück. Oft war es noch nicht dunkel, und wir konnten ein bißchen umherlaufen. Hin und her wie eingesperrte Tiger.

Wenn man Rabija und mich zusammen in eine Gruppe steckte, unterhielten wir uns immer gerne miteinander. Sie erzählte mir von ihrem vierjährigen Kind, das sie alleine in der Wohnung hatte zurücklassen müssen. Die Soldaten hatten ihr es einfach aus den Armen gerissen. Rabija liefen die Tränen übers Gesicht, wenn sie darüber sprach. »Wer kümmert sich jetzt um mein Kind?« wollte sie wissen. Jede Nacht wachte sie durch seine Schreie »Mama, geh nicht weg!« auf. Sobald sich Rabija beruhigt hatte, erzählte ich ihr über meine Mutter. Was für ein großartiger Mensch sie wäre und welche Sorgen ich mir um meine Familie machte. Rabija war die einzige, mit der ich mich ein bißchen anfreundete. Soweit das eben unter diesen Umständen möglich war. Manchmal lag sie auch nachts neben mir. Allerdings nie so nah, daß wir uns aneinander hätten wärmen können.

Die Nächte waren nicht zum Ausruhen da. Manchmal polterten die Soldaten besoffen zu fünft oder zu sechst in unsere Halle. Wahllos traten sie mit ihren schweren Stiefeln um sich. Man wußte nicht, wem man diese Tritte zu verdanken hatte, geschweige denn warum. Wahrscheinlich hatten sie an der Front Verluste erlitten und rächten sich dafür an uns. Diese Wutausbrüche der Soldaten waren die einzigen Zeichen, durch die wir auf den Kriegsverlauf schließen konnten.

Wenn ihnen das Prügeln zu langweilig wurde, ihnen der Sinn nach Feiern oder Rache stand, vergewaltigten sie die Frauen. Das geschah entweder vor Ort oder irgendwo draußen. Viele Frauen sind in diesen Nächten verschwunden. Sobald ich die Kegel der Taschenlampen über unsere Körper wandern sah, machte ich mich so klein wie nur möglich. Wie ein Käfer stellte ich mich tot. »Bitte, laß sie weitergehen. Laß sie eine andere finden«, flehte ich in Gedanken zu Gott. Dann hörte ich in meiner Nähe das Rascheln von Kleidern. Manche schrien gellend um Hilfe, einige weinten, andere waren totenstill. Meine Starre löste sich erst, wenn die Tür wieder hinter den Männern zugefallen war. Tagsüber erwähnte keine diese Vergewaltigungen. Das hätte alles nur noch schlimmer gemacht. Man tat lieber so, als ob nichts geschehen wäre.

Flucht! Natürlich dachte ich an Flucht. Ich wußte nur nicht, wie ich das anstellen sollte. Peitschten tagsüber Schüsse durchs Lager, wußte man: »Da hat es wieder jemand versucht.« Vergebens! Als ich einmal mit fünfundzwanzig anderen Frauen zum Kartoffeldienst eingeteilt war, versuchte ein Gefangener, sich heimlich aus dem Staub zu machen. Zwischen zwei Mauern mußten die Männer etwa dreißig Fässer schleppen, voll mit Kartoffeln und Wasser. Während ich aus einem Faß die Kartoffeln rausfischte und schälte, konnte ich aus den Augenwinkeln den Flüchtenden beobachten. Erst versteckte er sich hinter einem Faß. Dann schlich er auf einem Pfad in Richtung Frontlinie davon. Es war klar, daß er sich zum 5. Korps in den Wald retten wollte. Ich legte die geschälte Kartoffel in das andere Faß hinein. Es zog durch den ganzen Körper, wenn man die Hände in das eiskalte Wasser tauchte. Plötzlich krachte es von hinten. Genauso hätte ihn auch ein Schuß von vorne treffen können. Der Mann wand sich wie ein Wurm auf dem Boden.

Wer so viele Tote gesehen hat, wundert sich, wenn um einen einzelnen noch viel Aufhebens gemacht wird. Trotzdem berührten mich diese Vorfälle. Und das, obwohl wir mittlerweile schon schlimmere Sachen erlebt hatten. An manchen Tagen spielten die Soldaten vor den Hallen »schlachten«. Dazu führten sie einen oder mehrere männliche Gefangene in den Hof. Kurz darauf mußten wir Frauen raustreten und uns vor den Männern aufstellen. »Bitte, erspart uns diesen Anblick! Laßt uns zurück in die Hallen gehen«, baten einige Mutige unter uns. Unsere Folterknechte wollten sich natürlich nicht den Spaß verderben lassen. Wir mußten mit ansehen, wie die Männer zu Tode gequält wurden. Wer sich abwendete oder die Augen schloß, mußte mit dem Schlimmsten rechnen.

Tiere schlachtete man humaner als diese Menschen. Die Wächter zückten ihre Jagdmesser und ritzten den Gefangenen Motive wie Mond und Stern in die nackte Brust. Sie amputierten den Schreienden Körperteile und schnitten ihnen in die Kehle. Allerdings nicht so tief, daß diese gleich starben. Mit den abgehackten Köpfen spielten sie Fußball.

Manche Frauen hielten diesen Horror nicht aus. »Sollen sie doch schießen«, seufzte eine dünne Frau beim Wasserdienst. Sie ließ ihre Eimer fallen und lief blindlings in die Wiese hinein. Sie kam nicht weit. Flucht war Selbstmord. Trotzdem gab mir der Gedanke daran Hoffnung. Das hing mit Samir zusammen, den ich beim Wasserholen kennengelernt hatte. In den ersten Wochen trafen die Frauen öfter mit den männlichen Gefangenen zusammen. Danach trennte man uns wieder voneinander.

Gemeinsam mit Samir hatte man mich in einer Kolonne von etwa dreißig Leuten zum Wasserholen eingeteilt. Der Wasserdienst war am gefährlichsten von allen Tätigkeiten, weil sich die Quelle ziemlich nah an der Frontlinie befand. Von der einen Seite feuerte das 5. Korps, von der anderen die paramilitärischen Einheiten. Damit man nicht von Maschinengewehrsalven niedergemäht wurde, mußte man sich rechtzeitig auf den Boden schmeißen. Der Fußmarsch bergauf in ein Waldstück zum Wasserloch dauerte etwa zwanzig Minuten. Üblicherweise liefen zwei Gefangene nebeneinander. Die Männer füllten ihre 50-Liter-Eimer auf. Die Frauen schleppten 20-Liter-Eimer. Ich weiß nicht, wie oft ich vor Schwäche auf dieser Strecke ohnmächtig geworden bin. Manche blieben für immer liegen.

Wenn Samir neben mir ging, entwickelte ich neue Lebenskräfte. Der junge Mann war sehr sympathisch und sprühte vor Temperament. Ließ ich den Kopf besonders tief hängen, richtete mich Samir wieder auf: »Warte nur, Leila. Wenn wir hier rauskommen, gehen wir mit deiner Oma Kaffee trinken in K.« Einmal prusteten wir los, weil der Wärter vor uns eine zerrissene Uniformhose trug. Seine gepunktete Unterhose blitzte am Po hervor. Das war eigentlich nicht besonders komisch, aber wir konnten nicht mehr aufhören zu lachen. Mit Samir schmiedete ich Fluchtpläne. Jedesmal hatte er eine andere Idee. Nachts dachte ich intensiv darüber nach.

»Raustreten!« hieß es wie jeden Morgen. Nach der Arbeitseinteilung behielt man uns im Hof. Das hatte nichts Gutes zu bedeuten. Sie wollten wieder jemanden »schlachten«. Als ich das Opfer sah, sackten meine Beine fast unter mir weg. Es war Samir. Absichtlich stellten sie mich so in die Reihe, daß ich ihm ins Gesicht schauen mußte. Für einen Moment krallten sich unsere Blicke aneinander fest. Doch schon der erste Schlag in seinen Magen trennte uns voneinander. Mehrere Soldaten prügelten und traten so lange auf ihn ein, bis Samir nicht mehr wie ein Mensch aussah.

Zwei Uniformierte hielten ihn fest, weil er nicht mehr stehen konnte. Dann holte ein Soldat ein Bild von Alija Izetbegovi und warf es Samir vor die Füße. Sie wollten ihn zwingen, auf dem Bild des Politikers herumzutrampeln. Statt dessen preßte Samir mühsam hervor: »Es lebe Bosnien und Herzegowina!« Blutige Blasen kamen aus seinem Mund. Die beiden Soldaten, die ihn festgehalten hatten, verdrehten wegen seines Satzes genervt die Augen. Einer hielt seine Pistole an Samirs Schläfe und drückte ab.

Vermutlich war es an diesem Tag, an dem ich endgültig aufhörte, Mitleid zu empfinden. Manchmal tat ich mir noch selber leid. Berichtete mir eine Frau, daß wieder der Soundso ermordet worden war, zuckte ich mit den Schultern: »Was soll's.« Uns Frauen schnitten die Soldaten nicht die Kehlen durch. Für uns hatten sie sich etwas anderes einfallen lassen. Wir wurden vergewaltigt, zu Tode gefoltert oder krumm und lahm geschlagen. Nach dem Warum fragte hier schon lange keiner mehr. Das führte nur in den Wahnsinn. Wir wußten nicht einmal, warum wir hier waren. Wie sollten wir dann verstehen, warum Menschen sich in Bestien verwandelten? Warum sie ins Blut ihrer Brüder spuckten? Bis heute finde ich keine Antworten auf diese Fragen.

»Das ist alles nur ein böser Traum«, redete ich mir abends in der Halle ein, »morgen ist es wieder vorbei.« Im Stroh liegend, versetzte ich mich in eine andere Welt. »In zwei Stunden gehe ich an den Strand und sonne mich dort.« Ich tat sogar so, als ob ich dabei auf die Uhr schauen würde. Eine Zeitlang spann ich mir aus, daß ein hübscher junger Wärter mich retten würde. Außerdem bestand die Hoffnung, daß das 5. Korps doch noch siegen würde. Doch zumindest diesbezüglich war ich realistischer geworden. Ich sprach zu mir nicht mehr von morgen, sondern von irgendwann. Irgendwann würde es vorbei sein.

Wenn wir in der Früh aus unserem stinkenden Käfig schwankten, fiel mir manchmal auf, was für einen sonderlichen Anblick wir boten. Vogelscheuchen sahen hübscher aus als wir. Die wenigsten von uns besaßen noch eine ganze Unterhose. Röcke und Hosen hingen in Fetzen. Wenn eine Frau ihre Tage hatte, klebte ihr Blut überall. Bei einigen hatte wegen der Mißhandlungen die Periode ausgesetzt. Manche waren bestimmt schwanger. Ich kratzte mich ständig, weil ich von oben bis unten mit Läusen übersät war. Nach einer Weile spürte ich das nicht mehr. Es war mir egal, ob ich schmutzig war. Für mich war es wichtiger, etwas zum Essen zu bekommen.

Die Därme knurrten, wenn man zwei Tage nichts zwischen die Zähne bekam. Gab es drei Tage nichts zu essen, begann man sich selber zu hassen. Es war schwer, mit diesen Gefühlen fertig zu werden. Der Hunger krampfte den Magen zusammen. Am vierten Tag wurde es richtig schlimm. Man konnte sich nur noch schwer auf den Beinen halten. In der Not malte ich mir aus, wie ich durch eine Stadt spazierte und Schokolade naschte. Zu Hause wartete Mama mit gebratenem Hühnchen und Kartoffeln auf mich. Ich habe so viel in mich hineingestopft, daß ich von meinen Phantasien anschließend pappsatt war. Sogar im Gestank der Fäkalien roch ich Pommes frites.

Verweigerten die Wächter einem am darauffolgenden Tag wieder etwas Eßbares, verlor man selbst die Kraft zum Phantasieren. Manchmal quälten uns die Soldaten, indem sie vor unseren Augen Würstchen und Schinken verschlangen. Einmal aber setzte man auch uns Frauen etwas Gutes vor. Nudeln mit Bohnen. Vermutlich feierten die Soldaten einen Sieg. Die Teller waren bereits benutzt, das Essen war angetrocknet. Noch nie hat mir etwas so gut geschmeckt.

Zweieinhalb Monate waren vergangen. Es gab keine Frau, die nicht vergewaltigt worden war. Irgendwann mußte es auch mich treffen. Man hatte uns wieder einmal zum Wasserholen eingeteilt. Von beiden Seiten ratterten Maschinengewehre. Granaten schlugen dicht neben uns ein. Die Erde bebte. Ich traute mich keinen Schritt weiter und blieb geduckt zurück. Erst kürzlich hatten Granatsplitter Beine und Bäuche zweier Frauen zerfetzt. Die Soldaten warfen die Verstümmelten in unsere Halle und ließen sie dort tagelang wimmernd liegen. Dann transportierte man die Halbtoten ab. Bestimmt nicht zu einem Arzt.

Als unser Aufpasser mein Zögern bemerkte, reagierte er erbost: »Ich werde dich persönlich zum Brunnen jagen, feiges Weib!« Der Mann mit dem rasierten Schädel war vielleicht so alt wie mein Vater. Und ein Moslem wie ich. Die anderen Frauen liefen bereits weit vor mir. Der Glatzkopf ließ meinen Eimer an der Quelle volllaufen und drückte ihn mir dann in die Hand. Als wir ein Stück gerannt waren und die Schüsse nicht mehr direkt über unsere Köpfe pfiffen, befahl er mir, den Eimer abzustellen. Er müsse mein zögerliches Verhalten an der Quelle bestrafen, meinte er.

Er stieß mich zu Boden, kniete sich vor mich hin, schob meine Bluse hoch und quetschte meine Brüste zwischen seinen Händen. Ich wußte, daß es nun passieren würde. Trotzdem hoffte ich, daß er es sich anders überlegen würde. »Bitte nicht«, flehte ich um Gnade. Ich weinte. Doch er verhielt sich wie ein Tier, zerriß mir meine Hose. Dann drückte er meine Beine auseinander. Seine Augen waren entsetzlich groß. Brutal drang etwas wie ein kalter, harter Gegenstand in mich ein. Das tat weh. Warum tat das so weh?!

Ich wehrte mich so heftig, wie ich nur konnte. Doch ich war schwach. Ich hatte Hunger und Durst. Außerdem wußte ich, daß ich stillhalten mußte. Sonst würde er mich erschießen. Für ihn ging es schnell. Für mich dauerte es eine Ewigkeit. »Los, beeil dich«, schnauzte er mich an, als er sich den Reißverschluß wieder hochzog. Ich sollte den Eimer ins Lager zurücktragen. Das Blut lief mir die Beine runter. Ich war noch Jungfrau gewesen.

An diesem Tag mußte ich nicht mehr arbeiten. Als mich die anderen Wärter entdeckten, lachten sie mich aus. Ich taumelte in unsere Halle. Wie im Schüttelfrost schlotterte ich am ganzen Leib und mußte mich ununterbrochen übergeben. Ich ekelte mich vor mir selber. Fühlte mich beschmutzt. Dieser Mann hatte mir das letzte genommen, was ich noch besaß. Meine Würde. Zum ersten Mal wünschte ich mir, daß sie mich umbringen sollten. Als die anderen Frauen abends von der Arbeit zurückkehrten, schauten sie durch mich hindurch. Rabija setzte sich zu mir und tat so, als würde sie nichts bemerken.

Die ganze Nacht hindurch erbrach ich mich. Zuerst hatte ich vor Angst die Schmerzen nicht gespürt. Jetzt pochte mein Unterleib wie eine eiterige Wunde, in die man Dreck hineingestreut hatte. Ich machte mir Vorwürfe, daß ich mich nicht heftig genug zur Wehr gesetzt hätte. Unglaublich dumm fühlte ich mich. Die Scham brannte in mir. Mich quälte der Gedanke, daß ich nun einen Feind unter meinem Herzen tragen müßte. Mit sechzehn war ich noch der Ansicht, daß man beim Geschlechtsakt auf Anhieb schwanger würde.

Ich haßte mich selbst und die ganze Welt. Als ich dem Glatzkopf später im Hof begegnete, schaute er in eine andere Richtung. Ich aber durchbohrte ihn mit haßerfüllten Blicken. Am liebsten hätte ich ihn abgeschossen. Nach einer Woche ließ mein Schockzustand langsam nach. Die erste Vergewaltigung empfand ich als die schlimmste. Danach wußte ich ungefähr, was auf mich zukommen würde.

Langsam fand ich wieder ein wenig Kraft, um mich zusammenzureißen. Ich hatte nur noch einen glühenden Wunsch: überleben. Nun hatte ich mich mit dem Leben im Lager abgefunden. Mein Körper war abgestorben. Er hatte nichts mehr mit mir zu tun. Überarbeitet, abgemagert und apathisch war ich. Wie ein Roboter erledigte ich meine Arbeit. Nur abends, wenn die Halle zugesperrt wurde, funktionierte mein Gehirn noch. Es schickte mir schöne Bilder aus der Welt von früher. Noch immer hoffte ich, daß sie mich bald freilassen würden. Denn ab und an wurden tatsächlich Frauen nach Hause geschickt. Zumindest hatte man ihnen das versprochen, bevor man sie abtransportierte.

20. 10. 1992

Heute bin ich schrecklich nervös. Ich habe Kopfschmerzen. Gorana und Emir halten sich noch immer gut. Goran hat 12 kg abgenommen. Er ist in den Wald gegangen, um Holz zu holen. Auf meiner Seele brennt der Wunsch, von meinen Eltern und von Leila zu hören. Das Warten schmerzt immer mehr. Wir haben jeden Tag weniger zu essen. Über Zigaretten und Kaffee denken wir schon lange nicht mehr nach.

aus dem Tagebuch der Mutter

Mittlerweile war es November. Die Kälte wurde immer unerträglicher. Bei Schnee und Regen schälten wir Kartoffeln oder schleppten Wassereimer. Meine Blase brannte wie Feuer, und ich hustete mir die Seele aus dem Leib. Hose und Schuhe hatte ich bei der Vergewaltigung am Wasserloch verloren. Ich besaß nur noch mein Seidenhemd, einen BH und eine Unterhose. Damit mir die Füße nicht abfroren, trat ich automatisch ständig von einem Fuß auf den anderen. Bald schaffte ich das nicht mehr. Meine Energie war verbraucht.

Nachts machten wir uns in einem Eimer ein Feuer. Ein Wächter hatte uns Streichhölzer zugesteckt. Unser kostbares Stroh verbrannten wir. Die Frauen zeigten mir, wie man über den Flammen das schimmelige Brot desinfizieren konnte. Zum Schlafen legten wir uns nah an die Feuerstelle. Trotz der Kälte hielt jede dennoch Abstand zu ihrer Nachbarin. Wir schüttelten uns vor Kälte.

»Ich gehe nach Hause«, jubelte eines Morgens eine Gefangene, nachdem sie vom Verhör zurückgekehrt war. Als sie glücklich in unsere Runde guckte, blieb ihr Blick an mir hängen. »Komm zu mir«, winkte sie mir zu und zog sich dabei aus. Die Blonde reichte mir ihre Unterhose und ein dünnes Röckchen. Unter der unförmigen Unterhose trug sie noch einen Schlüpfer. Sie mußte einmal sehr kräftig gewesen sein, denn ihre Sachen waren ziemlich groß. Als ich den komischen Riesenschlüpfer überstreifte, der mir bis in die Kniekehlen hing, mußte ich zum ersten Mal seit langem wieder lachen. Die Frauen stimmten in mein Gelächter ein. Wir amüsierten uns sogar über die Vorstellung, wie dumm ihre Familie aus der Wäsche gucken würde, wenn die Blonde nur in Hemdchen und Schlüpfer vor der Haustür stehen wüde. Wir waren alle verrückt in dieser Zeit. Die Hose band ich mit einem Gummi fest. Den Rock befestigte ich mit einem Strick, den ich im Stroh gefunden hatte. Zum Abschied schenkte sie mir noch ihre großen Pantoffeln. Für einige Momente war ich selig.

Manche Frauen rappelten sich nicht mehr hoch. Sie waren krank und wünschten sich nichts sehnlicher als den Tod. Aber trotzdem lebten sie weiter. Wenn ich morgens in der Eiseskälte aufwachte, fühlte sich mein Körper taub an. Ich wandelte in einem Zustand umher, in dem ich nicht mehr spürte, ob ich krank war. Vielleicht kochte ich im Fieber, vielleicht plagte mich eine

Lungenentzündung. Ich hatte keine Ahnung. Nachts am Feuer betete ich: »Lieber Gott, mache, daß dies hier schnell zu Ende geht. Mache, daß es meiner Familie gutgeht. Mache, daß wir uns alle wiedersehen werden – und dies hier wieder vergessen können.«

»Paß auf dich auf«, verabschiedete sich Rabija einige Tage später von mir. Man hatte sie freigesprochen. Vor Aufregung brachte sie kaum ein Wort heraus. »Ich werde auf mich aufpassen«, versprach ich ihr. Im dritten Monat war ich noch überzeugt, daß ich überleben und es allen irgendwann einmal heimzahlen würde. Tag und Nacht krachten draußen Schüsse. Die Frontlinie war nur ein bis zwei Kilometer entfernt und bewegte sich ständig hin und her. Anscheinend versuchte das 5. Korps, uns zu befreien. Allerdings bereitete uns das mehr Sorge als Freude. Denn einmal schlugen ihre Granaten so dicht neben unserer Halle ein, daß die Wände wackelten. An manchen Tagen durften wir wegen des starken Beschusses unsere Halle nicht verlassen. Freundlich gesonnene Wächter gestatteten uns, die Türen zu öffnen. Das war eine große Erleichterung. Denn allein der Gestank in der Halle setzte einem heftig zu.

Als ich einmal an der Tür nach Luft schnappte, beobachtete mich ein dicker Aufpasser dabei. Er kam zu mir gewatschelt und drückte mir einen Krapfen in die Hand. Mein Glück konnte ich kaum fassen. Ich starb fast vor Hunger, und dieser Mann schenkte mir einen Krapfen mit Marmeladenfüllung! »Beeil dich, damit dich niemand sieht«, zischte er mir zu und verschwand wieder.

Abends wärmten wir uns erschöpft die Hände am Feuer. Da schlurfte ein Tschetnik mit langem Bart und Stirnband in unsere Halle. Es war normal, daß Soldaten kamen und sich Frauen aussuchten. Unvermittelt zeigte dieser Kerl auf mich: »Dich will ich!« Unter meinen Füßen begann der Boden zu schwanken. Zum ersten Mal passierte mir so was! Im nächsten Moment schnaufte von hinten der dicke Aufpasser im Eilschritt heran und beteuerte: »Das geht nicht. Die will ich heute abend schon haben.« Schulterzuckend nahm der Tschetnik eine andere mit. »Komm«, brummte der Dicke. Ängstlich folgte ich ihm. Er führte mich in den Vorraum der Soldatenbaracke und stellte mir dort etwas zum Trinken und Essen auf den Tisch.

»Ich heiße Zahid«, stellte er sich vor. Ein Moslem also, wie ich. Zunächst wagte ich nicht, etwas zu sagen. Dann nahm ich mich zusammen und fragte ihn: »Ist das, was ihr hier macht, der Krieg? Warum tut ihr das?« Die Frage machte ihn verlegen. Zahid behauptete, daß ihm nichts anderes übriggeblieben wäre, als hierher zu kommen. Ursprünglich hatte er im 5. Korps in Kladuša gekämpft. Als die paramilitärischen Einheiten den Widerstand der bosnischen Soldaten zerschlagen hatten, mußte er die Seite wechseln. »Ich warte auf die nächste Gelegenheit, um von hier abzuhauen«, vertraute er mir an. Er versprach mir, meine Familie zu verständigen, wenn ihm die Flucht gelänge. Zwei Wochen später war er weg.

Im vierten Monat hatte ich das Gefühl, als habe das alles nichts mehr mit mir zu tun. Ich war kein Mensch mehr. Wenn nach dem Fäkaliendienst noch ein bißchen Zeit blieb, knickte ich sofort um und schlief ein. Nachts halluzinierte ich, daß ein Ofen neben mir stünde. Ich wollte mich an ihm wärmen. Meine Mutter und meine Oma saßen neben mir. Wir unterhielten uns miteinander. Mama sagte: »Alles wird gut. Ich nehme dich mit nach Hause.« Ständig weinte ich und wollte wissen, wann wir endlich gehen würden. »Es dauert nicht mehr lange«, antwortete sie. Ich wollte ihr noch so viel erzählen, aber ich kam nicht mehr dazu. Plötzlich war sie weg. Ich fing an, noch mehr zu heulen und bat sie, zu mir zurückzukehren. Doch sie blieb verschwunden.

Die Festung

Damals ahnte ich noch nicht, daß es noch schlimmer kommen könnte. Wie hätte ich mir auch etwas denken können, was unvorstellbar war? Im Dezember reiste der oberste Lagerkommandant Iuvuz Begi aus Velika Kladuša an. Das bedeutete Hoffnung. Wenn dieser Mann nämlich guter Laune war, ließ er die eine oder andere Frau frei. Es war Mittagszeit, als die Hallentür aufging. »Zum Verhör«, schnauzte ein Wächter. Dabei deutete er mit dem Finger auf fünf Frauen. Diesmal hatte man mich nicht vergessen! Innerlich jauchzte ich. Unsere Gruppe stolperte dem Soldaten ins Wächterhäuschen hinterher.

Hinter dem Schreibtisch thronte Begi . Ein ziemlich großer, kräftiger Mann mit schwarzem Haar und Schnurrbart. Ich schätzte ihn auf Mitte Dreißig. Vertieft blätterte er in seinen Unterlagen und tat so, als würde er uns nicht bemerken. Nach einer Weile hob er den Kopf und musterte eine nach der anderen von oben bis unten. Ausgemergelt, schmutzig und voller Läuse standen wir vor ihm aufgereiht. »Jede wird einzeln verhört«, stellte er klar. Wir wurden wieder aus dem Raum geführt. Nacheinander bestellte der Wächter uns dann herein. Fieberhaft starrte ich auf die Tür. Die erste kam heraus: »Gott sei Dank, es ist zu Ende. Ich darf nach Hause.« Müde wischte sie sich die Tränen aus dem Gesicht. Das gleiche wiederholte sich bei den anderen Frauen. Ich war als Letzte dran.

Voller Hoffnung betrat ich das Büro. Begi war gerade damit beschäftigt, seine Unterlagen zusammenzupacken. »Warte bitte draußen auf mich«, meinte er. Vor dem Häuschen parkte sein Jeep. Am Steuer saß der Fahrer. Als Begi mich fröstelnd im Schnee erblickte, wies er mich an: »Setz dich ins Auto.« Gehorsam kletterte ich auf die Rückbank. Der Motor sprang an. »Ich darf zu meiner Familie«, wiederholte ich mir unablässig. Man würde mich bestimmt nach Kladuša bringen und dort laufenlassen. »Nehmen Sie eine«, bot der Fahrer Begi eine Zigarette an.

Mich interessierte nicht, was die Männer für Belanglosigkeiten austauschten. Ich wollte nur noch so schnell wie möglich Mama, Emir, Gorana und Goran in meine Arme schließen. Die Fahrt auf den verschneiten Straßen war beschwerlich. Meine Blicke wanderten über die Landschaft. Berge, Berge, nichts als Berge. Nach etwa zwei Stunden erreichten wir Kladuša. Hektische Betriebsamkeit herrschte auf den Straßen. Jeder eilte irgendwohin. Fast alle trugen Uniformen. Auf einmal merkte ich, daß wir nicht in die Hauptstraße abbogen, sondern an der Stadt vorbeifuhren. Mir war mulmig zumute. Doch Begi drehte sich sofort zu mir um und beschwichtigte mich: »Du brauchst dich jetzt nicht mehr zu fürchten. Dir wird nichts passieren.« Mein Verfahren war sicherlich wegen meiner Aussagen und meines Heimatortes B. etwas komplizierter als bei den anderen. Wahrscheinlich lieferte man mich heute in einer Unterkunft außerhalb der Stadt ab. Und morgen säße ich in einem Bus nach K.

In Serpentinen schlängelte sich die Straße den Berg hinauf. Da war mir klar, daß es zur alten Festung ging. Die Türme reckten sich vor uns gespenstisch in die Höhe. Durch einen Torbogen rollten wir in einen Innenhof. Begi öffnete mir hinten die Tür. Als ich ausstieg, fiel ich fast in Ohnmacht. Ein eiskalter Wind schlug mir entgegen. »Mir immer hinterher«, forderte mich der Kommandant höflich auf und steuerte auf den größten Turm der Burg zu. Ich war ein bißchen mißtrauisch, aber voller Hoffnung. Bestimmt würde er gleich in seinem Büro einen Text aufsetzen, den ich unterschreiben müßte. Dann wäre ich frei. Frei! Frei! Frei!

Eine dunkle Steintreppe führte in den ersten Stock. Oben erstreckte sich ein langer Flur. »Das ist mein Büro«, murmelte Begi und schloß eines der Zimmer auf. Wieder ein Raum ohne Fenster. Dafür war es aber wohlig warm darin. Jemand hatte ein großes Buffet mit Kuchen, Gebäck und Kaffee aufgebaut. Bei diesem Anblick krampfte sich mein Magen zusammen. »Setz dich«, wies mich der Kommandant an. Dann servierte er mir ein Glas mit Saft und einen Teller mit einem Croissant. Das war ein Hochgenuß. Während ich genüßlich jeden Bissen im Mund zergehen ließ, machte es sich Begi mir gegenüber auf einem Stuhl gemütlich. Freundlich bot er mir an, noch mehr nachzuholen. Ich schaffte aber nicht mal das Stückchen auf meinem Teller, obwohl mich ein Bärenhunger quälte. So große Mengen war mein Magen nicht mehr gewohnt.

»Ich werde dir helfen, deine Eltern wiederzufinden«, meinte der Kommandant. Das Schlimmste hätte ich nun überstanden. Er werde alles in Ordnung für mich bringen, und solche Dinge quatschte er daher. »Nebenan findest du ein Bad. Dort kannst du dich waschen«, erklärte er mir. Im gleichen Moment klopfte es. Ein aufgeschwemmter Mann mit langen blonden Haaren stiefelte herein. Er rümpfte seine Nase und spottete: »Uh, was ist denn das?« Belustigt wehrte der Kommandant ab: »Lach nicht! Warte ab, wie hübsch die Kleine ist, wenn sie sich erst mal gewaschen hat.« Nebenbei erfuhr ich, daß dieser Kerl den Spitznamen »Blasser« trug. Ich wollte freundlich sein. Lächelte mal Begi , mal den »Blassen« an und grinste dümmlich vor mich hin.

Väterlich klopfte mir Begi auf die Schulter. »Bevor du ins Bad gehst, besorge ich dir was zum Anziehen.« Dann verließen die beiden Männer das Zimmer. Als der Kommandant zurückkam, brachte er mir ein dünnes Seidenkleidchen mit. Etwas unpassend für den Winter. Doch vermutlich hatten sie nichts anderes. Im Badezimmer warf ich einen Blick in den Spiegel. Blaß sah ich aus. Schwarze Ringe unter den Augen. Manche Stellen am Körper hatten sich gelb und blau verfärbt. Meine Haut war rauh und aufgesprungen.

Was für ein berauschendes Gefühl, wieder warmes Wasser auf der Haut zu spüren! Von oben bis unten seifte ich mich ein und wusch mir die langen verklebten Haare. Vereinzelte Läuse fielen herunter. Das Wasser war pechschwarz. Lange blieb es schwarz, schwarz, schwarz. Bestimmt duschte ich fast eine Stunde lang. Am liebsten hätte ich mich danach noch in die Badewanne gelegt. Doch das traute ich mich nicht. Vielleicht würde ich den Kommandanten verärgern, wenn ich so lange brauchte. Ich schnappte mir Höschen und Unterhemd. Das rosafarbene Kleidchen war für eine ausgewachsene Frau bestimmt und noch zu groß für mich. Es war ein tailliertes Gewand mit kurzen Puffärmelchen. Wie aus einem Märchen.

Frisch duftend erschien ich im Büro. Anerkennend pfiff Begi durch die Zähne und fragte, ob ich noch etwas Saft wünschte. »Gerne«, antwortete ich heiter. Endlich war der Alptraum zu Ende. Dieser Kommandant wirkte wie ein sehr ernsthafter und rücksichtsvoller Mensch. Er setzte sich neben mich aufs Sofa. Plötzlich rückte er näher und säuselte mit süßlicher Stimme, daß ich wunderschöne Haare und Augen hätte. Dann umfaßte er meine Taille mit beiden Händen und versuchte mich zu küssen. »Nein!« stieß ich entsetzt hervor und rutschte beiseite. »Hab keine Angst. Ich zeige dir was Schönes, was du noch nicht kennst.«

Wieder wollte er mich küssen. Doch ich drehte mein Gesicht zur Wand. Da umklammerte er meinen Kopf wie mit einer Zwinge und preßte seinen Mund auf meine zusammengekniffenen Lippen. »Bitte nicht. Lassen Sie mich gehen«, stieß ich heulend hervor. Da riß er das rosa Kleid in Fetzen und warf mich auf den Boden. Diesmal aber ließ ich mich nicht so einfach demütigen. Ich war gestärkter als beim ersten Mal. Mit Händen und Füßen wehrte ich mich. Begi zerfetzte meine Unterhose. Ich zerkratzte ihm sein Gesicht. Zwei- oder dreimal gab der Kommandant mir eine Ohrfeige. Dann zog er hastig seine Uniformhose aus und drang in mich ein. »Nein, nein, nein«, schrie ich so lange, bis er fertig war.

Mit einem Satz sprang Begi auf. Wutentbrannt schlug er noch heftiger als zuvor auf mich ein. »Du alte Hure«, tobte er, »warum wehrst du dich, wenn du nicht einmal mehr Jungfrau bist?« Dafür würde er mich jetzt sofort erschießen. Am Arm zog er mich hoch und schleuderte mich wie eine Puppe durch das Zimmer. Ich krachte gegen das Buffet. Teller zerschepperten am Boden. Gläser zerschlugen. An den Scherben hatte ich mir eine Sehne am Finger verletzt. Das Blut spritzte wie aus einer Fontäne. Es hörte gar nicht mehr auf zu bluten.

Als Begi meine Verletzung bemerkte, veränderte sich plötzlich sein Tonfall. Mit zuckersüßer Stimme schäkerte er: »Nun sieh mal einer an. Was hat denn meine Kleine nun wieder angestellt?« Er brachte mir einen großen Putzlappen, mit dem ich meinen Finger verbinden sollte. Dann half er mir auf die Beine, brachte mich bis zum Sofa und stellte mir ein Glas Wasser hin. »Tut's noch weh?« wollte er wissen. Ich schwieg. Mein Arm war geschwollen. Die Finger konnte ich nicht mehr bewegen. Mein ganzer Körper schmerzte. Der Kommandant verhielt sich, als hätte er mit all dem nichts zu tun. Unmöglich könnte ich dieses zerrissene Kleid anbehalten. Wie das denn aussähe? Er wollte mir schnell etwas Neu-

es zum Anziehen holen. Eine halbe Stunde später überreichte er mir ein T-Shirt und Shorts. Die Hose reichte
mir gerade mal über die Pobacken. Augenzwinkernd
verabschiedete er sich von mir: »Mach dir keine Sorgen,
ich bin gleich zurück.«

Betäubt saß ich auf dem Sofa. Noch immer glaubte
ich an meine bevorstehende Freilassung. Sicher käme
bald ein normaler Mensch vorbei, der mich nach Hause
bringen würde. Wie an einen Rettungsring klammerte
ich mich an diesen Gedanken. Als der Kommandant zurückkam, benahm er sich so normal, wie sich das für
einen Mann in seinem Alter gehörte. Doch dieser Typ
änderte sich ständig wie das Wetter. Sorgenvoll krauste
er die Stirn und gurrte: »Arme Leila, bald wird's wieder
besser.«

Ohne anzuklopfen trat der »Blasse« einige Minuten
später ein. Begi hatte ihn scheinbar erwartet. Wortlos
schmiß mich der häßliche Kerl wie ein Wäschestück auf
den Teppich und vergewaltigte mich dort. Seelenruhig
lümmelte der Kommandant auf dem Sessel und schlürfte seinen Saft. Nur noch matt schlug ich mit den Armen
um mich. »Gott, laß es vorübergehen«, betete ich. Es
ging schnell. Beim Rausgehen drohte der »Blasse«: »Ich
komme wieder.«

Noch etwa fünf Tage blieb ich in diesem Büro. Die
meiste Zeit verbrachte ich im Bad mit dem Gesicht über
der Kloschüssel. Noch zweimal vergewaltigte mich der
Kommandant. »Lassen Sie mich zu meiner Mama«, bettelte ich dabei. Diesmal schlug er mich nicht mehr so
heftig. Heulend schrubbte ich mich unter der Dusche
ab, aber der Dreck wollte nicht von mir runtergehen.
Frustriert streifte ich diese ekelhaften Shorts über. Wie
kam ich hier nur weg? Auf Zehenspitzen lugte ich aus
dem schmalen Badfenster. Schneeflocken tanzten vom
Himmel. Ich konnte auf den Innenhof blicken. Viele
Soldaten standen dort und redeten miteinander.

Die ganze Nacht über brannte das Licht. Immer wieder verschwand der Kommandant für einige Stunden. Kaum hatte sich der Schlüssel im Schloß gedreht, stand ich auf und durchwühlte seinen Schreibtisch. Vielleicht fand ich Notizen über mich oder einen Hinweis auf den Kriegsverlauf. Doch außer nichtssagenden Papieren und alten Zeitungen war da nichts. Die wichtigen Schubladen hatte Begi in weiser Voraussicht zugesperrt.

Regelmäßig versorgte mich der Kommandant mit Essen und Trinken. Dann setzte er sich an seinen Schreibtisch, zündete sich eine Zigarette an und wälzte seine Unterlagen. Manchmal schlief er dabei schnarchend in seinem Stuhl ein. Möglichst weit entfernt von ihm, hockte ich mit angezogenen Beinen auf einem Sessel. Wachsam registrierte ich jede seiner Bewegungen. Hin und wieder blickte er mir in die Augen und schimpfte mich wie ein kleines Kind, das heimlich Marmelade genascht hatte: »Du hast mir was Schönes eingebrockt. Ich weiß einfach nicht, was ich mit dir machen soll. Wie soll ich dich nur wieder loswerden?« Manchmal führte er Selbstgespräche: »Es tut mir leid, Leila, aber ich muß dich umbringen.« Das war am fünften Tag.

Die schwarze Legion

Am fünften Tag legte mir der Kommandant eine lange schwarze Hose über einen Stuhl. Ich zog sie an und schlüpfte in meine viel zu großen Pantoffeln. Begi*f* klärte mich darüber auf, daß ich jetzt mit ihm hinausgehen würde. Ich dürfte nicht weinen. Sollte den Kopf hochhalten und lächeln. Dann würde alles gut für mich werden. Beklommen folgte ich ihm die steinernen Treppen hinunter in den Innenhof. Ich glaubte nicht, daß er mich töten würde. Doch konnte man einem Wahnsinnigen trauen?

Im Hof versammelten sich etwa fünfzig Soldaten. Mittlerweile hatte ich kapiert, daß die Burg der Hauptsitz der paramilitärischen Einheiten war. Moslems und Serben tranken und rauchten zusammen im Schnee. Der Kommandant wollte mich durch die Menge hindurchschieben. Da sprach mich ein junger Soldat an: »Holla, wer ist das denn?« Begi antwortete: »Gefällt sie dir? Soll ich sie dir geben?« Der schwarze Legionär überlegte: »Sind zwei Stangen Zigaretten als Preis in Ordnung?« Scherzend schlug der Kommandant in den Handel ein: »Naja, ich will mal nicht so sein.« Dann verstaute er die Zigaretten in seinem Mantel und überließ mich diesem Mann. Er war vielleicht zweiundzwanzig und trug eine schwarze Mütze, die das Gesicht freigab, nur den Hals bedeckte. Auf der anderen Seite waren die Mützen für Augen, Nase und Mund ausgeschnitten. Bei Bedarf drehten die Männer sie einfach um. Dann sahen sie aus wie Bankräuber.

»Setz dich«, verlangte der Soldat von mir und legte mir seine Jacke unter. Er sah gut aus und war im Gegensatz zu den Tschetniks glatt rasiert. »Was wolltest du denn mit diesem alten Gaul?« erkundigte er sich und deutete dabei auf Begi , der ein Stück entfernt seine Zigaretten mit den anderen qualmte. Frierend zuckte ich mit den Schultern. »Wie heißt du?« wollte er wissen. »Leila«, brachte ich mit leiser Stimme hervor. »Aha, eine Balinkuscha*«, kommentierte der Serbe das abfällig. »Kommst du aus Kladuša?« fragte er weiter. »Nein«, entgegnete ich leise. Mir graute vor dem, was nun folgen würde.

Der Soldat nahm mich weiter ins Verhör. Als er erfuhr, daß ich aus B. stammte, schrie er quer über den Platz: »He, Begi ! Komm doch mal her!« Kaum war der Kommandant wieder bei uns, beschwerte sich der junge Mann: »Was höre ich da? Die stammt aus B.! Warum legst du die nicht sofort um?« Begi wandte lächelnd ein: »Na, sie war in K., weißt du. Ich empfehle sie dir. Sie ist wirklich gut! Paß mir auf sie auf.« Dann sagte Begi zu mir: »Ich hoffe, du überlebst diesen Krieg.« Als er mein angsterfülltes Gesicht sah, kniff er mich in die Wange und meinte: »Du brauchst dir keine Sorgen zu machen.« Zum Abschied warnte er mich: »Eines merk dir, Leila. Ich möchte, daß wir uns niemals wieder treffen. Niemals, verstehst du?« Dann ging er davon. Wir begegneten uns jedoch wieder. Jahre später würde ich ihm vor Gericht als Hauptzeugin gegenüberstehen.

Begi hatte mich direkt in die Hölle geschickt. Denn diese Männer waren keine Menschen, sondern Ungeheuer. Bis heute verschwinden die nächsten Monate in meinem Kopf wie in einem schwarzen Loch. Mir fehlen ganze Stücke. Oft werfe ich alles durcheinander. Mich würgt die Erinnerung. In dieser Zeit habe ich nicht mehr

---

* Schimpfwort für eine Muslime

gehofft und nicht mehr phantasiert. Diese Kerle hatten meine Seele zerstückelt. Am grausamsten empfand ich die ersten Wochen. Da hatte ich mich an diese Erniedrigungen noch nicht gewöhnt. Danach war ich ein Nichts. Nach all den Grausamkeiten, die ich durchgemacht hatte, sagte eine Therapeutin später zu mir: »Du bist wie eine Katze mit neun Leben.« Das stimmte tatsächlich.

Der junge Serbe, der mich zuvor käuflich erworben hatte, trieb mich in Begleitung acht anderer Soldaten aus der Festung heraus. Wir stapften einen Trampelpfad herunter. Ich mußte aufpassen, daß ich im Schnee meine Pantoffeln nicht verlor. Nicht weit weg hatten die schwarzen Legionäre ihr Camp aufgeschlagen. In der Dunkelheit konnte ich, dicht nebeneinander, drei Baracken ausmachen. In einer davon wurde ich eingesperrt. In dem Raum standen drei Feldbetten und ein Tisch. Licht brannte. Es war nicht geheizt. Von irgendwoher schleppten die Männer eine Tür an, die sie auf Ziegelsteine legten. Dann warfen sie einen Schlafsack drauf. Das sollte mein Bett sein.

Ich hatte Angst, aber anfangs war ich noch gefaßt. Vielleicht wollten sie mich nur als Arbeitssklavin behalten. Doch dieser Hoffnungsfunke erlosch schnell. Ich war ausschließlich zum Vergnügen dieser Männer hier. In ihren schwarzen Uniformen umringten sie mich und rissen dreckige Witze. »Seht euch diese kleine Nutte an. Die ist sicher schon ganz wild auf uns.« Ich schlotterte am ganzen Körper. Der erste, der mich vergewaltigte, nannte sich Rambo. Sein Oberkörper war tätowiert. Den Rücken zierten zwei gekreuzte Knochen. Auf der Schulter war ein Adler eingeritzt.

Der Kahlkopf zog mich an meinem Zopf durch das Zimmer. Ich schrie. Da wickelte er mein hüftlanges Haar um seinen Arm und hielt sein Messer an meinen Haaransatz. Grinsend schnitt er mir den Zopf ab und schmiß ihn auf den Boden. Dann stieß er mich auf ein

Bett, zog mir mit einem Ruck die Hose runter und wälzte seinen Körper auf mich. Ich winselte: »Tun Sie das bitte nicht.« Er stöhnte: »Ich ficke deine muslimische Mutter.« Die anderen Männer feuerten Rambo an: »Zeig's ihr!« Der Adler auf seiner Schulter blickte mich mit kalten Augen an. Ich konnte nicht mehr aufhören zu weinen. Rambos Atem stank nach Alkohol. Dann zitierte er seinen blonden Kumpel »Vuk«* herbei. Ein kräftiger kleiner Kerl mit eisblauen Augen. »Laß noch was übrig für uns«, geiferte einer. In dieser Nacht kamen noch sieben andere.

Nur wenn sie mich mit der Pistole oder dem Messer dazu zwangen, redete ich. Immer neue Schimpfworte ließen sie sich für mich einfallen, um mich als »Türkin« zu verhöhnen. Tag und Nacht gaben sich serbische Soldaten die Klinke in die Hand. Ich weiß nicht mehr, wie viele Männer es waren. Vielleicht zwanzig. Ich weiß nicht mehr, wie oft es passierte. Ich weiß nur, daß mich alle vergewaltigten. Mehrmals hintereinander. Rambo und »Vuk« gehörten zu den Schlimmsten. Mein Körper fühlte sich wie ein Stück Holz an. Die Welt um mich herum verschob sich ständig wie buntes Glas in einem Kaleidoskop. Die andauernde Furcht ließ mich innerlich erstarren.

Alles, was die Soldaten von mir verlangten, mußte ich für sie tun. Sie gebrauchten mich von hinten, von vorne, von allen Seiten gleichzeitig. Ich mußte sie nackt bedienen. Ihre Füße küssen. Auf allen vieren kriechen. Mittendrin bekam ich meine Tage. Das erste Mal seit der fünften Klasse. Es gab keine Binden und kein Waschbecken. Nur ein Feldklo.

Gewehrt habe ich mich schon lange nicht mehr. Das stachelte sie nur zusätzlich an. Meine Augen waren ausgetrocknet. Weinen kostete zuviel Kraft. Wie eine Tote

---

* (serbo-kroat.) Wolf (Anm. d. Übers.)

stierte ich auf die Holzwände, während sie sich auf mir abwechselten. Es war, als ob ich über meine eigene Schulter in einen leeren Raum blickte. Das Grauen bringt einen um, wenn man darüber nachdenkt.

»Hier komme ich nicht lebendig raus«, war ich mir sicher. Ein anderer Gedanke paßte nicht mehr in meinen Kopf. Die Männer benutzten mich als ihren Abfalleimer, als ihr Spielzeug, als den letzten Dreck. »Los, lach!« verlangten sie von mir, wenn sie sich dreckige Witze erzählten. Mir stand aber nicht der Sinn danach. Dann hielt mich einer an beiden Armen fest, während ein anderer mich kitzelte. Ich lachte mich halbtot. Im nächsten Moment sollte ich meine Hand auf den Tisch legen. Blitzschnell stachen sie mit ihrem Messer zwischen meine Finger.

Töten war ihnen nicht interessant genug. Sie genossen es, mich zu foltern. »Russisch Roulette« hieß eines ihrer Lieblingsspiele. »Das wird dich auf andere Gedanken bringen«, machten sie sich über mich lustig. Sie zerrten mich auf einen Stuhl und setzten sich am Tisch um mich herum. Bisher kannte ich das nur aus schlechten Filmen. Wegen der brutalen Szenen hatte ich immer vorzeitig abgeschaltet. Aber ich wußte, daß einem das Gehirn dabei aus dem Kopf fliegen konnte. »Vuk« drehte die Trommel. »Eine Kugel von sechs ist scharf, Schätzchen«, sagte einer. Jeder durfte einmal auf mich zielen. Rambo hielt als Letzter den Revolver an meine Schläfe. Das Eisen war kalt. Mir brach der Schweiß aus allen Poren. Rambo kniff seine grünen Augen zusammen. Dann drückte er ab. »Jetzt bin ich tot«, hämmerte es unablässig in meinem Kopf. Dann überlebte ich doch. Dafür war ich nicht dankbar.

Abends waren die schwarzen Legionäre meistens betrunken und prügelten mich. Um in bessere Stimmung zu kommen, mischten sie auch Tabletten in den Alkohol. Danach setzten sie mir das Messer an die Kehle und drohten mir, daß sie mich nun endgültig abschlachten würden. Sie hielten das Messer auch an meine Ohren, unter die Nase oder an mein Geschlecht. Doch sie ritzten immer so, daß es nur ein bißchen blutete. Dann zwangen sie mich, für sie auf dem Tisch zu tanzen und serbische Lieder zu singen. Wie eine Marionette drehte ich mich im Kreis.

Am Abend darauf zerrte mich einer auf seinen Schoß und hielt mir sein Schnapsglas an die Lippen. »Ich mag nicht«, wehrte ich ab. Schon vom ersten Tropfen war mir speiübel. Manchmal mußte ich trinken, bis ich umfiel. Dazu brauchte ich nicht viel. Ein anderer kündigte an: »Ich mach' dir jetzt ein Tschetnik-Baby.« Das interessierte mich nicht mehr. Ich fühlte keine Schmerzen und keine Angst. Nur noch im Dämmerzustand bekam ich mit, wie sich ein stinkender Körper nach dem anderen auf mich wälzte.

Wenn man mich in Ruhe ließ, wiegte ich mich wie in Trance in meinem Schlafsack hin und her. Ich war weder fähig zu schlafen noch zu wachen. Damit sie mich weiter benutzen konnten, gaben sie mir regelmäßig Nahrung und Wasser. Ich würgte aber nur kleine Bissen runter. Zu meiner Beaufsichtigung war immer jemand da. Sie ließen mich alleine nicht bis zur Tür kommen. Ich habe es auch nicht versucht. Mir war alles egal. Mir tat nichts mehr weh. Ich wollte nur noch schlafen.

Zwei Bordelle

Nach einem Monat hatten sie scheinbar genug von mir. »Zieh dich an«, hieß es. Benommen streifte ich meine Hose und mein T-Shirt über. Zum ersten Mal kam ich wieder raus. Allerdings nur kurz. Der Soldat half mir auf die Ladefläche eines Lkw, der vor den Baracken parkte. »Wahrscheinlich erschießt er mich irgendwo im Wald«, vermutete ich. Er verschloß die Plane. Zwischen Plastikfässern lag ich auf dem rüttelnden Boden und schlief sofort ein. Vielleicht hätte ich unterwegs rausspringen können, aber ich war zu kaputt für Fluchtgedanken.

Keine Ahnung, wie lange die Fahrt gedauert hatte. Irgendwann weckte mich der Fahrer: »Steh auf! Wir sind da.« Mit dröhnendem Kopf kletterte ich von der Ladefläche. Es war Spätnachmittag. Irgendwo in der Serbischen Republik. Eine Baracke und ein Haus standen nebeneinander. Sonst weit und breit nur schneebedeckte Wiesen. Wie sich herausstellen würde, handelte es sich bei den beiden Gebäuden um Bordelle.

Zunächst brachte mich der Soldat in die Baracke. Innen sah es genauso aus wie bei den schwarzen Legionären. Nur stand mir jetzt kein Schlafsack mehr zur Verfügung. Für ein Päckchen Zigaretten verkauften mich serbische Soldaten an welche, die von der Front kamen. Es ging weiter wie zuvor. Trotzdem war jede Vergewaltigung anders. Einmal fesselten sie mich, ein andermal rissen sie meinen Kopf nach hinten und stießen nacheinander ihren Penis in meinen schreienden Mund. Schwärze füllte mich langsam aus, zog durch den Kopf in den Körper. Ich würgte und würgte und schluckte alles hinunter. Dann wurde es still. Ich verlor das Bewußtsein.

Im Kopf behalten habe ich noch, daß ich für einige Tage in Hungerstreik getreten bin. Allerdings interessierte das niemanden. Ich sehe auch noch deutlich vor mir, wie man mich mehrmals in ein dunkles Kellerloch sperrte. Dort konnte man kaum einen Schritt vor und zurück gehen. Sie öffneten die Luke und pinkelten auf mich. Doch ich spürte nicht mehr viel. Ich war am Sterben.

»Raus hier!« kommandierte einer der Soldaten. Waren Monate oder Jahre vergangen? Ich wußte es nicht. Für mich war jeder Tag wie eine Ewigkeit. Schwankend lief ich dem Uniformierten in das gegenüberliegende Haus hinterher. Er kommandierte mich in die zweite Etage. Dort, wo mal eine Tür gewesen war, hingen Bretter. In einem dämmerigen Zimmer fand ich mich wieder. Wie zuvor gab es keine Möbel, keinen Ofen und keine Waschgelegenheit. Vor dem Fenster hing eine Wolldecke. Ein lebenswichtiger Unterschied zu den Baracken existierte jedoch. Ich war nicht mehr allein.

Zwölf junge Frauen kauerten auf dem Betonboden. Durchsichtig und verwahrlost sahen sie aus. Wie lebendige Tote. Ich war so glücklich, endlich wieder mit Menschen zusammenzusein. »Hallo, ich bin Leila!« begrüßte ich sie überschwenglich. Doch keine reagierte darauf. Die Frauen stierten vor sich hin. Ihnen haftete dieser verrückte Ausdruck an, den ich in der Putenfarm schon kennengelernt hatte. Da war mir sofort klar, daß es hier auch nicht anders zuging als vorher.

Ich ließ mich an der Wand hinuntergleiten und blickte mich ängstlich um. Der Raum war vielleicht fünfzehn Quadratmeter groß. In der Mitte lag eine zerknautsch-

te Decke. Es stank bestialisch nach Fäkalien. In einer
Ecke erledigten die Frauen ihre Notdurft. Fliegen krochen die Wände hoch. Es war uns verboten, hier sauber-
zumachen. Zwölf Monate lang.

In mir erwachte wieder ein Hoffnungsschimmer.
Vielleicht würde ich an einem Ort, an dem sich mehrere
Frauen aufhielten, leichter überleben. Die anderen waren etwas älter als ich. Vermutlich um die Zwanzig. Früher hatten sie sicherlich sehr schön ausgesehen, aber
hier war nicht mehr viel davon übriggeblieben. Sperma
verklebte ihre Haare. Frische Narben bedeckten die
Gesichter. Ihre Finger waren blutig. Die meisten hatten
offene Wunden, besonders an den Beinen.

Nur wenige Minuten waren vergangen, als zwei Soldaten hereinpolterten. Zielstrebig packten sie zwei
Frauen und schleiften sie raus. Noch eine ganze Weile
hörte man ihre Hilfeschreie. »Wo werden sie denn hin-
gebracht?« stammelte ich. Eine Brünette mit großer
Nase flüsterte matt: »Sie werden nie wieder zurückkehren.« So war es tatsächlich. Und genauso würde auch
diese Brünette verschwinden.

Totenstille herrschte im Zimmer. Nach etwa einer
halben Stunde polterte wieder jemand die Treppe hoch.
Mein Puls beschleunigte sich. »Laßt mich diese Neue
anschauen!« verlangte ein Soldat. Dann fiel er über mich
her. Es folgten noch andere. Ich spürte weder Erschrek-
ken noch Schmerz, geschweige denn Schamgefühle.
Mein Körper gehörte schon lange nicht mehr zu mir.
Nur mein Geist wartete ab, daß es endlich vorbei wäre.
Ich wollte durchkommen.

Meistens mußten wir mit ansehen, wie die Soldaten
sich an den anderen Frauen vergingen. Wie sie sich auf
deren knochigen Körpern befriedigten, Zigaretten auf
den Brüsten ausdrückten oder Messer in ihre Haut
schlitzten. Nur gelegentlich mißbrauchten sie einen alleine im gegenüberliegenden Zimmer. Dieses ganze

Grauen hätten wir nicht ausgehalten, wären wir nicht schon längst völlig abgestumpft gewesen. Die Männer tauchten zu jeder Tageszeit auf. Nachts wählten sie sich mit der Taschenlampe jemanden aus.

Auch hier mochte man solche Spiele wie »Russisch Roulette«. Einmal zerrten drei Soldaten ein Mädchen zum Fenster. Unter ihren verklebten Haaren funkelten ihre erschrockenen Augen. Einer zielte mit der Pistole auf ihre Schläfe und drückte ab. Doch nur ein leises Klicken war zu hören. Das Mädchen atmete auf. Der zweite hielt seine Pistole an ihren Kopf. Es knallte so laut, daß ich zusammenzuckte. »Sei froh. Es ist vorbei für dich«, war alles, was mir durch den Kopf ging. Für mich existierte keine Steigerung an Grausamkeit mehr. Alles war gleich schlimm.

17. 09. 1993, Freitag

Ein sonniger Tag. Heute feiert mein Mädchen ihren siebzehnten Geburtstag. Der dritte Geburtstag, den sie ohne ihre Mutter begeht. Meine liebe Leila, alles Gute zum Geburtstag. Wenn Gott so will, werden wir uns bald wiedersehen. Wir alle lieben dich sehr und wünschen uns, daß es dir gutgeht, daß du durchhältst und auf dich aufpaßt. Wir leben für dich und für den Tag, an dem wir alle wieder zusammen sein können. Sei tapfer, wir sind bei dir. Wir lieben dich. Mama, Emir, Gorana und Goran.

30. 09. 1993, Donnerstag

Aus Velika Kladuša sind ca. 20 000 Bewohner und 600 Soldaten in Richtung K. aufgebrochen. Fünf Bataillone ziehen ebenfalls in Richtung K. Dies meldet das kroatische Radio (Zagreb). 18.30 Uhr. Goran haben sie zum wer weiß wievielten Male den Einberufungsbescheid gebracht. Was geschieht wohl in West-Bosnien? Bringt irgendein Radiosender die Wahrheit? Meine Leila ist dort durch Zufall hingeraten. Angst und Schmerz um sie schnüren mir die Luft ab … Paß auf dich auf, paß auf dich auf, mein Liebes.

18. 10. 1993, Montag
Im Kreis B. wird immer heftiger geschossen. Es gibt Verwundete. Zwei Kuriere haben Goran den Einberufungsbefehl überbracht. Er hat sich versteckt. In B. findet eine Generalmobilmachung statt.

23. 10. 1993, Samstag
Es wurde Luftalarm ausgelöst. Wir sind alle bis zum Verlorensein nervös … Ein Soldat ging die Straße entlang und sagte, daß wir alle Fenster schließen sollten.

24. 10. 1993, Sonntag
Die Angst wird immer größer. Es gibt keine bosnischen Männer mehr im Ort. Einige sind weggelaufen, und die anderen werden in der Schule gefangengehalten.

01. 11. 1993, Freitag
Heute morgen waren unentwegt Detonationen zu hören. Viele Menschen aus der Nachbarschaft versammelten sich vor unserem Wohnblock. Alle redeten voller Ungeduld und hatten es eilig, irgendwohin zu kommen. Vom Fenster aus sah ich auf das Bergwerk im Wald. Wie die Granaten fielen und die Bäume brannten! Um 13.00 Uhr bin ich rausgegangen, um zu erfahren, was dort vor sich ginge. Der Nachbar teilte mir mit, daß eine Evakuierung der Bewohner stattfände. An mir fuhren Autos, Busse und Lkws in Richtung P. vorbei. Ich ging zurück in die Wohnung und packte drei Decken, ein wenig Nahrung, Kinderkleidung und für Gorana einige Puppen ein. Alle fuhren mit Autos. Goran und ich machten uns zu Fuß auf den Weg. Wir erreichten P. um 17.30 Uhr. Auf dem Weg durch einen Tunnel weinte Gorana. Es war matschig, und da wir wegen der Granaten laufen mußten, waren wir von Kopf bis Fuß schmutzig.

02. 11. 1993, Samstag
Tausende von Menschen aller Nationalitäten haben P. er-reicht.

27. 11. 1993, Samstag
Kalter Morgen. Ich fühle mich sehr schlecht. Zwei Ärzte besuchten mich. Sie sagten mir, daß ich einen Schlaganfall überlebt hätte ...

28. 11. 1993, Sonntag
Heute haben sich zwanzig von uns in einer kleinen Pla-stikwanne gebadet. Von Zeit zu Zeit macht Goran einen Rundgang um unser Haus in B. Dort gelten keine Gesetze mehr. Jeder macht, was ihm gerade in den Sinn kommt.

aus dem Tagebuch der Mutter

Zwischendurch bekam ich meine Menstruation. Manch-mal schien es mir, als ob ich ununterbrochen blutete. Dann wieder passierte ewig lange gar nichts. Es war mir mittlerweile egal, ob ich schwanger war oder nicht. Ich fühlte nur noch, daß ich nichts mehr fühlte. Ein Jahr lang durften wir dieses Zimmer nicht verlassen. Nur durch das Fenster erkannte man die Jahreszeiten. Es war Frühling, Sommer, Herbst, und so ging es weiter. Nie sah ich draußen einen Zivilisten. Meine Fluchtphanta-sien hatte ich aus dem Kopf verbannt. Dabei wußte ich nicht einmal, ob vor der Tür jemand Wache schob. Man hätte die Bretter leicht wegbiegen können. Doch keine hätte das gewagt.

Ein fester Stamm von fünf Soldaten verdiente Schnaps und Zigaretten mit uns. Vermutlich hausten sie im dritten Stock. Zumindest konnte man regelmäßig schlurfende Schritte von oben hören. An der Laune der Männer stellten wir fest, ob sie gesiegt oder verloren hatten. Einer drückte mir mal aus Wut über eine Nie-derlage seine Zigarette im Armgelenk aus. Der jüngste unter den Besuchern war vielleicht neunzehn, der älteste womöglich fünfzig. Unter all diesen Kerlen war nicht einer, der angesichts unseres Elends keinen hochgekriegt hätte. Niemand hatte je ein freundliches Wort für uns übrig. Sie haben uns nur beschimpft, gefoltert und mißbraucht.

Schweigen! Bei uns herrschte immer Schweigen. In so einer Situation gibt es keine Worte mehr. Nachts drängten wir uns eng aneinander auf die Decke. Wir waren nur noch neun. Manchmal stellte man uns nur jeden dritten Tag, manchmal auch zweimal hintereinander etwas zu essen in einem Karton ins Zimmer. Dazu einen Kanister mit Wasser. Überwiegend setzte man uns Leberpastete aus der Konserve und altes Brot vor.

03. 12. 1993, Freitag
Aus B. haben wir Brot bekommen. Wir aßen auch Bohnensuppe zu Mittag. Mir geht es nur noch darum, von Leila zu hören und auf die Kinder aufzupassen.

08. 12. 1993, Mittwoch
An der Front wird bitter gekämpft. Nachts gucken wir den Geschossen zu, wie sie leuchten und vorbeifliegen. Einige Male explodierte eine Bombe in der Nähe unseres Aufenthaltsortes … Gorana hat neue Freunde. »Onkel« Alfred und Gerald aus Belgien, die bei den UN arbeiten. Sie haben ihr Süßigkeiten und Obst gebracht.

09. 12. 1993, Donnerstag
Während Gorana schlief, hat Alfred Süßigkeiten, Säfte und Kaffee abgegeben. Am Nachmittag kam er, um sich zu verabschieden. Er geht zurück nach Belgien. Alfred küßte Gorana einige Male und sie ihn. Beim Weggehen drehte er sich um und winkte uns zu. Gorana weinte so, als ob sie sich sicherer gefühlt hätte, solange er noch hier war.

17.12.1993, Freitag
Drei Granaten fielen auf die Stadt. Eine Granate schlug neben der Kirche ein. Das erste Opfer in der Stadt war unser Bekannter Ilija.

18.12.1993, Samstag
… Gnädiger Gott, laß mich bei Verstand bleiben. Ich habe Angst.

19.12.1993, Sonntag
Wir packen, um aus dem Flüchtlingslager wieder nach Hause zu gehen … Das, was ich jetzt in B. gesehen habe, hat meinen Glauben an die Menschlichkeit zerstört. Im Haus herrscht Chaos. Alles ist durcheinandergeschmissen und durchwühlt. Das meiste gestohlen worden. Wir schlafen angezogen, die Kinder in Schneeanzügen.

20.12.1993, Montag
Ich bin müde. Ich schlafe schon lange nicht mehr. Alles tut mir weh, ich sorge mich um uns und Leila. Gott, gib acht auf meine Leila.

21.12.1993, Dienstag
Der Wind weht. Um das Herz nur Kälte. Wir sind aus dem Luftschutzkeller herausgekommen. Alles ist so traurig. Ich habe die Orientierung verloren. Als ob ich mich nicht in meinem eigenen Haus aufhalten würde. Es gibt keinen Strom und keine Kerzen. Seit drei Tagen habe ich keine Nachrichten mehr gehört. Mein ganzes Tun wird von Nervosität begleitet. Ich bin überempfindlich. Auch weiterhin halte ich an Tugenden wie Achtung und Gerechtigkeit fest. Um so heftiger quält mich alles. Ich frage mich, wer wir sind. Was ist der Mensch für ein Wesen?

22./23.12.1993, Mittwoch/Donnerstag
… Ich habe nicht die Kraft und auch nicht den Willen, in

meinem Haus irgend etwas zu tun. Wir haben keine Bett-
wäsche. Ich habe nichts, worin ich Kaffee kochen könnte.
Wir besitzen weder Kleidung noch Schuhe. Alles haben sie
uns weggenommen.

24./25. 12. 1993, Freitag/Samstag

Heute bin ich zum ersten Mal hinausgegangen, seit wir ins
Haus zurückgekehrt sind. Ich habe ein neues Wort gelernt.
»Pljaika«*. Einige meiner Sachen erkenne ich in den Woh-
nungen der Nachbarschaft wieder. Ich würde mir so wün-
schen, diesen Leuten ins Gesicht zu spucken, aber die Um-
stände zwingen mich zum stillen Betrachten. In meinem
halbleeren Haus, das sich noch immer in Unordnung be-
findet, weile ich krank und doch zufriedener als diese Räu-
ber. Es ist Weihnachten.

31. 12. 1993

Der letzte Tag in diesem Jahr 1993. Schwere und traurige
Jahre ... Nichts erinnert an Neujahr. Unbekannte Men-
schen ziehen durch den Ort. Es ist sehr kalt. Drei Polizi-
sten kamen vorbei. Goran und ich haben sie aufgehalten
und mit ihnen geredet, damit wir uns nicht so alleine fühl-
ten. Alles erschüttert mich, und alles fällt mir schwer. War-
um schießen Kroaten und Moslems aufeinander? Wird das
denn jemals wieder aufhören? Aber am schlimmsten ist der
Schmerz, den ich um Leila empfinde. Gott, du bist all-
mächtig. Beende dieses Unheil. Gott, flöße Gnade und
Zärtlichkeit in die Seelen der schlechten Menschen ein. Er-
weiche ihre Herzen. Die Qualen und die Traurigkeit aller
Menschen sollen aufhören. Gott, rette meine und alle an-
deren Kinder vor dem Unglück. Gott, laß 1994 für sie zu
einem glücklicheren Jahr werden. Für meine Leila, Emir
und Gorana und alle Kinder dieser Welt. Gib ihnen Ge-
sundheit und Frieden.

aus dem Tagebuch der Mutter

---

* (serbo-kroat.) Raub (Anm. d. Übers.)

Nach einer Weile beging eine von uns Selbstmord. Ich hatte die 21jährige beobachtet, wie sie lange am Fenster gestanden hatte. Ihre Augen irrten umher, als suche sie etwas. Plötzlich schob sie die Decke beiseite und stürzte sich in die Tiefe. Fünf bis sechs Meter. Erschreckt fuhren einige von uns hoch. Andere blieben unbeteiligt sitzen. Als ich mich aus dem Fenster beugte, lag die Blonde mit dem Bauch auf dem Steinboden. Wie schlafend wirkte sie. Um ihren Kopf herum bildete sich eine kleine Blutlache. »So werden wir alle enden«, ging es mir durch den Kopf, »sie hat eine kluge Entscheidung getroffen.« Letzteres dachte ich, bevor die Soldaten das Mädchen zurück in unser Zimmer geschleppt hatten.

Wie Abfall schmissen sie die Schwerverletzte in unser Zimmer und verschwanden wieder. Vorsichtig zogen wir sie an den Schultern in eine Ecke. Ihr Arm baumelte leblos herunter. Wahrscheinlich war er gebrochen. »Hörst du uns?« fragten wir sie leise. Doch sie stöhnte nur. Tag und Nacht. Die Soldaten störte das nicht. Neben der Sterbenden vergewaltigten sie uns weiter wie bisher. Sobald die Männer weg waren, versuchten wir dem Mädchen etwas zu essen zu geben, aber sie nahm nur kleine Schlückchen Wasser an. Nach vier Tagen ist sie endlich gestorben.

»Anfangs waren wir zwanzig Frauen«, sprach mich unvermittelt ein Mädchen an. Überrascht schaute ich die Schwarzhaarige an. Sie hieß Merima und war wie die anderen schon vier Monate vor mir hier. Abgehackt berichtete sie, daß alle Anwesenden aus Velika Kladuša stammten. Merima war eine Roma. Sie hatte schwarze Augen und einen dunklen Teint. Mehr sprachen wir nicht miteinander. Doch ich lauschte ihr immer, wenn sie mit ihrer schönen Stimme vor sich hin sang: »Verflucht ist Amerika und das Gold, das glänzt.«

Zwei Tage lang lag die Leiche der Blonden bei uns. Da erschien ein Soldat und wollte sie vergewaltigen. Er hatte ihr schon das Hemd hochgeschoben und sich auf sie gelegt. Als er in sie eindringen wollte, bemerkte er wohl, daß irgend etwas nicht stimmte. Zornig schoß er hoch und beschimpfte uns: »Wieso habt ihr Huren mir nicht gesagt, daß sie tot ist?« Manchmal dachte ich auch daran, aus dem Fenster zu springen. Diese Gedanken verflogen jedoch wieder.

Selten glaubte ich noch an Rettung. Doch ganz verlor ich die Hoffnung nie. Sonst wäre ich verrückt geworden wie die zwei anderen von uns. »Nein, laß mich. Geh weg!« brüllten die beiden fortwährend, obwohl die Vergewaltiger schon lange nicht mehr im Raum waren. Während die eine ihren Kopf an der Steinwand blutig schlug, führte die andere Selbstgespräche: »Ich muß mich beeilen. Sonst komme ich zu spät!« Mit einemmal haute das Mädchen mit der blutbeschmierten Stirn um sich. Sogar auf uns wollte sie einprügeln. Mit der Zeit brachte die Soldaten das Geschrei auf die Palme. Zuerst zerrten sie die Tobsüchtige und einen Tag später die andere aus dem Raum.

Zwischendurch stellten sie unseren Elendshaufen an die Wand und spielten Exekution. Wer kein Serbe war, sollte leiden. Nebeneinander mußten wir uns aufstellen. Dann feuerten die Männer knapp über unsere Köpfe hinweg. In mir regte sich nichts mehr. Ich fühlte mich nur müde, unendlich müde. Manchmal machten sie das dreimal am Tag, manchmal eine Woche gar nicht. Ich war mir sicher, daß es nicht schlimmer werden konnte, als es gerade war. Merkwürdigerweise beruhigte mich diese Feststellung. Das Gesicht meiner Mutter tauchte nur noch wie ein Schatten vor mir auf. Eine flüchtige Erinnerung. An Wärme. Ich war überzeugt, daß meine Familie noch lebte. Etwas anderes hätte ich nicht ertragen können.

Wir waren nur noch zu viert. Keine achtete auf die andere. Nur einmal wisperte eine in die Stille hinein: »Wie heißt ihr?« Jede nannte leise ihren Namen. »Nermana«, »Behija«, »Merima«und »Leila«. Da machten wir uns Sorgen, wer die Letzte von uns sein würde. Sie wäre dann ganz alleine. Wieder herrschte Stille. Und wieder polterten Männer in unseren Raum. Einer davon war besoffen. Er befahl uns, daß wir weinen sollten. Doch wir hatten keine Tränen mehr. »Das werden wir ja sehen, ob ihr heulen könnt«, brüllte der Besoffene und ohrfeigte die Roma. Sie wehrte seine Schläge mit ihrem Arm ab. Da knallte er Merima ab wie einen Straßenköter. Wir waren nur noch zu dritt.

14. 01. 1994, Sonntag
Physisch geht es mir schlecht, aber der Schmerz in meiner Seele ist viel schlimmer. Manchmal denke ich, daß ich nicht durchhalten werde. Manchmal bewundere ich jene Frauen, die all das hier so leichtnehmen. Gleichzeitig ekeln sie mich an.

17. 01. 1994, Montag
Die Preise sind astronomisch. 1 kg Mehl 10 DM. 1 kg Zukker 30 DM. 1 Ei 8 DM. 1 kg Kaffee 70 DM.

05. 02. 1994, Dienstag
Bereits seit drei Tagen sind wir nicht mehr in B. Das Rote Kreuz hat den Kindern je ein Ei und eine Zitrone zugeteilt. Schnell war alles weg. Meine Kinder haben es nicht geschafft, etwas zu bekommen.

16. 02. 1994, Mittwoch
17.00 Uhr. Es gibt wieder Strom. Ich höre mir die Nachrichten um 19.00 Uhr an. Bihać ergeht es schlecht. Auf dem serbischen Plateau wird schwer gekämpft. Die Anhänger Abdićs helfen den Serben. Gott schütze mein Kind.

17. 02. 1994, Donnerstag

In der Caritas wurden Hilfspakete verteilt. Ich habe Goran dazu getrieben, auch dorthin zu gehen. Aber der Pfarrer teilte ihm persönlich mit, daß es für ihn keine Hilfe gäbe. Das hinge mit der Politik zusammen. Denn Goran wollte nicht in die Armee, und noch dazu führte er eine gemischte Ehe …

21. 02. 1994, Montag

Auf dem Kampfgebiet um Bihać geht es jetzt am schlimmsten zu. Auf B. fielen vier Granaten.

23. 02. 1994, Mittwoch

Heute morgen sind Emir und Gorana voller Flecken aufgewacht. Sie haben die Masern bekommen. Beim Betrachten der beiden erinnerte ich mich an meine kleine Leila. Ob ich sie jemals wiedersehen werde?

05. 03. 1994, Samstag

Die Offensive auf Bihać dauert immer noch an. Irgendwann werden diese Politiker in ihrem Machtrausch ertrinken. Leila, paß auf dich auf, laß nicht zu, daß diese Bestien dich vernichten … Gott schütze dich.

08. 03. 1994, Dienstag

Meine kleine Leila, alles Gute zum Namenstag. Ich liebe dich. In Sarajevo fährt die Trambahn wieder. Jemand behauptete, wenn in Sarajevo die Trambahn wieder fährt, dann hört der Krieg auf. So soll es sein.

aus dem Tagebuch der Mutter

Der Befreier

Apathisch lagen wir am Boden. Seit Tagen hatte ich keinen Schritt mehr getan. Die stickige Luft war wie graue Watte, die mich dichter und dichter unter sich begrub. Da platzte einer unserer Vergewaltiger herein und schrie: »Raus mit euch! Das Wetter ist so schön draußen.« Wir hörten wohl nicht recht? Wahrscheinlich hatten sie sich wieder eine besonders sadistische Quälerei für uns einfallen lassen.

Zu dritt schwankten wir in den Hof und sanken dort entkräftet nieder. Es war ein unbeschreibliches Gefühl, nach so langer Zeit wieder an der Luft zu sein. Im ersten Moment bildete ich mir ein zu versinken und im nächsten davonzufliegen. Die Bäume trugen Blätter, und die Sonne schien. Vermutlich war es Mitte April.

23./24.04.1994, Samstag/Sonntag
Unsere kroatischen Nachbarn kehren zurück. Das Atmen fällt jetzt leichter ... Es gibt auch wieder Nahrung. Alles wird besser, aber ich habe noch immer keinen Kontakt mit meiner Familie. Ich weiß noch immer nichts von Leila.

aus dem Tagebuch der Mutter

Plötzlich marschierten Kolonnen von Soldaten dicht an uns vorüber. Einige der Männer bespuckten und beschimpften uns: »Bringt die Huren um! Warum hält man sich mit so einem Dreck überhaupt noch auf?« Unsere Vergewaltiger grinsten. Nach einer Weile rief einer von ihnen einem Soldaten in der Kolonne zu: »He, willst du nicht eine mitnehmen? Wir wissen nicht mehr, was wir mit denen noch anstellen sollen.« Da löste sich der Angesprochene aus der Kolonne und entgegnete: »Wenn das so ist, nehme ich die Schwarzhaarige da.« Er zeigte auf mich. Meine Haare waren inzwischen wieder bis zu den Schultern gewachsen.

Dieser Mann in Tarnuniform war weder dick noch dünn, weder häßlich noch schön. Ein Durchschnittstyp. Er zahlte eine Stange Zigaretten und forderte mich auf: »Komm, steh auf! Du willst doch mitkommen?« Ich war es gewohnt zu gehorchen. Doch meine Beine versagten mir den Dienst. Mit einem Seitenblick auf unsere Aufpasser zischte er empört: »Das sind Tiere!« Dann versuchte er herauszufinden, wie lange ich schon hier wäre. Da ich schwieg, half er mir auf die Beine. Eindringlich redete er auf mich ein: »Komm jetzt! Geh ruhig langsam, daß wir nur von hier wegkommen.« Er stützte mich.

Ging ich? Hatte ich noch Füße? Es tanzte mir rot und schwarz vor den Augen. Wie ein Invalide hinkte ich hinter der Kolonne her. Nackt bis auf mein T-Shirt, das mir knapp über die Oberschenkel reichte. Ich war mir sicher, daß mich dieser Mann ans nächste Bordell verkaufen würde. Auf einem Hügel warteten drei oder vier Busse auf die Soldaten. Die ersten stiegen bereits ein. Ein Busfahrer sagte entrüstet zu meinem Begleiter: »Die darf nicht mit.« »Warum?« fragte er. Der Fahrer erwiderte: »Sie darf eben nicht mit. Wir wollen nach Hause nach Kladuša.« Die Herumstehenden machten sich über den Mann an meiner Seite lustig, weil er sich für eine »Balinkuscha« einsetzte. Zuletzt gab der Busfahrer meinem Begleiter noch den Ratschlag, daß er mich im Wald erschießen oder den Tieren überlassen sollte.

Da nahm mich dieser Mann wortlos am Arm und führte mich zum Wald. Bevor er mich tötete, würde er mich mißbrauchen, schoß es mir durch den Kopf. Als wir am Waldrand ankamen, hatte ich bereits mit meinem Leben abgeschlossen. Doch statt eine Waffe zu ziehen, drohte er mir mit dem Zeigefinger: »Rühr dich bloß nicht vom Fleck, sonst findet dich jemand und bringt dich um. Warte hier auf mich.« Ein Stück taumelte ich in den Wald hinein und lehnte mich erschöpft an einen Baum. Auf jenen Mann wollte ich mit Sicherheit nicht warten. Ich besaß nur keine Kraft mehr weiterzulaufen. Es wurde dunkel. Zusammengerollt im Moos, versank ich in einen bleiernen Schlaf.

In der Morgendämmerung rüttelte mich jemand an der Schulter. »Hast du gefroren?« fragte jener Unbekannte. Dabei hielt er mir eine Uniform – eine Hose und ein Hemd – hin. »Zieh das an. Dann gehn wir«, ermunterte er mich. An meinem mageren Körper schlackerten die Sachen. Der Mann erkundigte sich, wie ich hieße und wo ich herkäme. Ich konnte jedoch nur schweigen. Mein Vertrauen in die Menschen hatte ich verloren.

»Kannst du überhaupt sprechen?« wollte der Soldat wissen, als er mich zu seinem Kleinbus führte. Ich antwortete nicht. Weder mit Kopfschütteln noch mit einem freundlichen Gesichtsausdruck. Da fuhr er mit mir in eines der nächsten Dörfer, nach Ravnica. Ein Dorf mit vielleicht zwanzig Häusern. Normale Menschen spazierten auf der Straße herum. Männer, Frauen und Kinder. Hühner gackerten am Wegesrand.

Vor einem großen Haus hielten wir. »Das nächste Bordell«, nahm ich an. Der Soldat schob mich durch die Tür in ein großes Zimmer. Mehrere Liegen standen dort. Er grüßte die Soldaten, die am Tisch fläzten. Sie glotzten mich an, als käme ich von einem fremden Planeten. Ein barfüßiges und verdrecktes Skelett in Uniform stand vor ihnen. Ohne weiter auf die anderen einzugehen, zeigte mir mein Begleiter eine Feldtoilette. Dort könnte ich mir Gesicht und Hände waschen.

Ich wollte nur noch, daß alles endlich zu Ende ginge.

Egal, ob sie mich abschlachteten oder nach Hause schickten. Mir war alles gleichgültig. Als ich zurückkehrte, bot er mir einen Platz zwischen den anderen Männern an. Zögerlich setzte ich mich dazu. »Du hast bestimmt Hunger«, sagte er. Eine Schüssel voller Milchreis dampfte vor meiner Nase. Trotz meiner Gier brachte ich kaum was herunter. Im Laufe des Nachmittags nahm ich mir jedoch noch vier Portionen nach, weil es mir so gut schmeckte. Die anderen Uniformierten versuchten, ein Gespräch mit mir zu beginnen. Ob ich Milchreis gerne mochte und wie ich hieße? Meine Sprachlosigkeit verwunderte die Männer: »Was hat sie?« »Sie ist stumm«, erklärte der Kerl, der mich abgeliefert hatte. Das machte die anderen erst recht stutzig. »Warum ist sie hier? Was macht sie in der Armee?« überhäuften sie meinen Begleiter mit Fragen.

»Sie ist eine Sanitäterin«, wußte der Bedrängte. Da lachten die anderen Soldaten ihn aus. »Wie kann eine Sanitäterin bloß so schlecht aussehen«, meinten sie belustigt. Doch meinem Begleiter fiel auf alle Fragen eine Antwort ein: »Sie war ziemlich lange an der vordersten Frontlinie. Deswegen sieht sie so mitgenommen aus.« Ich hatte das Gefühl, daß keiner seinen Worten Glauben schenkte. Allerdings ließen sie es für den Moment gut sein.

Als die anderen sich zurückgezogen hatten, hockte sich jener Mann mir gegenüber an den Tisch. Mit großen Augen versuchte er mit mir, wie mit einer Eingeborenen, Kontakt aufzunehmen: »Ich Milan. Und du?« Das probierte er bestimmt zehnmal. Wozu sollte ich diesen Kerl kennenlernen? Er würde mich sowieso diesen Soldaten überlassen. Wie ein Fisch glotzte ich durch ihn hindurch. Ich wollte so häßlich und so dumm wie nur möglich aussehen. Vielleicht würden sie mich dann eher freilassen.

Abends zeigte mir Milan meine Schlafstätte. Kaum

hatte ich mich auf die Matratze gelegt, spürte ich seinen Körper neben mir. Hastig drückte ich mich an die Wand. Vor Schrecken wurde ich ganz steif. »Jetzt geht es wieder von vorne los«, hämmerte es in meinem Kopf. Doch ich konnte nicht lange nachdenken. Im nächsten Augenblick war ich auch schon eingeschlafen. Als ich am nächsten Morgen aufwachte, hatte mich dieser Milan tatsächlich kein einziges Mal berührt. Allerdings legte er sofort wieder los: »Ich Milan, und du?«

Jetzt fing ich wieder an zu hoffen. »Komm frühstükken«, forderte Milan mich auf. Die anderen Männer hatten mittlerweile kapiert, daß ich kein Wort von mir gab. Freundlich nickten sie mir zu. »Wir fahren nach dem Essen nach Kladuša«, teilte mein Begleiter vor versammelter Mannschaft mit. Der Name dieser Stadt jagte mir einen Schauder über den Rücken.

Die ganze Fahrt über schwieg Milan. Wahrscheinlich hatte er akzeptiert, daß es keinen Sinn hatte, mit mir zu reden. Kurz nach der Ortseinfahrt von Kladuša bremste er. Auf der Veranda eines zweistöckigen Hauses lungerten Polizisten herum. »Endlich bist du zurück«, begrüßten sie Milan. Die Männer plauderten miteinander, als ob sie sich schon seit einer Ewigkeit kennen würden. Dann drehte sich Milan zu mir um: »Komm raus.«

Ich fügte mich. »Wo hast du denn die aufgegabelt?« wollten die Männer wissen. Doch Milan vertröstete sie auf später. Im Wohnzimmer sollte ich mich hinsetzen und auf ihn warten. Vermutlich hatte man die Familie, die hier lebte, erst kürzlich vertrieben. Denn die Wohnung war noch richtig möbliert. An den Wänden hingen Kinderfotos, und Stofftiere klemmten hinter der Sofalehne. Alles sah sehr ordentlich aus.

Geduscht und umgezogen stellte sich Milan vor mich hin. Er trug jetzt eine Polizeiuniform, mit dem Abzeichen der Serbischen Republik. Mir war nun klar, daß ich mich auf einer Station der Militärpolizei befand. Milan war Serbe und gehörte wie seine muslimischen Kollegen zu den paramilitärischen Einheiten. Verstört guckte ich ihn an. Da erklärte er mir, daß er die Armee-Einheiten ein Stück begleitet und deshalb vorher die Tarnuniform getragen hätte. »Warum hast du das Mädchen hergebracht?« unterbrach ihn einer seiner Kumpel. Sie umringten uns.

Diesmal erzählte Milan die Wahrheit. Er hätte mich vor einem Frauenhaus in einem schlimmen Zustand aufgefunden. Vermutlich wußten alle sofort, daß ich eine Muslime war. Doch keiner verlor ein Wort darüber. »Ich glaube, daß sie taubstumm ist«, fügte Milan noch hinzu. Seine Kollegen reagierten sehr herzlich. Selbstverständlich dürfte ich bei ihnen bleiben. Sobald das 5. Korps vertrieben wäre, würden sie mir weiterhelfen. Ich hatte den Eindruck, als ob sie Mitleid mit mir empfänden. »Niemand tut dir etwas an«, versicherten mir die Männer. An ihr Versprechen hielten sie sich jedoch nicht lange.

Nachmittags gesellte sich Milan wieder zu mir an den Tisch und versuchte, mir etwas zu entlocken: »Bist du in diesem Zustand geboren oder hast du etwas Schlimmes erlebt?« Nie schenkte ich diesen Polizisten auch nur die Andeutung eines Lächelns. Das war mir zu riskant. Vielleicht hätten sie mich sympathisch gefunden und sofort vergewaltigt. Am ersten Abend begleitete mich Milan nach oben. Eins von den drei Betten war meins. Bevor ich einschlief, schnappte ich mehrmals nach Luft. Denn im gleichen Zimmer übernachteten auch Milan und ein Kollege. Keiner faßte mich an.

14. 05. 1994, Samstag
Die Kroaten und die Moslems haben ein Friedensabkommen unterzeichnet.

20. 05. 1994, Freitag
Gorans Mutter hat uns ein halbes Huhn und Tante Nada

hat uns fünf Eier geschenkt. Um 18.00 Uhr fallen sechs Granaten auf B.

aus dem Tagebuch der Mutter

Wieder gewann ich etwas Zuversicht. Morgens frühstückte ich gemeinsam mit den sechs Polizisten. Mein Appetit wurde allmählich immer besser. Nach dem Essen räumten die Soldaten zu meiner Verwunderung den Tisch ab und spülten das Geschirr. Sie achteten sehr auf Sauberkeit. So etwas war ich nicht mehr gewohnt. Milan riß mich aus meinen Betrachtungen heraus: »Oben findest du das Bad und mehrere Schränke mit Kleidern. Nimm dir, was du willst.« Erfreut griff ich mir ein Paar Pantoffeln, eine Hose, ein T-Shirt und sogar eine Unterhose. Die Kleidungsstücke gehörten der Familie, die hier gelebt hatte. Bevor ich mich umzog, stieg ich in die Badewanne und seifte mich von oben bis unten ab. Immer wieder. Doch der Dreck saß tiefer in mir drin.

Als ich nackt aus der Wanne stieg, erstarrte ich plötzlich. Bewußt hatte ich den Blick in den Spiegel bisher gemieden, aber jetzt verfing ich mich nach mehr als einem Jahr versehentlich darin. Wie hypnotisiert stierte ich auf mein Spiegelbild. »Das bin nicht ich!« entsetzte ich mich. Wie eine Fremde tastete ich mein Gesicht ab. Ein Vorderzahn war abgebrochen. Keine Ahnung, wann das passiert war. Die anderen Zähne waren schwarz und verfault. Meine Haare total verfilzt. Der Körper glich einem mit Haut bespannten Knochengerüst. Es tat weh, sich anzugucken. Doch ich konnte den Blick nicht mehr abwenden. Meine Nase wirkte auffällig groß. Die Augen lagen in den Höhlen. Ich sah aus wie eine Leiche. Nach diesem Erlebnis mied ich den Spiegel wie ein gefährliches Raubtier. Ich konnte mich an dieses Bild von mir nicht gewöhnen. Es flößte mir furchtbare Angst ein.

Mai 1994, Mittwoch

Eine Bekannte erzählte mir, daß ihre Schwester es geschafft hat, von K. aus nach Deutschland zu fliehen. Sie sagte, daß sie dort vor sechs Monaten Leila gesehen hätte. Meine Tochter lebt und ist gesund. Sie ist groß und schön geworden.

aus dem Tagebuch der Mutter

Milan wartete bereits unten auf mich. Dauernd bemühte er sich, mich zum Reden zu bringen. Eine Zeitlang schrieb er seine Fragen auf einen Zettel und verlangte, daß ich meine Antworten aufschreiben sollte. Da ich nicht reagierte, vermutete er, daß ich eine Analphabetin wäre. Deshalb versuchte er es mit einfacheren Aufgaben. Er malte ein Strichmännchen und forderte mich auf, es nachzumalen. All seine Versuche blieben jedoch erfolglos.

Tagsüber hockte ich angespannt in einem Sessel. Keinen Augenblick fühlte ich mich in dieser Gesellschaft sicher. Gingen die Männer raus, nahmen sie mich in der Regel mit. Alleine hätte ich mich keinen Schritt vor die Tür gewagt. Der Tagesverlauf war immer der gleiche. Wir aßen zusammen und räumten das Haus auf. Dann machte sich eine Hälfte der Männer auf den Weg zu ihrem Wachposten. Die andere blieb zu Hause.

Meistens lief im Wohnzimmer der Fernseher. Wie die anderen verfolgte ich die Nachrichten, aber ich verstand nichts davon. Das serbische Programm informierte sehr einseitig. Nur die anderen Seiten mordeten, plünderten und schlachteten. Die Serben selber wehrten sich nur. Auch sonst bekam ich nicht viel vom Kriegsverlauf mit. Die Männer unterhielten sich zwar hin und wieder darüber, an welcher Frontlinie man sich zurückgezogen hätte, doch auch das sagte mir nicht viel.

Sobald ich länger auf einem Platz saß, schlummerte ich ein. Auch nachts schlief ich wie ein Stein. Mein

Kopf blieb leer. Da war nichts. Keine Träume. Nur Finsternis. Die regelmäßige Nahrung tat mir gut. Ich fühlte mich ein wenig lebendiger. Meine Gedanken kreisten auch wieder um Flucht. Der Plan stand bereits fest. Jeden Morgen brachen drei Männer zu ihrem Wachposten auf, drei blieben im Haus zurück. Wie üblich würden die drei auf der Terrasse Kaffee trinken. Mit den Händen würde ich ihnen andeuten, daß ich zur Toilette müßte. Dort könnte ich heimlich aus dem Fenster klettern. Wohin würde ich dann laufen? So weit überlegte ich noch nicht. Erst einmal müßte ich zu Kräften kommen. Vielleicht rettete mich auch vorher das 5. Korps, das immer näher rückte. Man hörte bereits Schüsse.

Je länger ich mich ausruhte, desto heftiger plagten mich die Schmerzen. Während der Folter hatte ich nichts gespürt. Auf einmal aber hatte ich das Gefühl, daß mein Körper in viele Teile auseinanderbrechen würde. Alles tat mir weh. Mir war schwindlig. Zwischenzeitlich verlor ich die Orientierung und tastete mich wie eine Blinde durch das Zimmer. Ein andermal wollte ich ein Glas greifen und erreichte es nicht. Meine Hand stieß an die Tischkante. Ich hatte meinen Körper nicht mehr unter Kontrolle. Stiche bohrten in meinem Unterleib. Es war, als wäre ich eingefroren gewesen und taute langsam wieder auf.

Trotz dieser Leiden atmete ich wieder auf. Für Momente sah ich sogar meine Familie in Gedanken wieder vor mir. Meistens passierte das, wenn ich im Bach die Armbinden der Männer wusch. Ein Polizist hatte mir gezeigt, wie man das richtig anstellte. Da er annahm, daß ich nicht alle Tassen im Schrank hatte, hatte er mir jede kleine Handbewegung vorgemacht. Während ich die Armbinden durchs Wasser zog, versuchte ich mir das Gesicht meiner Mutter vorzustellen. Anfangs war das schwer. Ich hatte völlig vergessen, wie sie aussah.

08. 07. 1994, Freitag
Nach sechs Monaten haben wir das Gehalt für Juni bekommen. Es sind 120 DM.

aus dem Tagebuch der Mutter

»Ich habe Urlaub und komme in zwei Wochen wieder zurück«, teilte mir Milan nach etwa sieben Tagen mit, »mach dir keine Sorgen.« Und schon war er fort. Von da an schlug die Stimmung gegen mich um. Man duldete mich wie eine Katze, die zwar lästig war, aber die man nicht hinauswerfen konnte. Weiterhin stellten sie mir regelmäßig etwas zu essen hin. Und weiterhin sprach ich mit niemanden ein Wort. Zwei Tage später setzte der Horror für mich wieder von vorne ein.

Bislang hatten die Männer keinen Tropfen Alkohol angerührt, aber an diesem Abend torkelte einer von ihnen betrunken ins Wohnzimmer und suchte Streit. Er pöbelte herum und wollte schließlich sogar im Haus mit seiner Pistole um sich ballern. »Hör auf damit!« schimpften die anderen. Irgendwie schafften sie es, ihn zu beruhigen. Unterdessen verschwand ich klammheimlich in mein Zimmer. Seit Milan weg war, schlief ich dort alleine.

Mitten in der Nacht öffnete der Betrunkene leise meine Tür. Gleich darauf sackte er auf meiner Bettkante nieder und versuchte, mir die Hose auszuziehen. Wie vom Blitz getroffen fuhr ich hoch. Seine Schnapsfahne stank zum Himmel. Ich schlug so heftig um mich, daß wir gemeinsam auf den Boden fielen. Wortlos wie zwei Ringer wälzten wir uns dort umher. Es gelang mir, mich aus der Umklammerung zu befreien und rauszustürzen. Schimpfend taumelte er hinter mir her. Doch ich war längst zur Haustür hinaus. Keuchend preßte ich mich draußen an die Hausmauer. »Sie ist abgehauen!« schlug der Säufer Krach. Gleich darauf hörte ich Schritte. Einer von den Polizisten entdeckte mich hinter dem Haus.

»Warum bist du weggelaufen?« wollte er wissen. Doch ich schwieg. Mit keinem von ihnen wollte ich reden.

Er brachte mich ins Wohnzimmer und fuhr den Säufer an: »Du wolltest ihr was antun!« Der Betrunkene brüllte zurück: »Spielt ihr etwa die Retter dieser kleinen Hure? Glaubt ihr, daß ihr was Besseres seid als ich?« Wieder gerieten die Männer heftig aneinander. Mit zusammengebissenen Zähnen verfolgte ich den Schlagabtausch. Schließlich einigten sie sich darauf, daß mich nun keiner mehr beschützen dürfte. Wie ein geprügelter Hund schlich ich nach oben in mein Zimmer.

Drei Tage später geschah es wieder. Wie üblich schoben drei Männer Wache, und drei blieben im Haus. Da ins Nachbarhaus eine serbische Feldküche eingezogen war, guckten zwei Polizisten aus Neugierde dort vorbei. Ich wusch mir gerade das Gesicht im Bad, als der dritte Mann unerwartet hinter mir stand. Er war ziemlich groß, blond und hatte stahlblaue Augen. »Endlich sind wir alleine«, säuselte er und schloß die Tür. Bisher hatte sich der Kerl mir gegenüber stets höflich benommen. Was war auf einmal mit ihm los? Er war nicht mal betrunken.

Wie ein in die Enge getriebenes Tier duckte ich mich vor ihm. Dann stürmte ich los. Ich wollte mich an ihm vorbeizwängen, aber er hielt mich am Handgelenk fest. Grob bohrte der Polizist seine Finger in meinen Unterleib. Da ich mich heftig wehrte, schlug er mich zusammen. Wie all die anderen zuvor beschimpfte er mich als Dreckschlampe, und ich weiß nicht mehr als was noch alles. Als er sein Geschäft erledigt hatte, schlurfte er wortlos davon. Total zerstört lag ich am Boden. Als ich mich am Waschbecken hochzog, pochte mein Schädel. Mein Gesicht war geschwollen, der Körper voller blauer Flecke. Trotzdem taten die anderen Soldaten so, als ob sie nichts bemerken würden. Mein Vergewaltiger verließ fortan das Zimmer, sobald ich es betrat.

Dieser Alptraum würde nie ein Ende nehmen. Ich mußte weg von hier! Nur wohin? Ich sah keinen Ausweg. Wie gehabt lief alles weiter. Wieder kniete ich am Bach und wrang die Armbinden aus. Da gesellte sich ein Fremder zu mir und schwatzte drauflos: »Hallo, ich bin der neue Nachbar! Ich komme da drüben aus der Feldküche. Mein Name ist Darko Miri . Und wie heißt du?« Der rundliche Mann mit den dunklen Haaren ähnelte einem Zigeuner. Seine großen Augen strahlten gutmütig. Stumm starrte ich ihn an.

Am nächsten Tag fand sich dieser Darko wieder am Bach ein und versuchte mit mir zu quatschen. »Wir kommen aus Bosanski Novi. Was tust du eigentlich hier? Wahrscheinlich bist du eine Polizistin. Gehört das Haus dir?« Relativ lange quasselte er vor sich hin, bis er verzweifelt die Arme hob und hervorstieß: »Warum seid ihr alle so überheblich? Keiner will mit uns reden.« Da schossen mir die Tränen in die Augen. Das alles war nicht mehr auszuhalten. Nach drei Wochen fing ich wieder an zu sprechen.

Hastig erzählte ich ihm, daß man mich in diesem Haus als Gefangene halten würde. »Erzähl mir bitte keine Märchen«, prustete Darko los. Nachdem der Dicke sich wieder gefangen hatte, wollte er wissen: »Wie heißt du?« »Leila«, ließ ich ihn eingeschüchtert wissen. Da lachte er noch lauter, weil er sich nicht vorstellen konnte, daß muslimische Polizisten eine Frau mit einem muslimischen Namen als Gefangene halten würden. »Du bist verrückt!« verabschiedete er sich gut gelaunt von mir.

Abends klopfte es an unserer Tür. Fünf Männer aus der serbischen Feldküche wollten sich als die neuen Nachbarn vorstellen. Sie übergaben den Polizisten Zigaretten sowie Konservendosen als Gastgeschenke. In Wirklichkeit waren sie gekommen, weil Darko ihnen von mir erzählt hatte. Alle nahmen im Wohnzimmer

Platz und palaverten über Belanglosigkeiten. Ich saß auch dabei, aber mir schenkte keiner Beachtung. Nur einer aus der Feldküche, er hieß Ratko, taxierte mich mit scharfen Blicken. Später vertraute er mir an, daß er sich auf den ersten Blick in mich verliebt hätte.

Am Morgen darauf wusch ich wieder im Bach. Als ich aufblickte, sah ich diesen Ratko auf mich zukommen. Ein blonder Lockenkopf, etwa so groß wie ich und vielleicht fünfundzwanzig. Er gab mir etwas Süßes. Wortlos bedankte ich mich und aß die Schokolade auf. Ratko erkundigte sich, ob ich reden könnte. »Ja«, entgegnete ich kurz. »Was machst du bei den Polizisten?« löcherte er mich weiter. Gelangweilt zuckte ich mit den Achseln. Nach Darkos Gelächter hatte ich den Eindruck, daß mir sowieso niemand glauben würde. Ratko hakte nach: »Was machst du hier?« »Ich wasche.« Er ließ nicht locker: »Bist du die Köchin von den Polizisten?« »Nein«. Jedes Wort mußte er mir einzeln aus der Nase ziehen. Zehn Minuten später trug ich den Wäschekorb ins Haus zurück.

Von da an hatte Ratko jeden Tag eine kleine Aufmerksamkeit für mich dabei. Diesmal gab er mir Cornflakes. Ich traute seinen Nettigkeiten nicht so recht über den Weg. Doch er schien ein freundlicher Mensch zu sein. Ein bißchen freute ich mich auch, endlich jemanden gefunden zu haben, mit dem man normal reden konnte. Er erzählte mir, daß er sich Sorgen mache, weil das 5. Korps immer näher rückte. Vermutlich müßten sie bald mit der Feldküche weiterziehen. Unvermittelt fragte er mich, ob ich etwas dagegen hätte, wenn er mich Su a na* nennen würde. Vor Rührung weinte ich. Nach so langer Zeit hatte mich ein Mensch um etwas gebeten. Ratko meinte, daß meine Augen zu diesem Namen passen würden. Ich hatte nichts dagegen.

---

* abgeleitet von su a (serbo-kroat.) Träne (Anm. d. Übers.)

Wie gewöhnlich zog ich mich bereits am frühen Abend ins Bett zurück. Wenn ich mich erst einmal hingelegt hatte, hörte ich nichts mehr. Auf einmal lastete etwas Schweres auf mir. »Nein«, schrie ich gellend los. Auf mir machte sich Hasan zu schaffen. Sein Speichel tropfte auf mein Gesicht. Sogar im Dunkeln erkannte ich diesen Polizisten an seinen stark ausgeprägten Wangenknochen. Er flüsterte irgend etwas von »Liebe machen«. Was hatte das alles mit Liebe zu tun? Das war Gewalt! Nichts als Gewalt! Ein Angriff auf mein Innerstes. Ich verpaßte ihm einen so kräftigen Stoß, daß er auf dem Boden landete. Mit einem Satz sprang ich über ihn hinweg und rannte unten an den anderen Polizisten vorbei, die im Wohnzimmer vorm Fernseher fläzten. Ohne nachzudenken raste ich ins Nachbarhaus.

Glücklicherweise war der Eingang offen. Im Flur riß ich die erstbeste Tür auf. Erschrocken rappelte sich ein uniformierter Mann auf seiner Liege hoch. »Ratko! Wo ist Ratko? Bitte helfen Sie mir«, flehte ich ihn heulend an. Scheinbar war dies das Waffenlager, und jener Mann war der Bewacher. Verdutzt ließ er mich wissen, daß Ratko oben in seiner Kammer wäre. »Beruhige dich erst mal! Ich hol ihn«, versuchte er mich zu beschwichtigen. Dann stürmte er die Treppe hoch.

Großes Durcheinander herrschte in diesem Raum. Rucksäcke, Gewehre und Munition lagen verstreut am Boden herum. »Was ist passiert, Su ana?« rief Ratko schon im Treppenaufgang. Ziemlich besorgt stand er dann vor mir. Aufgelöst schilderte ich ihm, daß ein Polizist über mich hergefallen wäre und ich in letzter Minute davonlaufen konnte. »Ich weiß nicht, wo ich mich noch hinwenden soll«, sagte ich schluchzend. »Du gehst nirgendwo mehr hin«, stellte Ratko klar.

Flucht in die serbische Feldküche

30.07.1994, Samstag
*Man hat Hilfspakete verteilt. Mir haben sie keins gegeben,
da mein Mann Katholik ist.*

03.08.1994, Mittwoch
*Das Radio meldet, daß das 5. Armeekorps fünf Dörfer be-
freit hat und daß sie in Richtung Velika Kladuša marschie-
ren.*

aus dem Tagebuch der Mutter

»Bestimmt kommen sie gleich!« sprudelte ich hervor.
Ich war völlig außer mir. Im gleichen Moment drangen
die Stimmen der Polizisten zu uns. »Versteck dich!«
zischte Ratko und deutete auf eine Wand, an der mehrere Maschinengewehre sauber aneinandergereiht standen. Kaum war ich dahinter verschwunden, öffnete er
die Tür. »Wo ist das Mädchen?« fragten die Polizisten.
»Keine Ahnung«, entgegnete Ratko. »Können wir reinkommen und uns mal umsehen?« erkannte ich die Stimme des Mannes, der mich im Bad vergewaltigt hatte.
»Nein, das ist unmöglich. Hier ist unser Waffenlager«,
erklärte Ratko ganz ruhig. Das mußten die Polizisten
akzeptieren. Murrend zogen sie wieder ab.
   Die ganze Nacht verbrachte ich mit weichen Knien
hinter den Maschinengewehren. Bereits frühmorgens
hörte ich die Polizisten wieder. Diesmal verlangten sie
nach dem Kommandanten der Feldküche. »Der ist un-

terwegs«, teilte Darko ihnen mit. Als der Kommandant einige Stunden später seinen üblichen Kontrollgang in der Küche vornehmen wollte, fingen die Polizisten ihn ab. »Bei uns befindet sich keine weibliche Person«, winkte der Kommandant ab. Er hatte nicht gelogen, denn er wußte ja nichts von meiner Anwesenheit.

Erst am Abend entdeckte mich der Chef im Waffenlager. Verloren blickte ich um mich. »Ich gehe sofort zu den Polizisten und melde das«, entrüstete er sich. Da stellte sich Ratko ihm in den Weg und drohte: »Wenn du das machst, dann verlasse ich diese verdammte Küche.« Er war sein Stellvertreter. Ich glaubte, nicht richtig zu hören. Da setzte sich tatsächlich jemand für mich ein.

Überrascht blickte der Kommandant erst seinen rangniederen Kollegen dann mich an. Ratko teilte ihm mit, daß ich eine Muslime wäre und man mich drüben bei den Polizisten auf übelste Weise belästigt hätte. Da räusperte sich der Chef und erlaubte, daß ich zwei oder drei Tage bleiben dürfte. Aber auf keinen Fall länger. »Komm«, winkte Ratko mir zu. Noch nie hatte ich ein so riesiges Haus gesehen. Zimmer an Zimmer reihte sich aneinander. In den beiden oberen Stockwerken schliefen die Männer. Hier sollte auch meine Kammer sein. Ratko wohnte eine Etage unter mir.

»Da kannst du bleiben«, sagte er und drückte mir einen Schlüssel in die Hand. Rasch sprang ich ins Zimmer, knallte ihm die Tür vor der Nase zu und sperrte ab. Ratko klopfte und wollte wissen: »Darf ich reinkommen?« »Nein«, gab ich zurück. Erst als er gegangen war, registrierte ich, wo ich gelandet war. Eine Tischplatte lag als Bett auf einigen Ziegelsteinen. Kissen und Schlafsack oben drauf. Sogar die Stühle waren aus Ziegelsteinen. Ich hatte nicht vor, diesen Raum jemals wieder zu verlassen.

Erschöpft warf ich mich auf meinen Schlafsack und

weinte. Den Schlüssel krallte ich dabei in meiner Hand fest. Mein Schlüssel! Dieses Stück Eisen bedeutete mir unglaublich viel. Als ob es mir im Notfall eine Sicherheit geboten hätte. An diesem Abend pochte Ratko noch ein paarmal an die Tür und fragte: »Läßt du mich jetzt rein?« Meine Antwort lautete jedesmal: »Nein.« Schließlich scherzte er: »Lebst du noch?« »Laß mich bitte noch ein bißchen alleine«, bat ich ihn. Da gab er endlich Ruhe.

Von draußen vernahm ich Schüsse. Sicher würde bald die bosnische Armee hier einfallen und jeden dieser Kerle umlegen. Zum Teufel sollten sie alle gehen! Hauptsache, ich dürfte nach Hause. Nur was sollte ich tun, wenn die Polizisten vorher wieder vor der Tür ständen? Möglicherweise würde mir Ratko noch einmal helfen. Allerdings würde mich danach bestimmt der Kommandant erschießen. Vielleicht war dieser Lokkenkopf auch nur so hilfsbereit, weil er mich vergewaltigen wollte. Andererseits hatte ich schon das Gefühl, daß ich mit ihm reden könnte, ohne daß er mich sofort angreifen würde. Doch das hatte ich auch schon bei den Polizisten erlebt. Von einem Moment zum nächsten hatte sich ihre Freundlichkeit geändert. Derlei Gedanken schwirrten mir in dieser Nacht durch den Kopf. Bis zum Morgengrauen hockte ich mit dem Schlüssel in der Hand auf dem Bett.

»Willst du Kaffee?« erkundigte sich Ratko durch die Tür. Bis zu diesem Tag hatte ich dieses schwarze Gebräu nie gemocht, aber ich hörte mich mit »ja« antworten. »Soll ich den Kaffee aufs Zimmer bringen?« wollte er wissen. Wieder erwiderte ich »ja«. Behutsam drehte ich den Schlüssel im Schloß um. Drei Minuten später stand Ratko mit einem Tablett in meinem Zimmer. Ich war überrascht, daß er zwei Tassen mitgebracht hatte. Der 25jährige nahm auf dem Boden Platz und bot mir eine Zigarette an: »Rauchst du?« Nochmals sagte ich

»ja«, obwohl ich noch nie zuvor geraucht hatte. Ich verstand selber nicht, was mit mir los war. Auf einmal wollte ich alles haben, was mir die ganze Zeit über verwehrt geblieben war. Zweimal zog ich an meinem Glimmstengel. Schlagartig wurde mir speiübel, und ich fiel rücklings in Ohnmacht. Aufgeregt holte Ratko eine Schüssel mit kaltem Wasser und bespritzte mein Gesicht. Als ich wieder zu mir gekommen war, servierte er mir einen Saft und ein Brötchen. »Ich glaube, das ist besser für dich«, sagte er lächelnd.

Während ich mein Brötchen kaute, blickte ich ruhelos zum Fenster. Vielleicht suchten sie wieder nach mir? Ratko merkte, was in mir vorging und beruhigte mich: »Du kannst bei uns bleiben. Mach dir keine Gedanken wegen des Kommandanten.« Sogleich wollte er wissen, warum ich bei der Militärpolizei gelandet war. Weit holte ich aus und erklärte ihm, daß ich aus B. stammte. Meine Mutter hieße Fatima und mein Vater Milan. In meinem verwirrten Zustand verwechselte ich den Vornamen meines Vaters mit dem des Soldaten, der mich aus dem Bordell gerettet hatte. Mein Familienname sei Babi . Aber so hieß mein Stiefvater, nicht ich. Wenn ich mir einen serbisch klingenden Nachnamen gab, würde mir dieser Kerl vielleicht nichts antun.

»Aber wie bist du hierher gekommen«, drängte Ratko. Kurz berichtete ich von der Mittelschule in K. und vom Besuch bei einer Freundin in Kladuša. Wegen der überraschend einsetzenden Kämpfe in der Stadt hätte ich mich zur Militärpolizei geflüchtet. Seitdem lebte ich dort. »Wieso?« wunderte er sich. Ungeduldig beendete ich das Gespräch: »Es hat sich eben so ergeben.« Ich fürchtete mich davor, ihm die Wahrheit zu erzählen. Vielleicht brächte ich ihn dadurch erst auf die Idee, mich zu vergewaltigen. Der junge Mann tat so, als ob er mir nun glauben würde. Später sagte er mir, daß ich eine schlechte Lügnerin gewesen wäre.

Statt mich weiter mit Fragen zu belästigen, trieb Ratko ein Mittel gegen meine Läuse auf. Endlich diese widerlichen Blutsauger loswerden! Dankbar wusch ich mir in der Küche über dem Waschbecken meine Zotteln. Hunderte von Läusen landeten in der Spüle. Als ich mit frischgewaschenen Haaren vor der Küchenmannschaft auftauchte, machten sie mir Komplimente: »Guckt mal, wie schön unser Mädchen ist.« Allerdings waren sie einheitlich der Meinung, daß meine Haare unbedingt etwas begradigt werden müßten. »Könntest du das bitte machen?« wandte ich mich schüchtern an Ratko. Mit fuchtelnden Armen wehrte er ab. Auch die anderen trauten sich nicht mit der Schere an mein Haar. »Ich mache es!« entschied Darko. Er war den anderen immer einen Schritt voraus.

Insgesamt hielten sich in der Feldküche vielleicht zwanzig Soldaten auf: Hilfsköche, Fahrer, Wächter und Logistiker. Die meisten waren um die Vierzig. Einer zählte schon sechzig Lenze. Er hieß Opa Lubjan. Ihn mochte ich am liebsten. Der Alte taufte mich »Ru a«*. Zu meiner Erleichterung erschien der Kommandant nur selten bei uns. In der Regel übernachtete er auch woanders. Wenn er in der Küche nach dem Rechten sah, machte ich einen großen Bogen um ihn. Nach wie vor war er meinetwegen ärgerlich, aber er hatte sich mit meiner Anwesenheit abgefunden.

Die ersten vier Wochen wagte ich mich nicht aus dem Haus. Zunächst zog ich mich hinter meine verschlossene Tür zurück. Ich wollte niemanden stören oder gar auf dumme Gedanken bringen. Allerdings ließen mich die Männer kaum aus den Augen. Jeden Tag kamen sie die Treppe hoch und verschönerten mein Zimmer. Sie schafften Geschirr herbei, damit ich es nicht extra von unten holen müßte. Obendrein hängte Opa Lubjan mir

---

* (serbo-kroat.) Rose (Anm. d. Übers.)

kleine Paravents am Fenster auf. Er brachte von zu Hause sogar einen Bettbezug für mich mit. Die gesamte Mannschaft verwöhnte mich wie eine Prinzessin. Manchmal rieb ich mir verwundert die Augen. Hoffentlich zerplatzte dieser Traum nicht gleich wie eine Seifenblase.

»Das hat mir meine Frau für dich mitgegeben«, ächzte Mišan und schleppte einen schweren Koffer voller Kleider nach oben. Er war ein lustiger kleiner Kerl, der für die Küche als Fahrer arbeitete. Sorgsam zog ich ein Teil nach dem anderen heraus. Das war eine echte Schatztruhe. Sogar Schminkzeug war dabei! Über die Seife und die Binden habe ich mich jedoch am meisten gefreut. Schließlich schob mir auch noch einer der Köche namens Karan einen riesigen Karton mit Kleidern zu. Nach vier Wochen häufte sich ein Berg von Anziehsachen in meinem Zimmer.

Während die anderen Männer jedes Wochenende nach Hause fuhren, blieb Ratko einen ganzen Monat in der Küche. Dann schickte man ihn mehr oder weniger in Zwangsurlaub. Als er mir das mitteilte, erlitt ich einen Schock. »Ich bringe mich um«, beschloß ich heimlich. Denn alles entwickelte sich genauso wie bei den Polizisten. So lange Milan sich im Haus aufgehalten hatte, war die Welt in Ordnung gewesen. Sobald er fortgegangen war, hatte der Horror wieder angefangen. Und hier lebten noch mehr Männer als drüben.

Äußerlich wirkte ich ruhig. Doch innerlich war ich stets alarmbereit. Wie ein Tier, fertig zum Sprung. Die Männer überhäuften mich mit Aufmerksamkeiten, aber ich blieb skeptisch. Zu Ratko hatte ich noch das größte Vertrauen. »Du gehst nach Hause?« fragte ich ihn und wollte dabei so unbeteiligt wie möglich wirken. Bloß keine Gefühle zeigen! Abwartend guckte er mich an. Doch ich betrachtete nur meine Fingernägel. Dann gab er in der Küche die letzten Anweisungen, was die Männer für die Soldaten an der Front kochen sollten. Und ich stürzte sofort in mein Zimmer und legte mich aufs Bett.

Plötzlich schlug mit einem lauten Donner eine Granate in unser Dach ein. Holz splitterte, und Mauern krachten im dritten Stock zusammen. Staub rieselte auf mein Gesicht. Keine zwei Minuten später versammelten sich alle zwanzig Männer beunruhigt in meinem kleinen Zimmer, um nachzusehen, ob ich verletzt wäre. Ratko war der Erste. »Was ist los Su ana?«, »Ru a, wo ist meine Ru a?« und »Leila, sag doch was!« überschlugen sich ihre Stimmen. Ich lachte. Nie hätte ich geglaubt, daß die Truppe in so einem Moment an mich denken würde. Als ich ihre Anteilnahme spürte, wurde mir etwas leichter ums Herz. Nach allem, was ich erlebt hatte, konnte mich so was wie eine Granate nicht mehr erschrecken.

An jenem Abend verabschiedete sich Ratko von mir. Daraufhin entschied ich, daß ich mein Zimmer fünf Tage nicht verlassen würde, bis er wieder zurück wäre. An Hunger war ich ja gewöhnt. Die anderen sollten mich lieber ein wenig vergessen. Ich dämmerte auf meinem Bett vor mich hin, als jemand an die Türe klopfte. »Su ana, was ist los mit dir? Steh auf«, verlangte Karan, »wir wollen Mensch-ärgere-dich-nicht spielen.« Wohl oder übel öffnete ich meine Tür und ging mit ihnen hinunter zum Spielen.

Am nächsten Tag nahm mich Darko mit ins Waffenlager. Er setzte mir einen Walkman auf den Kopf. Wie lange ich keine Musik mehr gehört hatte! Das erinnerte mich an meine Jugendzeit. War das wirklich mal ich gewesen? Ich? Was war das? Versunken beobachtete ich, wie Darko die Waffen in Einzelteile zerlegte und anschließend reinigte. »Ich komme gleich zurück, bleib du hier«, wies er mich an und ging auf die Toilette. Dieser Kerl ließ mich mit all den Waffen und der Munition alleine zurück. In diesem Moment vertraute ich den Männern wieder ein bißchen mehr. Als er zurückkam, ermunterte er mich: »Komm, hilf mir beim Reinigen.« Was ihre Waffen betraf, war die ganze Mannschaft ziemlich leichtsinnig. Kaum einer konnte richtig damit umgehen. Sie ließen ihre Handgranaten unter dem Sofa oder sonstwo im Haus herumliegen.

Da Darko mein ständiges Zittern vor der Militärpolizei nicht länger mit ansehen wollte, brachte er mir hinter dem Haus das Schießen bei. Als ich am Bach mit der Pistole auf Flaschen zielte, entdeckten mich die Polizisten. Zu meinem Erstaunen taten sie so, als hätten sie mich nie zuvor gesehen. »Jetzt trauen sich die Typen nicht mehr, an dir vorbeizugehen«, schlug sich Darko lachend auf die Schenkel.

Als Ratko aus dem Urlaub zurückkehrte, staunte er nicht schlecht. Mit einer Zigarette im Mundwinkel hockte ich mit den Männern beim Pokern am Tisch. In den wenigen Tagen hatte ich alle möglichen Dinge gelernt. Manchmal konnte ich sogar wieder laut lachen. Sobald sie allerdings auf den Krieg zu sprechen kamen, fiel ich ins Schweigen. Alleine als Muslime unter Serben benahm man sich besser unauffällig. Selbst in diesem Kreis fielen ab und an abfällige Bemerkungen über »Türken«, aber mich nahmen sie davon aus. Am meisten haßten die Männer diejenigen, die ihren Familien zu nahe kamen. Im Grunde waren sich jedoch alle einig, wie sinnlos dieses Töten war.

Da mir die ewige Herumsitzerei zu langweilig wurde, bot ich freiwillig meine Arbeitskraft an. Vor der Tür hatten sie die Feldküche auf Rädern geparkt. Mit Ratko, Karan oder Opa Lubjan putzte ich Gemüse für die Soldaten und warf es in die Kessel. »Komm mit an die Front zur Essenverteilung, damit du das auch mal siehst«, überredeten mich Mišan und Ratko. Mir graute unendlich davor, aber trotzdem konnte ich ihnen das nicht abschlagen. Ich hatte gelernt, bedingungslos zu folgen, sobald etwas von mir gefordert wurde. Mir war noch nicht bewußt, daß man mich hier zu nichts zwingen würde.

Angespannt nahm ich hinten im Lkw Platz. Mišan drehte den Zündschlüssel um. Wir holperten bereits eine Weile über die von Granaten aufgerissenen Straßen. Die Männer plauderten lustig miteinander. Auf einmal schrie Ratko: »Wo fährst du denn hin?« Versehentlich hatte Mišan die falsche Richtung eingeschlagen. Er rollte direkt dem 5. Korps in die Arme. Befremdet begafften die bosnischen Soldaten den serbischen Lkw, der mit quietschenden Reifen vor ihrer Nase kehrtmachte und mit Vollgas in die entgegengesetzte Richtung davonraste. Schüsse knallten hinter uns her. »Schwein gehabt«, stieß Mišan hervor und wischte sich den Schweiß von der Stirn. Nervös lachten die Männer.

Vielleicht wäre das eben meine Rettung gewesen. Möglicherweise hätten mich die bosnischen Soldaten aus dem Lkw gezogen und bei meinen Großeltern abgesetzt. Wahrscheinlich aber hätten sie mich wie die anderen einfach abgeknallt. Wer glaubte schon, daß eine Muslime von Muslimen und Serben vergewaltigt und anschließend von Serben gerettet worden war? An der Front angekommen, blieb ich leichenblaß im Lkw sitzen. Nicht wegen der Schüsse, sondern wegen der Soldaten. Von da aus beobachtete ich, wie Mišan den fahrbaren Untersatz schob und Ratko das Essen an die Männer verteilte.

Auf der Rückfahrt machte mich Mišan darauf aufmerksam, daß ich zukünftig aus Sicherheitsgründen wie alle eine Uniform tragen sollte. »Kommst du heute mit Wache schieben?« schob er gleich hinterher. Da ich nicht den Mut besaß, mit »nein« zu antworten, blieb mir nichts anderes übrig. Abends liefen wir also um das Haus herum und unterhielten uns dabei. »Komm, wir rauchen eine«, schlug Mišan vor. Dabei legte er mir seine Hand auf die Schulter. Diese Berührung fuhr mir durch Mark und Bein. Grob stieß ich ihn weg. »Was ist los? Ich hab' dir doch nichts getan?« ärgerte er sich. Beleidigt wie Rumpelstilzchen tobte er im Kreis herum. Wie die anderen Männer kannte Mišan meine Geschichte nicht. Möglicherweise schwante allen etwas. Nur bei Opa Lubjan spürte ich kein Unbehagen, wenn er mich umarmte. Kam mir sonst jemand versehentlich zu nahe, rutschte ich unruhig hin und her. Mein Körper war schweißgebadet.

An manchen Tagen konnte ich die Nähe der Männer kaum aushalten. Ständig versuchten sie, etwas aus mir herauszuquetschen. Doch ich haßte meine Vergangenheit. Ich wollte damit nichts mehr zu tun haben und alles vergessen. Tatsächlich dachte ich nicht mehr an die schwarzen Legionäre und die Bordelle. Längst hatte ich die Erinnerungen ganz tief in mir vergraben. Sonst hätten mich diese Bilder zerplatzen lassen. Nur die Schmerzen im Bauch und das ewige Mißtrauen waren als Beweise für das Erlebte geblieben.

Manchmal setzten die Köche Verwundete von der Front im Haus ab. Dann transportierte man sie weiter zu einem Arzt. Diesen Männern ging ich aus dem Weg. Ihre Nähe beunruhigte mich. Je näher die Frontlinie rückte, desto verstörter reagierte die Küchenmannschaft. »Wir müssen uns in die Serbische Republik zurückziehen«, beschloß Ratko. Hilflos blickte ich ihn an. Im Innersten hatte ich noch immer gehofft, daß mich das 5. Korps befreien würde. Als uns die ersten Maschinengewehrsalven um die Ohren knallten, verwarf ich diese Gedanken schnell. In aller Eile stopften wir Dekken, Nahrung und Waffen in die Lkws. Die Feldküche auf Rädern hängten die Männer einfach hinten an. In fünfundvierzig Minuten waren wir fertig und rollten in das Land meiner Alpträume hinein.

In Ravnica

21. 08. 1994, Sonntag
Velika Kladuša wurde befreit. Fikret Abdić ist in die Kra-
jina geflohen.

11. 09. 1994, Sonntag
Auf Bihać, K., Buzin, B. Krupu starten die Tschetniks wei-
terhin Angriffe. Tausende Male frage ich mich, ob meine
Familienangehörigen noch leben, wo sich Leila befindet
und wie sie das alles durchsteht. Was soll ich tun? Ich kann
das nicht mehr aushalten. Am liebsten würde ich schreien.

12. 09. 1994, Montag
Ich habe über Radio BIH* eine Botschaft für Leila gesen-
det.

aus dem Tagebuch der Mutter

Durch eine sanfte Hügellandschaft ging es im Konvoi
in die Tiefebene. In einem Dorf machten wir halt. Einer
von uns war bereits vorgefahren und hatte eine Bleibe
gesucht, die groß genug für die ganze Truppe war. Das
Haus war noch nicht fertig und besaß gerade mal ein
Dach. Leider war auch kein Klo installiert. Sein Geschäft mußte man also draußen erledigen. Strom er-
zeugten wir mit Hilfe von Aggregaten. Um mir eine
Freude zu bereiten, bespannten die Männer in meinem

---

* Bosnien und Herzegowina

Zimmer das Fenster mit Nylonfolie. »Wir haben ein Geschenk für dich«, kündigte Opa Lubjan an und zog eine Strandliege aus einem Lkw hervor. Die Männer hatten sie extra für mich besorgt, damit ich bequemer schlafen konnte.

17. 09. 1994, Samstag
Morgens 05.00 Uhr. Ich höre mir die Botschaften über Radio an. Leila hat Geburtstag, den achtzehnten. Mein Mädchen ist volljährig. Im Radio hat man ihr unsere Glückwünsche gesendet.

04. 10. 1994, Dienstag
Ich habe über das Rote Kreuz eine Botschaft für Leila verschickt.

02. 11. 1994
Ich bin sehr krank. Meine Brust zerreißt. Der Schmerz nimmt immer mehr von mir Besitz. Von Leila gibt es noch immer keine Nachricht.

29. 12. 1994, Donnerstag
Das Radio sendet eine Botschaft für Leila. Ein Bekannter hat mit meinem Bruder in Zagreb Kontakt aufgenommen. Er teilte mir mit, daß meine Mutter und mein Vater gestorben sind.

aus dem Tagebuch der Mutter

Flach wie ein Brett breitete sich das Land um uns herum aus. Wenn es blitzte, sah man genau, wo es eingeschlagen hatte. Ich wußte nicht, daß wir uns in Ravnica aufhielten. Das merkte ich erst einige Tage später, als ich draußen mit Mišan Wache schob. Dabei liefen wir an dem Haus vorbei, in dem ich mit meinem Befreier Milan übernachtet hatte. Mit einem Schlag wurde mir die Nähe zu den Bordellen bewußt. Ich begann zu würgen. »Bring mich in die Feldküche. Sofort«, verlangte ich. Mišan war zwar schon einiges von mir gewohnt, aber er schüttelte trotzdem den Kopf. Danach verließ ich monatelang unser Grundstück nicht mehr. Jemand hätte mich im Ort wiedererkennen können. Vielleicht lebten hier sogar einige meiner Vergewaltiger.

04. 03. 1995, Samstag
... in Tränen aufgelöst bin ich um 03.00 Uhr morgens aufgewacht. Ich habe geschrien. Ich träumte von meiner Mutter und meinem Vater. Ich suchte nach Leila. Sie sagten mir, daß sie nicht da wäre. Leila hätte einen widerlichen Kerl heiraten müssen. Aus vollem Halse schrie ich: »Wieso habt ihr das zugelassen?« und lief nach draußen. Lange Zeit danach wagte ich es nicht mehr einzuschlafen. Ich saß da und rauchte.

07. 03. 1994, Dienstag
Zum ersten Mal ist es mir heute in der Post gelungen, meinen Bruder über sein Handy in Rijeka* anzurufen. Sie teilten mir mit, daß der Mann meiner Schwester umgekommen wäre. Nach seinem Tod hatte sie einen Sohn geboren. Von Leila wüßten sie nichts.

16. 03. 1995
Ich habe mir 20 DM geliehen und habe versucht, damit von der Post aus meinen Bruder in Zagreb anzurufen. Ich fragte ihn, ob er etwas von unserer Familie gehört hätte. Wie die anderen wußte er nichts.

aus dem Tagebuch der Mutter

Je länger ich mit der Küchenmannschaft zusammenlebte, desto mehr nahm ich ihnen ihre gute Absichten ab. Trotzdem blieb immer die Sorge, daß sich ihre Laune

---

* Rijeka liegt in Kroatien

mit dem nächsten Wind ändern könnte. Rein äußerlich merkte man mir kaum etwas an. Vielleicht wirkte ich manchmal ein bißchen abwesend. Hin und wieder fiel mir mein zerstreutes Verhalten selber auf. Ich hüpfte von einem Gedanken zum nächsten und konnte nichts zu Ende bringen. Erfreulicherweise akzeptierten mich die Männer, so wie ich war.

Wenn ich wollte, durfte ich morgens bis um elf schlafen. Anschließend tranken wir gemeinsam Kaffee und aßen Mittag. Dabei fischte Opa Lubjan stets die besten Happen für mich aus dem Kessel. Den ganzen Tag trieb mich ein Heißhunger um, aber mein Magen verweigerte einen Großteil der Nahrung. Nach der Mahlzeit putzten wir Gemüse für dreihundert bis vierhundert Soldaten oder spülten das Eßgeschirr, das von der Front zurückgekommen war. Sobald die Arbeit erledigt war, begannen wir zu zocken. Alkohol war zum Glück bei der ganzen Truppe verpönt. Mittlerweile zog ich sie beim Pokern alle über den Tisch. Meist stapelten sich fünf bis sechs Stangen Zigaretten als Gewinn neben mir. »Bitte, gib uns 'ne Kippe«, bettelten sie mich am Schluß an. Dann qualmten wir gemeinsam meine Beute.

Wenn mir der Sinn nach ernsthafterer Unterhaltung stand, zog ich mich mit Ratko in eine Ecke zurück. Obwohl er eher ein zurückhaltender Typ war, erzählte er mir doch einiges über sich. Vor dem Krieg hatte er als Techniker gearbeitet. Ratko hatte nie viele Freunde, geschweige denn eine Freundin. Er hatte eine schlechte Kindheit, er war als uneheliches Kind zur Welt gekommen, und sein Vater wollte nichts mit dem Bastard zu tun haben. Die Verwandtschaft sagte sich von der Mutter los. Die Frau arbeitete hart, um ihrem Sohn ein halbwegs erträgliches Leben zu ermöglichen. »Das hat uns zusammengeschweißt«, betonte er.

Kaum hatte Ratko aufgehört, über sich zu sprechen, lag er mir wieder mit seinen ewig gleichen Fragen in den

Ohren. »Warum hast du dich in der Polizeistation in Kladuša aufgehalten? Was ist dort passiert? Wo warst du vorher?« Stur beharrte ich auf meiner Version. Es tat mir leid, daß ich ihn anlügen mußte. Doch ich konnte mich nicht anders schützen.

In Ravnica verbrachten wir eine relativ ruhige Zeit. Es wurde nur selten geschossen, und ich war voller Zuversicht, daß der Krieg bald zu Ende sein würde. Endlich könnte ich meine Familie wieder in die Arme schließen! Wie sie wohl lebten? Ob ihnen vielleicht doch irgend etwas geschehen war? Auf Anordnung von UNPROFOR* zog das serbische Heer schließlich weiter. Rund um Ravnica sollte eine große Zwischenzone gebildet werden. In aller Seelenruhe luden wir unser Hab und Gut wieder auf die Lkws und zogen der Armee hinterher nach Kostanica. Die Fahrt führte uns mitten durch die Krajina, an Maisfeldern und schmalen Flußläufen vorbei. Wie friedlich alles wirkte. Drei Stunden später packten wir unser Gepäck an unserem neuen Aufenthaltsort aus.

18. 03. 1995, Samstag

Endlich habe ich die Nummer von einem Mobiltelefon in Prosić erhalten, über die ich mit meiner Familie verbunden werden konnte. Lange, lange haben wir es versucht. Um 13.00 Uhr schafften wir es, endlich eine Verbindung herzustellen. Auf einmal war ich wie benommen. Ich konnte es einfach nicht fassen. Meine Schwester war in der Leitung. Wir weinten und konnten vor lauter Tränen kaum etwas herausbringen. Dann redete ich mit meinem Bruder. Ich fragte nach Leila. Er wand sich und sagte, daß sie in Kladuša wäre. Dann wieder meinte er, daß sie sich bei einer Freundin aufgehalten hätte. Ich sagte ihm, daß er sie sofort holen sollte. Ich weinte und bettelte. Er erklärte mir, daß das

---

* United Nation Protection Force

unmöglich wäre, da Velika Kladuša nun autonom und unter Abdićs Anhängern stehen würde. Da fing ich an zu schreien und fragte ihn, was das zu bedeuten hätte. Weinend sagte er mir: »Schwesterchen, Leila ist in der Halle.« »In welcher Halle?« wollte ich wissen. »Sie ist im Konzentrationslager. Sie ist nicht alleine. Hoffen wir das Beste.«

13.04.1995, Donnerstag
Ich rufe meinen Bruder an, um zu erfahren, ob er etwas Neues über Leila erfahren hat. Aus dem Telefonhörer höre ich Detonationen ... Mein Bruder sagt mir, daß sie von Flugzeugen bombardiert werden. Von Leila hat er nichts erfahren. »Schwesterchen, hier findet ein wahres Feuerwerk statt. Vor lauter Schießereien können wir die Augen nicht schließen.«

18.04.1995, Dienstag
Ich bin auf die Post gegangen, um in Zagreb, Rijeka und K. anzurufen. Niemand hat von Leila gehört.

21.04.1995, Freitag
Heute war ich beim Roten Kreuz und habe eine Mitteilung für Leila geschrieben.

26.04.1995, Mittwoch
Ich war auf der Post, aber die Telefone funktionierten nicht. Ich bin auch beim Roten Kreuz vorbeigegangen.

29.04.1995, Samstag
Ich habe meine Familie erreichen können. Sie haben keine Nachricht von Leila.

09.05.1995, Dienstag
... Es sind Leute vom Internationalen Roten Kreuz angekommen. Ich habe mit ihnen geredet und eine Nachricht für Leila verfaßt.

20. 05. 1995, Samstag
Heute sind Goran und Emir auf die Post gegangen. Wieder nichts Neues.

23. 05. 1995, Dienstag
Ich höre mir die Nachrichten an. In Velika Kladuša werden unvorstellbare Verbrechen begangen. Ich höre zu und fühle mich erbärmlich, voller Trauer und Schmerz. Gott, auch meine Leila befindet sich in diesem blutigen Velika Kladuša. Ich setze mich auf den Boden, habe weder Kraft noch Worte. Vor meinen Augen ist alles schwarz.

27. 07. 1995, Donnerstag
Bei meinem Nachbarn ist eine Schwester mit ihrer Tochter aus Srebrenica angekommen. Ich ging hin, um sie zu begrüßen. Dabei erlitt ich einen Schock. Als ich in das Haus trat, sah ich eine hochgewachsene junge Frau mit langen schwarzen Haaren. Ich sah meine Leila. Ganz fest habe ich sie umarmt und nur noch wiederholt: »Wo ist meine Leila? Du bist meine Leila.« An mehr kann ich mich nicht mehr erinnern.

aus dem Tagebuch der Mutter

In Kostanica

»Der Krieg ist vorbei«, war ich mir im Juli 1995 sicher. Wir waren gut gelaunt und ließen uns die Sonne auf die Haut brennen. In Gedanken machte ich mich bereits auf den Heimweg. Kostanica war ein kleiner Ort mit etwa dreißig Häusern. Zu meinem Entzücken schlängelte sich direkt vor unserer Nase ein Fluß durch den Ort. Unser Haus war mit Möbeln ausgestattet und besaß einen großen Keller, was sich noch als Glück herausstellen sollte. Zu dritt oder viert teilten sich die Männer eine Kammer. Ich durfte auf meiner Strandliege alleine in einem Raum übernachten.

Es war Anfang August, als aus heiterem Himmel ein heftiger Knall unsere Gemütlichkeit zerriß. Am gegenüberliegenden Flußufer hatten sich kroatische Soldaten hinter Sandsäcken und Stacheldraht verschanzt. Mit einemmal verlief nur fünfzig Meter von uns entfernt die Frontlinie. Die Kroaten nahmen uns ins Visier. Wie die Hasen hätten sie uns einfach vor dem Haus abknallen können. »Das kann nicht sein! Nicht schon wieder Kämpfe«, jammerte ich. Kreidebleich verkrochen wir uns ins Gemeinschaftszimmer und überlegten, was zu tun wäre. Woher hätten wir ahnen sollen, daß die Kroaten binnen der nächsten zweiundsiebzig Stunden unter dem Codewort »Sturm« die Krajina zurückerobern würden? Wir hatten doch alle keine Ahnung von Politik.

»Jemand muß Wasser holen«, machte Mišan klar. Sonst würden wir es hier nicht lange aushalten. Aber keiner wollte das Risiko eingehen. Ratko war zu diesem Zeitpunkt bei seiner Mutter. Nach langem Hin und Her faßten sich Mišan und ich ein Herz. Es war früher Nachmittag, und es herrschte Ruhe. Nur mit Eimern bewaffnet, eilten wir geduckt wie Katzen zum Fluß. Plötzlich eröffneten die kroatischen Soldaten das Feuer auf uns. Dreckfontänen spritzten. Ich rannte. Rannte. Ohne nachzudenken. Nur weg von hier!

Panisch hechtete ich in den nächsten Schützengraben, rappelte mich wieder hoch und hetzte weiter. Über mir ballerten Maschinengewehre. Ohrenbetäubender Lärm erfüllte die Luft. Es mußte sich um einen großangelegten Angriff handeln. Bis zum Ende des Grabens raste ich und drückte mich dort schwer atmend gegen die Wand. Wo war ich? Über mir krachte, dampfte und stöhnte es. Zwischen den Einschlägen drangen Schreie zu mir. Stiefel trampelten über die losen Bretter. Kaum waren die Schritte vorüber, folgten die nächsten. Keuchend hielt ich mir die Ohren zu. Plötzlich stürzte ein Kroate in den Schützengraben. Ich glaubte, daß mein Herz in diesem Moment aufhörte zu schlagen. Ohne sich umzusehen, kletterte der Soldat auf der anderen Seite wieder hoch.

Gespannt bis zum Äußersten harrte ich aus. Die ganze Nacht peitschten Schüsse. Leuchtkugeln stiegen hoch und regneten in weißen Sternen nieder. Schatten tanzten an den Wänden. Alles tauchte für Momente in fahles Licht. In das Rattern der Maschinengewehre mischten sich explodierende Minen. Die Luft war diesig und schmeckte nach Pulverqualm.

Verzweifelt versuchte ich, mich in diesem Lärm zu orientieren. Ich horchte, wie Transporte mit Geschützen und Soldaten an die Front rollten. Doch ich wußte nicht, auf welcher Seite ich mich befand. Vielleicht würde ich zum Ende des Krieges in kroatische Gefangenschaft geraten. Das hätte mir in meiner Sammlung noch gefehlt. Vielleicht würden mich auch serbische Soldaten niedermetzeln. In meiner Aufregung sprach ich mir laut Mut zu: »Ruhig, Leila, Ruhig, ruhig, ruhig.«

Nach und nach ebbte der Kampflärm ab. Endlich kehrte Ruhe ein. Es war schon hell. Noch immer konnte ich mich vor Entsetzen kaum rühren. Da hörte ich Schritte. Ich hielt den Atem an. Ein Schatten fiel auf mich. Zu mir herunter beugte sich ein Mann. Sein langer Bart hing fast bis zum Boden. Erschrocken schrie ich auf. Der Mann stieß auch einen Schrei aus. Es war Karan. Gerettet! Karan sah aus wie ein verdammter Tschetnik. Ein Gefühl von Wärme durchflutete mich. »Leila, was treibst du denn im feindlichen Schützengraben?« lachte er erleichtert auf. Jeden Winkel hatten die Männer nach mir abgesucht. An der Hand zog mich Karan aus dem Graben. Dann liefen wir zu unserem Haus zurück.

»Da ist ja unser Sonnenschein«, begrüßte mich die Mannschaft. »Ratko hätte uns glatt umgebracht, wenn wir dich nicht gefunden hätten.« Alle waren über mein Eintreffen erleichtert. Ihre Gesichter waren grau von den Strapazen der letzten Nacht. Seit dem Angriff am Fluß war Mišan spurlos verschwunden. Uns blieb nicht viel Zeit für Wiedersehensfreude. Denn bald hagelte es Hunderte von Granaten auf das kleine Dorf. Die Einschläge folgten so dicht aufeinander, daß die Splitter gegen die Hauswände klatschten und durch die Fenster flogen. Einige Männer weinten wie kleine Kinder. »Runter in den Keller!« kommandierte ich. Von allen Seiten pfiff es um uns herum.

An Schlaf war nicht zu denken. Die Nacht war ein einziges Kreischen. Rastlos tigerten wir hin und her und rauchten eine nach der anderen. Darkos Hände zitterten so sehr, daß er die Wasserflasche nicht bis zum Mund bekam. Karan bekam einen Koller und brüllte ständig: »Verfluchte Scheiße! Verfluchte Scheiße!« Wir redeten kaum und stierten vor uns hin. Wie in einem Grab warteten wir darauf, zugeschüttet zu werden. Diese stickige Mischung aus Rauch und Panik war nicht zum Aushalten. Wir gingen an die Luft und rauchten draußen. Egal, ob einem dort die Kugeln um den Kopf zischten. Mehr als sich ducken, konnte man sowieso nicht. Man hatte es eben nicht in der Hand, ob man getroffen wurde. Vielleicht machte mich dieses Wissen so gleichgültig.

In einer Feuerpause war Mišan wieder aufgetaucht. Er war völlig verstört. »Wo warst du?« fragten wir ihn. Er antwortete: »An der Front.« Da lachten alle und erkundigten sich, wieviele Leute denn an der Front gewesen wären. Mišan entgegnete: »Nur ich.« Auch Ratko war zwischenzeitlich zurückgekehrt. Er war zu allem bereit. Schießen oder fliehen. Alle hielten ihre Gewehre im Anschlag.

Nach einer Weile hatten wir uns daran gewöhnt, daß wir unentwegt beschossen wurden. In diesem Augenblick haßte ich die ganze Welt. Ohne Ausnahme jeden Menschen. Keiner von uns traute sich, der Arbeit in der Feldküche nachzugehen. Die Soldaten an der Front mußten hungern. Mišan wiegte sich unentwegt hin und her und murmelte dabei Gebete. »Wir kommen durch«, ermutigte ich ihn. Doch in diesem Moment glaubte ich selber nicht mehr so recht daran.

Zwei Tage lang dauerte der Beschuß. Am Morgen danach tasteten wir uns vorsichtig zwischen den Trümmern hervor. In unser Dach hatten drei oder vier Granaten eingeschlagen. Es war total zerstört. »Wir müssen umziehen«, ordnete Ratko an. Während wir unsere Sachen zusammensammelten, fielen erneut Granaten. Jedoch waren es längst nicht mehr so viele wie zuvor. Um uns herum sah es aus, als hätte eine riesige Faust auf die Häuser geschlagen. Oft waren nur noch Mauerreste übriggeblieben. Eine halbe Stunde später hatten wir bereits in einer anderen Bleibe Unterschlupf gefunden. Sie lag vielleicht einen Kilometer von der Frontlinie entfernt. Es war ruhiger als vorher.

Unser neues Heim war zwar ausgeplündert worden, aber die Fensterscheiben waren zu aller Erstaunen noch unversehrt. Nach diesem Inferno konnte ich nicht alleine sein. Deshalb stellte ich meine Liege diesmal im Gemeinschaftsraum auf und döste dort vor mich hin. Die anderen hockten im Kreis am Boden und redeten miteinander. »Hoffentlich geht es meiner Frau gut«, seufzte Karan gerade. Da bebten die Mauern. Scherben prasselten auf meinen Körper. Während ich mich vom Glas freischüttelte, sahen sich Dule und Pedrag draußen um. Die Serben hatten eine Brücke gesprengt, um den Kroaten den Weg ins Dorf zu erschweren. Kurz danach mußte man Pedrag im Feldlazarett den Fuß abnehmen. Dule überlebte knapp einen Bauchschuß. Die Nacht war dann relativ ruhig.

Mittags flirrte die Luft. Betäubt starrte ich aus dem Fenster. Da bemerkte ich zwei Soldaten, die die Straße herunterspazierten. Sie trugen die bunt gefleckten Uniformen der Serben. Am Nachbarhaus, das vielleicht zehn Meter von unserem entfernt stand, klopften sie an die Tür. Eine Mutter kam mit ihren zwei kleinen Jungen heraus. Im ersten Moment glaubte ich, daß einer der Männer von der Front zurückgekehrt wäre und sich nun mit seiner Frau streiten würde. Dieser Soldat richtete plötzlich sein Gewehr auf den Vierjährigen und drückte ab. Der Kleine sackte zusammen. Die Mutter stand so unter Schock, daß sie sich nicht wehrte, als der Soldat mehrmals mit dem Messer auf sie einstach. Der andere Junge rannte brüllend weg. Wir fanden ihn später hinter einem Schrank.

Als ich erfaßt hatte, daß es sich um verkleidete Kroaten handelte, stürzte ich auf unsere Veranda. Völlig aufgelöst schrie ich: »Die Soldaten schlachten eine Frau

132

ab.« Einige Sekunden glotzten mich alle mit aufgerissenen Mündern an. Da wurde ich vor Angst ganz ruhig und sagte: »Geht zum Fenster! Da seht ihr die Frau mit ihrem Kind. Kroaten in serbischen Uniformen haben sie umgebracht.« Zuerst glaubte mir keiner. Dann herrschte für Minuten großes Durcheinander. Ich erinnere mich nicht mehr, wer zuerst von ihnen ein Gewehr fand. Wie immer wußte niemand, wo seine Waffe lag, und keiner hatte sie vorher geladen. Irgendeiner von uns schoß zuerst aus dem Fenster. Es war das erste Mal, daß die Männer ihre Waffen einsetzten.

Während sie wild nach draußen ballerten, beobachtete ich von einem anderen Fenster aus, was draußen vor sich ging. Die Bevölkerung floh in Scharen. Ihre Gesichter waren voller Verzweiflung. Manche schleppten ein Möbelstück oder einen Teppich mit sich. Meist hingen die Kinder an den Händen ihrer Mütter. Plötzlich feuerten verkleidete Kroaten mit ihren Maschinengewehren in den Flüchtlingsstrom hinein. Das Chaos war unbeschreiblich. Schreiend rannten Menschen durcheinander, stolperten über die am Boden liegenden und wollten irgendwo Deckung suchen. Jeder knallte auf jeden. Man konnte den Kopf nicht mehr heben, weil so viele Kugeln durch die Luft zischten. Die Erde brannte.

08. 08. 1995, Dienstag
Ich ging zur Post, konnte aber niemanden erreichen. Beim Roten Kreuz teilten sie mir mit, daß es ihnen nicht möglich wäre, Velika Kladuša zu betreten. Die Serben hätten es nicht erlaubt.

12. 08. 1995, Samstag
Ich bin wieder zur Post gegangen, aber das Mobiltelefon in Prosić funktioniert nicht.

aus dem Tagebuch der Mutter

Wann immer ein Auto vorbeifuhr, winkten die Kroaten es mit den Händen an den Straßenrand. In ihren falschen Uniformen benahmen sie sich wie serbische Polizisten. Sobald ein Fahrzeug anhielt, stießen sie ihre Maschinengewehre ins Fenster und mähten alles Lebendige nieder. Erst nach einigen Stunden hatten serbische Soldaten die Lage unter Kontrolle. Der Boden war mit Leichen gepflastert. Fliegenschwärme schwirrten über den Körpern.

»Wir sollten uns draußen mal umsehen«, empfahl Ratko. Darko und ich schlossen uns an. Gemeinsam wanderten wir durch das Dorf. Vor zerborstenen Häuserfassaden türmten sich ausgebrannte Autowracks. Wo einst die Fenster der Wohnungen waren, klafften jetzt finstere Höhlen. Und manchmal waren ganz persönliche Dinge in den Ruinen geblieben, ein Vogelkäfig oder eine nackte Puppe. Der Geruch von Blut hing in der Luft. Wir entdeckten serbische Soldaten, die fünf Kroaten aufgegriffen hatten und nach Bosanski Novi transportieren wollten. Den meisten war die Flucht gelungen. Auf einmal stürmte ein Mann mit einem Gewehr in der Hand herbei. Mit haßverzerrtem Gesicht zielte er auf einen der Gefangenen und tötete ihn. Der Täter war der Familienvater, dessen Frau und Sohn zuvor im Nachbarhaus abgeschlachtet worden waren.

Nach diesem Erlebnis mit den verkleideten Kroaten verlangte ich vor versammelter Küchenmannschaft eine Waffe. Zu meinem Erstaunen drückte mir Karan unverzüglich ein großes, automatisches Gewehr in die Hände. Wie man damit umging, wußte ich von Darko. Als ich endlich diese Waffe hatte, schlief ich wieder wie eine Tote. Niemand konnte mir jetzt noch was antun. Allerdings hätte nicht viel gefehlt und ich hätte fast einen ihrer Soldaten erschossen.

Einige Tage später fand sich ein junger Mann, etwa einundzwanzig, in serbischer Uniform vor unserem

Haus ein. Sein Haar hatte er unter einer Schirmmütze zusammengebunden. Sein magerer Körper war mit Handgranaten, Minen und alle möglichen Waffen bestückt. »Wieder einer, der uns täuschen will«, nahm ich an. Mit einem Ruck riß ich die Tür auf und richtete mein Maschinengewehr auf ihn. »Bleib, wo du bist!« befahl ich. Wie vom Donner gerührt, blieb er stehen und hüstelte nervös: »Wer bist du?« »Was kümmert dich das?! Wer bist du?« schnauzte ich zurück. »Ich bin Davor.« »Was für ein Davor?«

Der Junge begann zu stammeln, daß er von der Front geflohen wäre, weil er den ganzen Wahnsinn nicht mehr hatte aushalten können. Als Deserteur wagte er sich aber nicht nach Hause. Deshalb stünde er jetzt hier. »Du lügst«, stellte ich kühl fest. Seine Stimme war dünn wie ein Faden, als er sich erkundigte: »Ist Miri hier?« »Welcher Miri ?« knurrte ich und fuchtelte wild mit meiner Waffe herum. Da begann er bitterlich zu weinen. »Meinst du vielleicht Ratko Miri ?« fiel mir in diesem Augenblick ein.

Mit meinem Maschinengewehr dirigierte ich den Soldaten durchs Haus. »Hände hoch!« befahl ich. Die Männer hatten es sich draußen unter den Weinstöcken gemütlich gemacht. Ihnen fielen fast die Augen aus dem Kopf, als ich den blassen Jungen auf die Veranda kommandierte. Lachend beschwichtigte mich Ratko: »Leg die Waffe weg, Leila. Der Junge stammt aus meinem Dorf.« Mišan rief: »Davor! Was machst du denn hier?« Auch die anderen begrüßten ihn herzlich. Etwas verlegen ließ ich mein Gewehr sinken und räusperte mich: »Gut, dann bist du also ein Unsriger.« Da fragten mich die anderen belustigt: »Was für ein Unsriger?« Dieser Soldat konnte natürlich nicht wissen, daß ich eine Muslime war. Als er es später erfuhr, drohte er mir im Spaß, mich umzulegen. Noch bis zum Kriegsende blieb Davor bei uns. Immer wenn ein serbischer Soldat bei uns vorbeikam, versteckten wir ihn im Schrank oder sonstwo in der Wohnung. Die letzten zwanzig Tage litt Davor große Angst.

21. 08. 1995, Montag

Seit fünf Tagen ist Velika Kladuša endgültig befreit worden. Meine Brüder aus Zagreb und Rijeka sind losgefahren, um meine Geschwister in K. zu besuchen. Sie leben, aber sie sind erschöpft, ausgemergelt und durcheinander. Von Leila wissen sie nichts. Mir fehlen die Worte. Aber ich weiß, daß ich nicht aufhören werde, nach ihr zu suchen.

aus dem Tagebuch der Mutter

Der Heiratsantrag

Die letzten Kriegstage herrschte eine ziemlich trübe Stimmung unter uns. Die Männer machten sich Sorgen um ihre Familien. Nur Darko gelang es, trotz allem, gute Laune herzustellen. Er tanzte, riß Witze oder versteckte die Pfeife von Karan in der Jackentasche von einem anderen. Nur zum Pokern hatte keiner mehr die Nerven. Unsere Gedanken schweiften immer ab. Wir fühlten uns ausgebrannt.

Tag und Nacht war ich müde. Richtig lebensmüde. Keinen Finger rührte ich mehr. In jeder Lage und Position schlief ich sofort ein. Mit den Erinnerungen an das Schreckliche waren auch meine positiven Gedanken erloschen. Mir fiel nichts Schönes mehr ein. Die Abschlachterei würde ewig weitergehen. Ich wollte auch nicht mehr reden. Ratko versuchte, mich abzulenken und gleichzeitig wach zu halten. Deshalb war ich meistens den ganzen Tag zornig auf ihn. Ungerührt meinte er: »Schlaf nachts, nicht am Tag.«

Einmal holten wir gemeinsam Wasser vom Fluß. Als wir zurückkehrten, hielten wir uns an den Händen. Er hatte mich einfach an die Hand genommen, und ich hatte sie nicht weggestoßen. Ich kann nicht sagen, wie sich das anfühlte. Mir war diese Geste gar nicht bewußt, bis die anderen uns anlächelten. Da machte ich mich erschrocken wieder los. Als ich mich auf meiner Liege ausstreckte, setzte sich Mišan zu mir. Er lud mich zu sich nach Hause, nach Bosanski Novi, ein.

»Tut mir leid, ich kann das nicht. Ich schäme mich«, entschuldigte ich mich. Ich wußte doch überhaupt nicht mehr, wie man mit normalen Menschen umging. »Unsinn! Meine Frau Višnja hat gesagt, daß ich nicht ohne dich kommen darf«, redete er mir zu. Da er nicht aufgab, packte ich meine Sachen und verabschiedete mich von den anderen. Bedrückt umarmte mich Ratko. Ich akzeptierte das als ein Zeichen unserer Freundschaft.

Mišans Frau empfing mich mit offenen Armen. Endlich eine Frau! Eine, mit der man unverkrampft sprechen konnte. Und kein bißchen nationalistisch. Als ich das geräumige Haus betrat, war ich überrascht, eine solche Ordnung anzutreffen. Jeder Raum war schön eingerichtet und sorgfältig dekoriert. Was für ein Gefühl, wieder an einem sauber gedeckten Tisch zu sitzen!

Bis Mittag wälzte ich mich im Bett. Dumpf grollte in der Ferne die Front. Wir aßen, guckten Fernsehen und tratschten den ganzen Tag. Doch immer hatte ich den Eindruck, daß nicht ich, sondern eine Fremde all das tat. Die echte Leila lag im Koma. Jeden Tag schrubbte ich mich in der Badewanne von oben bis unten ab. Warum war dieser Dreck nur so hartnäckig?

28. 08. 1995, Montag

Wieder war ich auf der Post, und wieder habe ich nichts erfahren. Den ganzen Tag lang verbringe ich dort. Ich besitze keinen Pfennig mehr. Nicht einmal mehr ein Ei kann ich für Emir und Gorana zum Frühstück kaufen. Dazu kommt, daß ich alle möglichen Krankheiten auf mich geladen habe.

31. 08. 1995, Donnerstag

Eine Botschaft über Radio BIH in der Sendung »Wir suchen Vermißte«. »Fatima Babić aus B. sucht ihre Tochter

Leila. Zuletzt ist sie in Velika Kladuša gesehen worden. Ab da verliert sich ihre Spur. Ich bitte alle, die das Schicksal meiner Tochter kennen, ihrer Mutter Bescheid zu geben.«

aus dem Tagebuch der Mutter

Višnja war eine Optimistin. »Bald wirst du zurück nach Hause gehen. Und wir besuchen euch dort zum Kuchenessen.« Višnja weinte aber auch ständig. Wenn ich ihr berichtete, daß ich so lange keine Mutter mehr gehabt hatte, brach sie in Tränen aus. Tröstete ich sie aber, daß ich meine Mutter bestimmt bald wiedersehen würde, schluchzte sie auch. Mir war das Herz schwer. Doch Tränen hatte ich schon lange keine mehr. Meine Familie war Lichtjahre von mir entfernt. Es fiel mir nicht leicht, das Ehepaar nach fünf Tagen wieder zu verlassen. Mišans Frau war für mich mittlerweile wie eine Mama.

Ungeduldig hupte auf der Straße Opa Lubjan. In seinem Golf nahm er mich mit zu sich. Er wohnte etwa eine halbe Stunde von Bosanski Novi entfernt. Da noch geschossen wurde, waren die Straßen wie leergefegt. Mit seiner Frau lebte Lubjan in einer altmodisch eingerichteten Zweizimmerwohnung. Die alte Dame wußte, daß ich Muslime war. Dafür verabscheute sie mich nicht, aber bei meinem Anblick betete sie sofort zu Gott. Ihre Wände waren voll mit Heiligenbildern und Statuen. Wir sprachen über sehr allgemeine Dinge. Bloß nicht über Politik oder den Krieg. Erst vor kurzem hatten beide ihren Sohn im Krieg verloren. Deshalb liefen Lubjans Frau fortwährend die Tränen übers Gesicht. Ich hingegen verschlief den größten Teil des Tages.

01. 09. 1995, Freitag
Goran hat über das Rote Kreuz eine Botschaft nach Velika Kladuša geschickt.

03. 09. 1995, Sonntag
Botschaft für Leila über Radio BIH.

aus dem Tagebuch der Mutter

»Wo ist Leila? Sie soll mit mir kommen«, vernahm ich drei Tage später Karans Stimme an der Tür. Wir fuhren wieder zurück nach Bosanski Novi. Er lebte mit Frau und Tochter in einer Vierzimmerwohnung. Karans Frau Dragica war häßlich, aber herzensgut. Ihr Gesicht war mit Flecken und schwarzen Warzen übersät. Sie wollte nichts davon hören, daß Ratko nicht mein Freund wäre. »Ich lebe für den Tag, an dem ihr heiratet«, stellte sie klar. Treuherzig bestätigte ihr Mann: »Es geht nicht anders. Sie muß einfach Ratkos Freundin sein.« Das gleiche hatte ich auch schon von Lubjan und Mišan gehört. Ich lachte. So komisch wirkte diese Vorstellung auf mich.

»Wir besuchen Pedrag«, weckte mich Karan mittags, »er hat nach dir gefragt.« In einer Vorortsiedlung hielt er an. Rund um Pedrags Haus wuchsen prächtige Obstbäume. Das stimmte mich wehmütig. Ich mußte an meine Großeltern in K. denken. Auf seiner neuen Prothese humpelte uns Pedrag grinsend entgegen. Seine Krücken benutzte er nur selten, weil er nicht als Krüppel gelten wollte. Er war dreiundzwanzig, gut aussehend und noch Junggeselle. Wahrscheinlich war das der Grund, warum Ratko kurz darauf wie ein Wachhund angeschossen kam. Kaum hatte ich meinen Kaffee ausgetrunken, da klingelte es auch schon. Keine Ahnung, wer von den männlichen Tratschtanten ihm das gesteckt hatte. »Bleibt über Nacht«, schlug uns Pedrag vor. In meiner Kammer drehte ich sofort den Schlüssel um. Das war mittlerweile eine feste Gewohnheit geworden. Nebenan dösten Karan und Ratko. Pedrag versuchte, es sich auf der Küchenbank gemütlich zu machen.

Am nächsten Tag lümmelte jeder irgendwo in der

Wohnung herum. Ich lauschte gerade der Radiomusik, als Pedrag uns mit feierlicher Miene zusammentrommelte: »Kommt, setzt euch alle zu mir. Ich möchte euch was mitteilen.« Gespannt ließen wir uns am Küchentisch nieder. Da wandte sich Pedrag zu mir: »Ich muß dir etwas sagen, und die anderen sollen dabei sein«. Erstaunt fragte ich: »Was denn?« Da bekam er einen feuerroten Kopf und fing an zu stottern: »Eigentlich nicht sagen. Nicht direkt. Eher fragen. Willst du mich heiraten?« Mir verschlug es die Sprache. Wahrscheinlich wollte er mich auf den Arm nehmen. Der Kerl war bekannt für seine Verrücktheiten. Hilfesuchend blickte ich mich um. Ratko war käseweiß im Gesicht und erhob sich mit grimmiger Miene: »Du solltest dich nicht auf diese Art über uns lustig machen!« Doch Pedrag entgegnete ungewohnt ernsthaft: »Ich mach' mich überhaupt nicht lustig.« Das war zuviel für Ratko. Er stürzte aus dem Haus. Fragend blickte Pedrag mich an: »Du und Ratko?« Entsetzt winkte ich ab: »Aber nein!«

Im nächsten Moment kam Ratko wieder herein und bat mich in den Garten. Hastig verlangte er: »Wenn du mit mir kommen willst, dann auf der Stelle. Wenn nicht, dann bleib.« »Ich komme mit«, antwortete ich ohne zu zögern. Damit hatte ich aber nicht zugestimmt, daß ich zu Ratko gehören würde. Ich wollte einfach dahin zurückkehren, wo ich vorher gewesen war. In die Küche. Rasch verabschiedete ich mich von Pedrag, der noch immer wie festgeleimt auf seinem Stuhl saß. Karan schüttelte sich vor Lachen und wollte gar nicht mehr aufhören. »Warte, Leila«, begehrte Pedrag, »du hast mir noch keine Antwort gegeben.« Ich erwiderte, daß mein Verhalten wohl Antwort genug wäre. Enttäuscht blickte er mich an. Dann holte Pedrag tief Luft und wünschte mir alles Gute mit Ratko. Er hoffte, daß ich nicht das letzte Mal bei ihm zu Gast gewesen wäre. Dann sagte er zu Karan: »Geh, pack deine Sachen!«

Kriegsende

Natürlich schmeichelte mir dieser Heiratsantrag. Allerdings hätte ich mir nie vorstellen können, mit einem Mann zusammenzuleben. Pedrags Vorschlag erschien mir völlig absurd. Nach wie vor vermutete ich, daß er sich nur über mich lustig machen wollte. Doch mich quälten andere Sorgen. Der Krieg war bald aus. Was kam dann? Noch etwa zwei Monate verbrachten wir in der Feldküche. Diesmal hauste unsere Mannschaft ein bißchen außerhalb von Kostanica. Wir hatten ein Haus gefunden, daß noch nicht zerbombt, aber ziemlich baufällig war. Eine morsche Holztreppe führte in den oberen Stock. Wie gewöhnlich war alles bis auf den letzten Krümel geplündert worden. Draußen war es relativ ruhig. Nur noch ab und zu wurde geschossen.

»Die Treppe ist eingestürzt. Die Männer können nicht mehr oben schlafen«, informierte mich Davor beiläufig an einem Nachmittag. »Nun, dann repariert sie«, gab ich ihm zur Antwort. Leider besäße die Mannschaft nicht das nötige Werkzeug. Er wußte, daß ich nicht gerne mit all den anderen in einem Raum nächtigen würde, wenn Ratko nicht da war. Deshalb sollte ich in den kleinen Nebenbau ziehen. Er bot mir an mitzugehen. »Aus Sicherheitsgründen«, so drückte er sich aus. Ich war einverstanden. Später hat mir Ratko gestanden, daß er die Treppe absichtlich zerschlagen hatte. Alle anderen haben das natürlich längst gewußt.

Jede Nacht setzte sich Ratko zu mir ans Bett und erzählte mir eine Geschichte, bis ich einschlief. Dann streckte er sich auf dem Feldbett neben meiner Liege aus. Nach fünf Tagen fuhr Ratko nach Hause, weil seine Mutter kränkelte. Er wohnte, nicht weit weg, in einem Vorort von Kostanica. »Morgen bin ich wieder da«, verabschiedete er sich von mir. Irgendwie fehlte er mir schon, als die Tür hinter ihm zufiel.

Wie gewohnt, warf ich mich auf meine Liege, konnte aber nicht einschlafen. Für mich ein unvorstellbarer Zustand. Ich stand wieder auf, guckte aus dem Fenster und stellte fest, daß die anderen das Licht schon gelöscht hatten. Zappelig ging ich im Zimmer hin und her und legte mich schließlich auf Ratkos Bett. Mitten in der Nacht klopfte es. »Da bin ich wieder«, begrüßte mich Ratko. Sofort erkannte er die Situation: »Sieh mal an, was machst du denn in meinem Bett. Hast du da geschlafen?« »Nein«, behauptete ich vor den zerwühlten Decken. »Wie nein?« ärgerte er mich. Verschämt guckte ich auf den Boden.

«Bist du gekommen, weil du wußtest, daß ich nicht schlafen kann?« stellte ich ihn zur Rede. Er behauptete, daß er gekommen wäre, weil er auch kein Auge zubekommen hatte. In diesem Moment merkte ich, daß ich mich ein bißchen in Ratko verliebt hatte. »Gute Nacht«, wünschte ich und verkroch mich auf meine Liege. »Du kannst ruhig wieder zu mir ins Bett kommen«, lockte Ratko. Ohne lange zu überlegen, folgte ich seiner Aufforderung. Kaum lag ich neben ihm, versuchte er, mich zu streicheln. Ich fauchte ihn wie eine Katze an: »Wenn du das machst, bin ich auf der Stelle wieder verschwunden.« Dann schlummerten wir wie Geschwister nebeneinander ein. Daraus ist eine feste Gewohnheit entstanden.

Als ich morgens verschlafen in die Sonne blinzelte, traute ich meinen Augen nicht. Die ganze Küchenmannschaft hatte sich vor unserer Tür versammelt, die halb aus Glas bestand, und grinste unverschämt zu uns herein. Ich wurde rot wie eine reife Tomate. Belustigt empfing mich die Truppe dann im Garten: »Guten Morgen, liebe Braut! Hier ist dein Kaffee.«

Nach und nach packten die Männer ihr Zeug zusammen und machten sich auf den Weg nach Hause. Alle stammten aus der näheren Umgebung. Ratko hatte bereits einen Teil der Küchenausrüstung zurückgegeben. Jedesmal, wenn einer seinen Demobilisierungsbefehl erhalten hatte, veranstalteten wir ein kleines Fest. Zum Schluß blieben noch fünf von uns übrig. Es kam auch vor, daß die anderen uns zweimal am Tag besuchten und mir zuflöteten: »Wir halten es ohne dich einfach nicht aus.«

»Alles Gute zum Geburtstag«, riß mich morgens ein Ständchen aus dem Schlaf. Die ganze Mannschaft war zu Besuch gekommen, um mit mir meinen neunzehnten Geburtstag zu feiern. Ohne ihre Glückwünsche hätte ich das völlig vergessen. Die Männer überhäuften mich mit Geschenken. Ratko überreichte mir ein komplettes Schmink-Set, einen kleinen Terminkalender und einen Stift. Ich erinnere mich auch an Schuhe von Mišan, an einen Teddybären von Karan und an eine Wiege, die seine Frau für mich mitgegeben hatte. Laut prustete ich los.

17. 09. 1995, Sonntag
Liebe Leila, alles Gute zum 19. Geburtstag. Es liebt dich deine Mutter.

aus dem Tagebuch der Mutter

Die ganze Mannschaft brach in Gelächter aus. Da lief Ratko ins Haus und schnitt mit einer Schere ein Stück Stoff aus einem Laken heraus. »Das ist die Decke für das Baby«, kommentierte er trocken. Ich schüttelte mich noch mehr vor Lachen. Dabei malte ich mir aus, wie ich als Mutter ein Baby in meinem Armen wiegte. Zu meinem Erstaunen fand ich an diesem Bild Gefallen. Allerdings konnte ich mir beim besten Willen nicht ernsthaft vorstellen, ein Kind mit Ratko zu haben. Wie eine lästige Fliege verscheuchte ich diesen Gedanken. Am Abend küßte mich Ratko auf die Wange. Ich wehrte mich nicht, aber ich empfand auch nichts Besonderes dabei.

Der erste Schnee war gefallen. Das Schießen hatte endgültig aufgehört. Die ganze Mannschaft war vergnügt, nur mir ging es nicht gut. Lebten meine Eltern noch? Und wie sollte ich nach Hause kommen? Es wäre Selbstmord gewesen, sich nach Kriegsende alleine auf den Weg nach Bosnien zu machen. »Unser letzter Tag!« jubelte der restliche Haufen. Abends schüttete sich Karan bis zum Umfallen mit Schnaps zu. Zum ersten Mal schlürfte ich bei dieser Gelegenheit freiwillig eine ganze Dose Bier aus. Ich spürte den Alkohol jedoch so deutlich, daß ich mich sofort in mein Zimmer zurückzog. Als Ratko mich reglos wie eine Tote auf der Liege fand, goß er sofort einen Eimer Wasser über meinen Kopf. Meine Haut war weiß, die Lippen grün.

Mit brummenden Schädel schleppte sich Karan am nächsten Tag nach Hause. Mir ging es auch nicht viel besser. »Wie soll es jetzt mit mir weitergehen?« wandte ich mich an Ratko. Wir setzten uns in den Garten und überlegten. »Du könntest dir ein Zimmer in Kostanica mieten«, empfahl er. Er würde die Miete für mich übernehmen, bis ich Kontakt zu meinen Eltern hergestellt hätte. Der Plan zerschlug sich jedoch sogleich, weil Ratko nichts Geeignetes für mich finden konnte. Uns war klar geworden, daß eine Muslime allein in diesem Land in Lebensgefahr schwebte.

Wieder grübelten wir. Und langsam bekam ich es richtig mit der Angst zu tun. Plötzlich schlug Ratko mit der flachen Hand auf den Tisch und meinte: »Warum

machen wir es uns nur so schwer? Du kommst einfach
mit zu mir!« Das war wohl das Letzte. Empört schimpfte ich: »Entschuldigung, aber das geht einen Schritt zu
weit.« Ratko besänftigte mich. In Ruhe könnte ich von
seinem Dorf aus nach meinen Eltern suchen. Er würde
mir nicht zu nahe kommen. Mir blieb gar keine andere
Wahl.

Die Hochzeitsfeier

14. 11. 1995, Samstag
*Ich habe gehört, daß Leila mit anderen Flüchtlingen nach
Vojnić gegangen ist.*

16. 11. 1995, Montag
Eine Nachricht für Leila über Radio BIH.

aus dem Tagebuch der Mutter

Es war kurz vor Neujahr, als Ratko sich ein Auto aus-
lieh, um mich in sein Dorf zu bringen. Von Kriegszer-
störungen merkte man hier kaum was. Ein Fluß
schlängelte sich an den Häusern vorbei. Die Landschaft gefiel mir. Es erinnerte mich an K. Das war aber
auch das einzige, was diese zwei Orte miteinander verband. In diesem Nest gab es außer einem Lebensmit-
telgeschäft keine Abwechslung. In jedem Hof liefen
Tiere herum. Auch Ratko besaß Ziegen, Hühner und
Schweine.

Am Gartentürchen erwartete uns bereits seine Mutter. Sie war vielleicht sechzig und hatte viele graue Haare. Keine Miene verzog sie, als wir ausstiegen. Die alte
Frau trug ein Kleid, eine Weste, darüber eine Schürze
und an den Füßen dicke Wollsocken und Pantoffeln. Ihr
faltiges Gesicht war durch Leid und Arbeit gezeichnet.
Schüchtern begrüßte ich sie. Doch sie blickte mich nur
streng an. Erst als sie uns durch den kleinen Obst- und
Gemüsegarten in das winzige Häuschen begleitet hatte,

147

küßte sie mich und fing an, vor Rührung zu weinen. »Da ist also die liebe Braut«, rief sie entzückt aus.

»Nein, nein«, wollte ich sofort die Dinge klarstellen, aber Ratko knuffte mich heimlich in die Seite. Ohne mein Wissen hatte er seiner Mutter erzählt, daß er mich heiraten wollte. »Wart noch ein bißchen«, flüsterte er, »meine Mutter ist eine alte Frau. Wir sollten sie nicht gleich mit unseren Erklärungen durcheinanderbringen.« Am liebsten hätte ich Ratko in Stücke gerissen, aber vorerst preßte ich meine Lippen fest aufeinander.

Es war nicht zu übersehen, daß das hier eine Bleibe armer Leute war. Der obere Teil war noch nicht fertig gebaut. Das Dach war undicht, und die Wände waren feucht. Zwei Kämmerchen befanden sich unten. Statt einem Badezimmer gab es vor dem Haus einen Wasserhahn, ein Waschbecken und ein Plumpsklo. Ein kleiner Holzofen bullerte in der Küche. Die Alte wies uns einen Platz auf der Küchenbank zu und stellte Kaffee auf den Tisch.

Ratko war selig. Durch meine Mimik wollte ich ihm klarmachen, daß ich mich ziemlich unwohl fühlte, aber er grinste die ganze Zeit. Völlig entrückt war er. »Woher kommt denn die liebe Braut? Wissen deine Eltern, daß du heiratest?« erkundigte sich seine Mutter. Verlegen erklärte ich, daß ich aus B. bei Sarajevo stammte. »Wie bist du denn dann hier gelandet?« staunte sie mit weitaufgerissenen Augen. »Sie hat mit uns in der Küche gearbeitet«, schaltete sich Ratko ein. Dann würgte er alle weiteren Fragen ab: »So, jetzt ist Leila müde. Sie muß sich ausruhen.« Verdattert schüttelte die Alte den Kopf und murmelte: »Kinder, Kinder.«

Als wir uns gerade zurückziehen wollten, rief sie uns besorgt hinterher: »Wann kommen denn die Hochzeitsgäste aus V.?« Ich lachte nur und schloß die Tür. Das Zimmer war kärglich eingerichtet. Ein Bett, ein Regal und ein Tisch. Am Boden waren mehrere Eimer verteilt, die das Wasser von oben auffangen sollten. »Und nun zu dir«, knurrte ich Ratko an. Wegen dieser Hochzeitsgeschichte wollte ich ein ernstes Wörtchen mit ihm reden.

Die ganze Nacht über stritten und lachten wir miteinander. »Wie willst du den Leuten im Dorf klarmachen, daß ich dich nicht heiraten möchte?« wollte ich von ihm wissen. »Ein klein wenig liebst du mich bestimmt, oder?« neckte er mich statt dessen mit einer Gegenfrage. Das machte mich noch wütender. »Wie kommst du darauf, daß ich dich lieben würde? Wer hat das behauptet? Ich möchte so schleunigst wie möglich nach Hause«, stellte ich klar. Sobald ich anfing von B. zu sprechen, bremste mich Ratko ab. Alles würde sich bestimmt von selbst regeln.

Da wir in dieser Nacht sowieso kein Auge zutaten, waren wir bereits um fünf wieder auf den Beinen. Freudig rieb sich die Mutter die Hände: »Da hab' ich aber eine fleißige Schwiegertochter!« Sie konnte ja nicht ahnen, daß ich sonst gerne bis Mittag im Bett lag. Ratko und ich machten das Frühstück für uns drei. Dabei tropfte es einem von oben auf den Kopf. Wir saßen noch am Tisch, als uns gegen acht Lärm und Stimmengewirr von draußen aufschreckten. Ratko ging zur Tür, um zu sehen, was da los war.

»Wie geht's dem Bräutigam? Und wo ist die Braut?« schnappte ich einige Wortfetzen auf. Die ganze Küchenmannschaft war gekommen, um uns zu wecken. In den ländlichen Gebieten war es nämlich üblich, den ersten Tag, an dem eine Frau bei ihrem zukünftigen Mann übernachtet hat, als Ehebeginn zu feiern. Nur ich wußte nichts davon. Auch Ratko war über diesen Besuch überrascht. Seine Mutter lehnte weinend und lachend vor Glück am Eingang. Nach einem alten Brauch zerrissen die Männer ihr Kopftuch und zündeten es an.

Da es in der Wohnung zu eng war, bot Ratko unseren

Freunden einen Platz unter dem Walnußbaum im Garten an. Flugs schob er einige Tische zusammen. Völlig überrumpelt ließ ich mir von jedem gratulieren. »Danke«, hörte ich mich für die Geschenke sagen. Kaffeetassen, Gläser und eine Bettdecke stellte ich in der Küche ab. Immer wieder warfen Ratko und ich uns erstaunte Blicke zu. Wir ließen die anderen gewähren, weil wir ihnen die gute Laune nicht verderben wollten. Wie hätten wir all das auch erklären sollen? Auf diese Weise feierten wir den Beginn einer Ehe, die nie angefangen hatte. Das war so merkwürdig, daß ich darüber schon wieder grinsen mußte.

Da die Gäste unangemeldet aufgetaucht waren, hatten sie gleich Bier, Schnaps und Wein mitgebracht. Karan war bald wieder sturzbetrunken. Und ich war so aufgewühlt, daß ich nicht still sitzen bleiben konnte. Da zog mich Darko neben sich und erkundigte sich, warum ich die ganze Zeit schweigen würde. Ich zuckte mit den Schultern und versuchte zu lächeln. Die Küchenmannschaft alberte miteinander herum. Der Krieg war kein Thema mehr.

Auf einmal gesellte sich auch der Kommandant, unser neuer Nachbar, zu uns. »Leila, steh auf. Begrüße deinen Kommandanten!« machten sich die Männer über ihren ehemaligen Chef lustig. Lachend erhob ich mich und schlug die Hacken zusammen: »Seid gegrüßt.« Bald darauf fand sich auch Ratkos Verwandtschaft unter dem Walnußbaum ein. Ein Onkel von ihm spielte Akkordeon. Zwar sprachen die Verwandten wegen des unehelichen Sohns mit Ratkos Mutter kein Wort, aber zu Ratko selber pflegten sie eine gute Beziehung.

Von einem Augenblick zum anderen wuchs mir der Trubel über den Kopf. Mir war übel vom Lärm, vom Lachen, einfach von allem. Ich floh in unser Zimmer, ließ mich aufs Bett fallen und zweifelte, ob daß da draußen Wirklichkeit war. Dieser Irrsinn sollte endlich aufhören!

Ich wollte nach Hause zu meiner Mama. Während des ganzen Krieges hatte ich mich in mein Los gefügt. Ich lebte so willenlos, weil ich so leben mußte. Mein Schicksal hatte mich dazu gezwungen, nur von heute auf morgen zu denken.

War diese Hochzeit auch wieder meine Bestimmung? Immer passierten mir Dinge, über die ich nicht selbst entscheiden durfte. Aber was beklagte ich mich? Mir ging's doch gut. Die Leute waren nett. Und jetzt war ich eben hier. Hastig strich ich mir die Haare glatt und mischte mich wieder unter die Leute. Pedrag hatte mich die ganze Zeit über im Auge behalten und flüsterte mir zu: »Mit dir stimmt doch was nicht.« Ratlos blickte ich ihn an. Ich wußte nicht, was ich ihm antworten sollte.

29. 12. 1995, Freitag
Ich träumte von Leila. Schreiend und mit Schmerzen wachte ich auf. Ich sah Leila, aber sie war verrückt. Zum Glück war es nur ein Traum.

aus dem Tagebuch der Mutter

Ratko hockte am anderen Ende des Tisches. Wie üblich trank er nichts, aber er rauchte eine Zigarette nach der anderen. Zwischendurch stellte er sich hinter mich und legte seine Arme um meinen Hals. Ratko war glücklich. »Nach Hause! Ich muß nach Hause!« dröhnte eine Stimme in meinem Kopf. »Hör zu, Leila«, lenkten mich die anderen ab und trugen mir typische alte, muslimische Lieder vor. Kurz darauf sang ich sogar lauthals mit. Mittlerweile hatte ich das Gefühl, als ob ich Gast auf einer fremden Hochzeit wäre. Erst bei Sonnenaufgang ging ich schlafen. »Schaut mal, die Braut ist als erste ins Bett gegangen!« tönten die Gäste, als sie nach Hause schwankten. Ratko blieb wach, weil bereits die nächsten Gratulanten anrückten.

Die Schwangerschaft

Nacheinander stellten sich alle Dorfbewohner ein und schüttelten uns die Hände. Längst hatte sich im Ort rumgesprochen, daß ich eine Muslime war. Mir gegenüber taten die Leute so, als ob sie diese Tatsache nicht stören würde. Die Frauen durchbohrten mich allerdings so mit ihren Blicken, daß mir der Schweiß den Rücken runterlief. »Wieso bist du so dünn? Ißt du denn überhaupt nichts?« bedrängten sie mich. Ich lächelte dümmlich und bedankte mich für ihre guten Wünsche. Langsam begann ich, mich in die Rolle als Braut zu schicken.

Den ganzen Tag über wagte sich Ratko nicht, mir zu nahe zu kommen. Als es draußen dunkel wurde, gingen wir ziemlich müde ins Haus. Sobald ich auf der Matratze lag, drehte ich meinem sogenannten Ehemann den Rücken zu und rutschte weit von ihm weg. Wachte ich aber morgens auf, fand ich mich in seinen Armen wieder. Sobald ich zu Bewußtsein kam, empfand ich diese Nähe als unangenehm.

Am nächsten Tag ließen sich nur noch vereinzelt Besucher blicken. Endlich Ruhe! Ich lief hinters Haus und streichelte die Ziegen. Im Winter arbeitete man kaum auf dem Land. Ab und an putzte, wusch und kochte ich ein bißchen. Das Faulenzen aber tat meinem Körper gut. Zwischenzeitlich hatte mich Ratkos Mutter wie ihr eigenes Kind angenommen. Während wir untätig in der Küche rumsaßen, kam mir so manchmal der Gedanke an Flucht. Ebenso gab es jedoch Momente, in denen ich meine Situation klaglos akzeptierte: »Ich bin eine Braut.« Minuten später fürchtete ich, noch verrückt zu werden. Besorgt betrachtete mich Ratko, wenn ich am Küchentisch wie aus heiterem Himmel zu weinen anfing.

02. 12. 1995, Donnerstag
... Ich habe eine Botschaft geschrieben, die im »Hrvatski list«*, in den UN und anderen Institutionen veröffentlicht wird. Eine Nachricht für Leila über Radio BIH.

11. 12. 1995, Freitag
Eine Nachricht für Leila über Radio BIH.

aus dem Tagebuch der Mutter

»Was hast du, Suñana?« fragte er. Doch ich konnte ihm meine Gefühle nicht erklären. Ich mochte Ratko als Menschen sehr gerne, aber nicht als Mann. Es war eine Horrorvorstellung für mich, mit ihm schlafen zu müssen. Die ersten Nächte ließ er mich in Ruhe, aber mit der Zeit ging ihm mein abweisendes Verhalten auf die Nerven. »Warum willst du nicht?« löcherte er mich dauernd. »Warum, Leila? Warum?« Da konnte ich nicht länger schweigen. Zögerlich schilderte ich ihm das Leben im Konzentrationslager. Ich beschrieb ihm, wie Soldaten andere Frauen vor meinen Augen mißbraucht und gefoltert hatten. Fortwährend sprach ich von mir selbst in der dritten Person, ohne es überhaupt zu bemerken. Die Demütigungen waren den anderen, nicht mir widerfahren. Mir wäre es am besten von allen ergangen, hob ich hervor. Für mich barg es eine Gefahr, diese Dinge in Worte zu fassen. Irgendwie hatte ich die Befürchtung, daß sie riesengroß würden und mich erdrücken könnten.

Die Wahrheit behielt ich aber auch aus anderen Grün-

---

* Kroatische Zeitung

den für mich. Ich befürchtete, daß Ratko mich vor die
Tür setzen würde, wenn ich ihm von den Massenvergewaltigungen erzählen würde. Bestimmt würde er sich
vor mir ekeln. Vielleicht war er auch der Ansicht, daß
ich selbst an allem schuld wäre. Schließlich hätte ich
mich heftiger wehren können. Genausogut könnte es
sein, daß er mir die ganze Geschichte nicht glauben würde. An diesem Abend stellte er keine Fragen mehr. Nach
dem Gespräch hatte ich den Eindruck, daß wir uns nä-
hergekommen wären. Er war der erste Mensch, dem ich
etwas über diese schreckliche Zeit mitgeteilt hatte. Als
ich sah, daß er weinte, war ich angenehm überrascht.
Ich hatte den Eindruck, daß er mich verstehen würde.

Verständnis hin, Verständnis her. Nach einigen Nächten riß Ratkos Geduldsfaden. Er küßte und bedrängte
mich. Bei jeder seiner Berührungen drehte es mir den
Magen um. Doch ich hatte das Gefühl, daß ich keine
andere Wahl mehr hatte. Womöglich würde er mich
sonst rausschmeißen. Mit zusammengebissenen Zähnen
erfüllte ich meine Ehepflicht. Er stöhnte. Und ich versank in einem schwarzen Morast, aus dem es kein Auftauchen mehr zu geben schien. Von nun an fühlte ich
mich nachts wie eine Gefangene.

14. 12. 1995, Dienstag
… Der Kopf zerspringt, und die Schmerzen in der Brust
zerreißen mich. Ich habe keine Kraft mehr … In meinem
Kopf dreht sich alles. Mir kommt es vor, als ob ich den
Verstand verlieren würde. Ich habe die Beherrschung ver-
loren und eine ganze Packung Schmerztabletten geschluckt.
Goran fand mich im Haus. Zu dem Zeitpunkt lag ich be-
reits im Koma … Er hat mich dem Tod wieder entrissen.

30. 12. 1995, Donnerstag
Eine Nachricht für Leila über Radio BIH.

aus dem Tagebuch der Mutter

Natürlich merkte Ratko, daß mir diese Sache Abscheu einflößte. Trotzdem machte er es weiterhin mit mir. Zwar nicht so oft, aber für mich wurde es mit jedem Mal schlimmer. Er bemühte sich, auf mich einzugehen und war zärtlich. Doch ich hatte mich schon lange ausgeblendet aus der Realität. Ich spürte nichts mehr. Das hatte ich in den Baracken gelernt. Nicht mehr vorhanden sein. Geradeso wie ein kleines Kind, das sich die Augen zuhält und dabei einbildet, daß niemand es mehr sehen könnte. Erst wenn alles vorbei war, kehrte ich wieder zurück. Damit ich möglichst selten meiner Ehepflicht nachkommen mußte, versuchte ich, immer zuerst ins Bett zu kriechen und mich schlafend zu stellen.

Ebenso wie mein Körper aus dem tiefgefrorenen Zustand erwacht war, taute nun auch mein Geist auf. Unvermutet tauchten Erinnerungen auf, um genauso plötzlich wieder hinter einer schwarzen Wand zu verschwinden. Da kniete ein nacktes Mädchen händeringend auf dem Boden. War das tatsächlich geschehen? Oder war das bloß ein Traum? Nacht für Nacht durchlebte ich den gleichen Alptraum. Ein riesengroßer Adler stieß vom Himmel auf eine Menschenmenge herab. Auf einer Wiese war an einer Stelle ein wenig Erde aufgehäuft. Frauen und Kinder rannten panisch durcheinander und schlüpften in dieses schmale Loch hinein. Wie die anderen versuchte ich, mich dort hineinzuzwängen. Jedoch blieb ich mit dem Kopf im Loch stecken. Mein Körper zappelte schutzlos im Freien. Da schnappte der Adler mit seinem scharfen Schnabel nach mir. Ich schrie. Ich schrie so laut, daß ich davon aufwachte. Dieser Traum hörte erst auf, als ich meinen Sohn geboren hatte.

Tagsüber verdrängte ich diese Bilder, die wie Krebsgeschwüre in mir wucherten. Es kochte und brodelte in meinem Inneren. Doch ich versuchte, das zu ignorieren. Die ersten drei Monate ließ mich Ratko keinen Augenblick aus den Augen. Dann fand er eine Arbeit in einem Sägewerk. »Ich muß endlich meine Eltern sehen«, schimpfte ich, während ich nachmittags den Schweinestall ausmistete, »und du mußt mir dabei helfen.« Ich wußte, daß er mich um keinen Preis der Welt wieder hergeben würde. Deshalb schränkte ich meinen Wunsch ein: »Ich möchte doch nur mit ihnen sprechen. Nach Hause zurückkehren werde ich nicht.« Daraufhin erkundigte sich Ratko bei Besuchern aus Rijeka und anderen Städten nach meiner Familie.

Die Suche zog sich unsinnig in die Länge, da es zwischen uns ein Mißverständnis gab. Damals in Kladuša hatte ich Ratko gesagt, daß mein Vater Milan hieße und mein Familienname Babi sei. Ratko konnte nicht ahnen, daß diese Aussage falsch gewesen war. Fortan war ich wegen jener Notlüge dazu gezwungen, den Leuten immer den falschen Namen meiner Eltern anzugeben. Ratko guckte mir nämlich jedesmal über die Schulter, wenn ich einen Zettel mit ihrer Anschrift ausfüllte. Ich wagte nicht, diesen Fehler aufzuklären. Aber trotzdem hoffte ich darauf, daß man sie finden würde.

Natürlich wäre ich gerne auf eigene Faust losgefahren und hätte meine Familie gesucht. Allerdings besaß ich weder den nötigen Mut noch einen Personalausweis. Auf dem Papier existierte ich nicht mehr. Das ganze Land war mit Kontrollpunkten übersät, an denen schwerbewaffnete Grenzposten standen. Die Menschen benahmen sich noch genauso verrückt wie im Krieg. Ihre Wunden waren frisch. Ich saß in diesem Dorf fest.

Plötzlich verschlechterte sich im Januar mein gesundheitlicher Zustand. Pausenlos war mir schwindelig. Drei- oder viermal fiel ich sogar in Ohnmacht. Tag und Nacht mußte ich mich übergeben. »Hol sofort einen Arzt, sonst sterbe ich«, stöhnte ich. Doch Ratko lachte

nur. Er wußte sofort, was mit mir los war. Immerhin
war er acht Jahre älter als ich. »Du bist schwanger«,
jauchzte er. Auch seine Mutter war über den angekün-
digten Nachwuchs begeistert. Ich schämte mich für
meinen Zustand.

03. 01. 1996, Mittwoch

*Ich träume, daß das Telefon klingelt und ich den Hörer
abhebe. »Mama, ich bin es, Leca«*, hörte ich Leilas Stimme. Ich fragte sie, wo sie sei, und sie antwortete: »In Trav-
nik.« Dann brach die Verbindung ab ...*

aus dem Tagebuch der Mutter

In den ersten Wochen war ich überzeugt, daß ich dieses
Kind genauso wie den Rest meines Körpers hassen
müßte. Als ich jedoch zum ersten Mal seine Bewegungen im Bauch spürte, waren diese Befürchtungen wie
weggewischt. Verzaubert tastete ich nach diesem Wesen.
Endlich gab es etwas, das mir ganz alleine gehörte. Doch
um nichts auf der Welt dürfte es ein Mädchen werden!
Nur einer Frau konnte solch ein Leid auf der Erde widerfahren.

Rigoros weigerte ich mich, einen Frauenarzt aufzusuchen. Eine gynäkologische Untersuchung kam überhaupt nicht in Frage. Allein der Gedanke daran versetzte mich in Panik. Die Hände eines Mannes in meinem
Unterleib hätte ich nicht ertragen können. Außerdem
fürchtete ich, daß der Arzt unliebsame Wahrheiten her-
ausfinden könnte. Möglicherweise war das Kind wegen
meiner Vergangenheit behindert. Vielleicht hatte es auch
Aids. Wegen meiner ständigen Schmerzen im Unterleib
war ich mir sicher, daß ich eine üble Geschlechtskrank-
heit hatte. »Ich bin krank«, jammerte ich und weinte bitterlich. Belustigt tröstete mich Ratko, daß ich mir keine

---

* Kosename für Leila

Sorgen machen sollte. Er habe nie eine gesündere und hübschere Frau als mich gesehen.

02. 02. 1996, Freitag
Man hat uns mitgeteilt, daß Leila sich in Banja Luka aufhalten würde. Das Internationale Rote Kreuz hat sie gesucht. Jedoch ohne Erfolg.

08. 02. 1996, Donnerstag
Ich bin nicht abergläubisch, aber ich mußte es tun. Ich habe mich mit einem Parapsychologen unterhalten. Er beschrieb mir Leila genauso, wie sie ist. Er sagte mir, daß sie fortgeschleppt wurde und daß es ihr nicht möglich wäre, sich zu melden. Wir würden uns aber in einem halben Jahr treffen. Ich lebe in Hoffnung.

aus dem Tagebuch der Mutter

Nachdem wir wußten, daß ich schwanger war, rührte Ratko mich nachts nicht mehr an. Trotzdem sprach er mich auf meine sexuellen Probleme hin an. »Was ist mit dir los?« wollte er wissen. Doch mein Mund war wie zugeschnürt. Um mir das Sprechen zu erleichtern, wollte Ratko mir eine Antwort vorgeben. Nur mit Nicken oder Kopfschütteln sollte ich antworten. »Ein anderer Mann hat dich belästigt«, setzte er an. Da fing ich wie eine Furie zu kreischen an: »Das geht dich überhaupt nichts an!« In mir tobte nur noch das Verlangen, auf alle Menschen einzuschlagen. Zuallererst auf diesen Mann in meinem Bett. Mühsam riß ich mich zusammen.

Mit Ratko verband mich ein merkwürdiges Verhältnis. Wäre es nach ihm gegangen, hätte er mich sofort auf offiziellem Wege geheiratet. Wegen der fehlenden Dokumente war das aber nicht möglich. Darüber war ich froh. Manchmal aber sehnte ich mich auch klammheimlich danach. Sobald morgens die Tür hinter ihm zuschlug, vermißte ich ihn schrecklich. Wenn er aber wieder von der Arbeit zurückkehrte, fühlte ich nichts Besonderes mehr für ihn. Als ich einmal hörte, daß ein Riemen im Sägewerk gerissen und ein Arbeiter dabei verletzt worden war, raste ich sofort zu seiner Arbeitsstätte. »Hoffentlich lebt er noch«, pochte es in meinem Kopf. Es war typisch für mich, daß ich bei jeder Kleinigkeit stets das Schlimmste vermutete.

Ratko und ich stritten nur selten. Doch wenn es passierte, flogen die Fetzen. Mir fiel es zunehmend schwerer, meine Gefühle zu beherrschen. Einmal trug ich einen Eimer zum Stall, weil ich das Vieh füttern wollte. In diesem Moment kam Ratko von der Arbeit. »Warum trägst du den Eimer, obwohl ich es dir verboten habe«, schimpfte er mich. Vor Zorn flippte ich aus: »Dich geht das überhaupt nichts an, was ich tue. Deine ständige Bevormundung halte ich nicht mehr aus!« Ich war derart außer mir, daß ich mit dem Eimer in der Hand ausrutschte und stürzte. Danach krampfte sich mein Bauch so arg zusammen, daß ich nicht mehr aufstehen konnte. Da sagte Ratko in einem belehrenden Ton: »Ich hab' dir doch gesagt, daß du aufpassen sollst. Jetzt siehst du, was passiert ist!« Ich brüllte ihn an: »Laß mich endlich in Ruhe! Ich hasse alle Tschetniks.«

Trotz meiner hysterischen Ausfälle bewahrte Ratko stets die Ruhe. Nur einmal verlor er die Fassung. Er hatte mich gebeten, daß wir uns ins Zimmer setzen und miteinander reden sollten. Behutsam versuchte er mir zu erklären, daß ich mich manchmal sehr seltsam benehmen würde. Ob ich Schmerzen hätte oder ob es mir nicht gutginge? Da drehte ich durch: »Willst du vielleicht behaupten, daß ich verrückt bin?« Ruhig entgegnete Ratko, daß mir ein Arzt oder ein Psychiater vielleicht helfen könnten. Wenn ich einverstanden wäre, würde er mir behilflich sein, einen zu finden. Wie von einer Tarantel gestochen, tobte ich los: »Du willst, daß ich verrückt werde? Nur weiter so, du schaffst das schon!« Ich weiß nicht mehr, was ich ihm alles noch so an den Kopf warf. Da das nicht ausreichte, nahm ich in meiner Wut einen Stuhl und wollte ihn gegen Ratko schleudern. In diesem Augenblick knallte er mir eine. Erschrocken hielt ich inne. »Entschuldige«, murmelte er betroffen. Mir war klar, daß ich zu weit gegangen war. Mit mir stimmte tatsächlich etwas nicht. Trotzdem benahm ich mich danach noch einige Tage ziemlich zickig und strafte Ratko mit meinem Schweigen.

21. 03. 1996, Donnerstag
Das Internationale Rote Kreuz sucht über Radio im ganzen ehemaligen Jugoslawien nach Personen, die im Krieg verschwunden sind. Sie versuchen auch Leila zu finden.
aus dem Tagebuch der Mutter

Als ich mich wieder gefangen hatte, stürzten wir uns in hektische Vorbereitungen für das Baby. Gemeinsam malerten wir unsere Kammer und besorgten ein Kinderbett. Wie ein Schneekönig freute sich Ratko auf die Ankunft seines Kindes. Von seinem Lohn konnte er endlich das Dach notdürftig flicken. Da wir uns keine Babysachen leisten konnten, nähte ich selber welche. Den ganzen Tag saß ich bei einer Verwandten von Ratko an der Nähmaschine. Bald türmten sich Bettzeug, Kleidchen, Teddys und Puppen in unserem Zimmer.

Wie seinen Augapfel hütete mich der werdende Vater. Er erlaubte mir nicht mal, alleine über die Straße zu gehen. Sobald Ratko am frühen Nachmittag von der Arbeit kam, heftete er sich wie ein Schatten an meine Fersen. Wahrscheinlich wünschte sich jede normale Frau einen Mann, der sie mit so viel Aufmerksamkeit überschüttete. Doch mir ging das auf die Nerven. Wenn ich ein Glas Wasser trinken wollte, stürzte Ratko sofort zum Wasserhahn. Mürrisch wies ich ihn zurecht: »Laß mich wenigstens ein paar Schritte selber machen!«

Die ersten Monate verließ ich unser Häuschen kaum, weil ich mich so elend fühlte. Ich konnte nicht mehr normal sitzen oder essen. In meiner aggressiven Verfassung war ich mal wieder auf meinem Bett eingenickt, als Ratko mit den Worten ins Zimmer platzte: »Komm, wir besuchen unsere Nachbarn.« Ich hatte aber keine Lust darauf, Leute zu sehen. »Du willst gar nichts mehr unternehmen. Wenn du so weitermachst, wirst du noch sterben«, warf Ratko mir vor. Wütend ergriff ich die Vase neben mir und pfefferte sie nach ihm. In hundert Scherben zerschlug sie an der Wand.

04. 04. 1996, Donnerstag

... ein Mann hat sich aufgrund der Sendung »Wir suchen Vermißte« gemeldet. Er meinte, daß Leila sich in Kuplenski aufhalten würde.

10. 04. 1996, Mittwoch

Ich kann so tatenlos nicht mehr warten. Mein Herz wird noch zerspringen. Ich bekomme immer wieder neue Informationen. Wir überprüften die letzte Neuigkeit. Leila würde sich in einem Camp in Österreich befinden. Eine Mitarbeiterin vom Roten Kreuz hat alle Camps durchsucht, aber Leila nicht gefunden. Ich muß etwas anderes unternehmen.

12.04.1996, Freitag

Ich habe eine Tasche gepackt. Morgen früh reise ich nach Bihać und Velika Kladuša, um Leila zu suchen. Ich muß sie finden.

13. 04. 1996, Samstag

Um 05.00 Uhr bin ich nach Sarajevo aufgebrochen. In einem Bus aus Zagreb reiste ich nach Bihać, wo ich gegen 15.00 Uhr ankam. Mein Bruder und meine Schwester holten mich ab. In K. wurde der Schmerz um so heftiger, weil

meine Mutter nicht wie früher im Hof auf mich wartete.
Ich muß Leila finden.

14./15./16. 04. 1996, Sonntag/Montag/Dienstag
Drei Tage habe ich von morgens bis abends in Velika Kla-
duša verbracht. Ich war bei der Polizei und beim Roten
Kreuz. Ich habe viele Menschen getroffen, die mir teils un-
terschiedliche und teils übereinstimmende Informationen
übermittelt haben.

19. 04. 1996, Freitag
Ich bin noch einmal in Velika Kladuša. Ich treffe wieder
neue Menschen, höre wieder neue Informationen, und
wieder erreiche ich nichts. Eigentlich müßte ich nach Hau-
se zurückkehren ... Doch ich bin nur noch von der Angst
um meine Tochter erfüllt. Müde von allem, beginne ich
durch den Ort zu irren. Gebeugt durch die Trauer gehe ich
auf wildfremde Menschen zu und zeige ihnen das Bild von
Leila. Ich frage sie, ob sie dieses Mädchen kennen oder je-
mals gesehen hätten. Wie ein herumstreunender Hund zie-
he ich mit der ewig gleichen Frage und mit dem Bild mei-
ner Tochter von Haustür zu Haustür. Alles ohne Erfolg.
Im Roten Kreuz überprüfte man jede einzelne Informa-
tion. Wir fanden einige Leilas. Jedoch keine von ihnen war
meine Leila.

aus dem Tagebuch der Mutter

Weiterhin nahm Ratko an, daß mir der Kontakt zu anderen Menschen guttun würde. In diesem Glauben zerrte er mich fortan regelmäßig zu seinen Bekannten. Lieber wäre ich alleine am Fluß spazierengegangen. Ohne
Begleitung wagte ich mich allerdings nur bis hinters
Haus. Mir saß immer die Angst im Nacken, daß mir jemand auflauern könnte. Vielleicht tauchten meine Vergewaltiger eines Tages unvermutet auf. Irgendwo hier in
meiner Nähe lebten sie. Am liebsten verzog ich mich in

mein Zimmer. Zumindest tagsüber konnte mir dort niemand zu nahe kommen.

Die Menschen im Ort blieben mir größtenteils fremd. Viele zerrissen sich ständig ihr Maul über andere. Leider führte mich Ratko den Dorfbewohnern sehr gerne vor. Für ihn war ich etwas Besonderes. »Leila ist der größte Schatz der Welt«, war er überzeugt. Seine Freunde machten sich deswegen schon lustig über ihn. Jeder hatte eine Frau, aber keiner war so stolz auf sie wie Ratko auf mich.

Glücklicherweise lebten im Dorf auch einige sehr nette Leute. Freilich mochte ich mit ihnen auch nicht über meine Gefühle sprechen. Bei unseren Nachbarn Mira und Mirso ließ ich mich gerne blicken. Sie waren echte Bauern. Mirso guckte auch mal bei uns vorbei und verlangte über den Gartenzaun nach mir: »Tochter, komm! Wir wollen Heu für die Tiere sammeln!« Mira beruhigte mich, weil mir vor der Geburt schrecklich graute. Am meisten von allen hatte ich jedoch Oma Staja ins Herz geschlossen.

Sobald ich meine Hausarbeit erledigt hatte, lief ich die Straße hinunter zu ihr. Manchmal begleitete mich dabei auch Ratkos Mutter. Allerdings kränkelte sie in dieser Zeit schon. Bei Oma Staja fühlte ich mich wie zu Hause. Die hagere Frau war vielleicht fünfundsechzig und ziemlich wohlhabend. Jeden Tag trug sie ein Kopftuch und dunkle Röcke. Liebevoll hatte die Alte ihre blitzblank geputzten Zimmer mit kleinen Kissen, Deckchen und Blumen eingerichtet. Ich wünschte mir, daß es bei mir auch mal so aussehen würde.

Mit ihr konnte ich darüber sprechen, wie sehr ich meine Mutter vermißte. Sie vertraute mir viel über ihre Töchter und ihr Sorgenkind Radovan an, der schon zum vierten Mal verheiratet war. Was die Entbindung betraf, beruhigte mich Oma Staja am meisten. Ein Kind hätte sie alleine auf einem Pferdekarren, ein anderes im Stall zur Welt gebracht. Vielleicht war die ganze Sache wirklich nicht so schlimm, wie ich sie mir ausmalte.

Als ich bereits im achten Monat war, überzeugte mich Ratko, endlich einen Arzttermin zu vereinbaren: »Du willst doch nicht, daß das Kind eine Totgeburt wird?« Wir hatten uns schon auf den Weg nach Kostanica gemacht, da fing ich zu heulen an. »Ich kann das nicht. Bitte, ich will wieder zurück«, bettelte ich Ratko an. Er ließ sich nicht erweichen. Wir handelten aber miteinander aus, daß der Arzt lediglich eine Ultraschalluntersuchung bei mir vornehmen dürfte. Das konnte ich aushalten. Ängstlich lag ich auf der Trage, als der Doktor auf den Bildschirm zeigte: »Sieht aus wie ein Junge. Alle Körperteile sind vollständig entwickelt.« Vor Glück hätte ich ihn küssen können.

Eine ganzer Steinbruch rollte von meinem Herzen. Die ganze Zeit über war ich voller Sorge, daß das Kleine verstümmelt wäre, weil ich doch nur so einen kleinen Bauch vor mir hertrug. Auf der Heimfahrt dachten wir gutgelaunt über einen Namen nach. Etwas Neutrales sollte es sein. Auf keinen Fall dürfte das Kind wegen seines Namens von anderen ausgestoßen werden. Wir entschieden uns für Zoran. Diesen Namen gab es bei den Serben, den Kroaten und den Moslems. Er bedeutete soviel wie »Morgendämmerung«.

Nach wie vor hatte ich große Angst vor der Entbindung. Ich wußte nicht, wie das ablaufen würde. Der Rat meiner Mutter fehlte mir so sehr. Natürlich sprach ich mit anderen Frauen im Dorf darüber. Doch die gaben nur die schrecklichsten Szenarien von sich: »Der Körper brennt, alles zerreißt, die Adern platzen …« Eine behauptete sogar: »Die Augen werden dir vor Schmerz aus dem Kopf quellen.«

Wenn ich nach solchen Treffen nach Hause kam, weinte ich nur noch. Ratko ärgerte sich über diese Frauen: »Ich hab' dir immer gesagt, daß du mit denen

164

darüber nicht sprechen sollst. Das sind dumme Gänse, die keine Ahnung haben.« Schließlich besorgte er mir in Kostanica ein Nachschlagewerk über die Geburt. Die meisten Frauen in diesem Buch hatten aber in der Badewanne entbunden. Was sollte ich jetzt tun? Wir hatten doch gar keine Badewanne. Gegen Ende der Schwangerschaft fing ich vor lauter Nervosität wieder mit dem Rauchen an.

Noch immer suchten wir nach meinen Eltern unter dem falschen Namen. Dann kündigte überraschend Oma Stajas Tochter Dara aus Zagreb ihren Besuch an. Möglicherweise könnte sie uns weiterhelfen. Ich fragte diese Dara, ob sie von Zagreb aus Kontakt zu meinen Eltern aufnehmen könnte. Sofort zückte sie einen Stift, um den Namen meines Vaters aufzuschreiben. Heiser diktierte ich, daß meine Mutter Fatima und mein Vater Goran hießen. Mit großen Augen blickte Ratko mich an.

15.07.1996

Es ist bereits nach Mitternacht. Alle schlafen. Stille. Schon seit Tagen habe ich nicht mehr geschrieben. Ich dachte, daß es so leichter wäre für mich. Ich habe mich geirrt. Mein Schmerz und meine Trauer sind noch stärker geworden ... Ich bemühe mich, die anderen nicht mit meinem Leid zu quälen. Aber ich selber kann mich nicht einen Moment davon lösen. Was soll ich tun? Wohin soll ich mich noch wenden? Eine Träne schimmert in meinem Auge, um dann die Wange hinunterzulaufen. Eine bittere und schmerzliche Träne. Mensch! Du, der du meine Leila fortgeschleppt hast. Du, der du sie in Gefangenschaft hältst oder ihr vielleicht das Leben geschenkt hast ... Hast du Mensch eine Mutter? Hat sie jemals eine heiße Träne um dich geweint? Mensch, du sollst wissen, daß die Träne von Leilas Mutter so sehr schmerzt wie der Tod selbst. Erlaube ihr, sich bei ihrer Mutter zu melden.

17. 05. 1996, Freitag

*Ich habe über Radio K. in der Sendung »Wir suchen Ver-
mißte« eine Botschaft für Leila verschickt. »Fatima Babić
aus B. sucht ihre Tochter Leila, die sich in Velika Kladuša
aufgehalten hat. Zuletzt hat man sie mit ihrer Freundin
Zerina gesehen. Liebe Leila, falls du die schweren Tage
überlebt hast und mich hörst, melde dich, deine Mama.«*

aus dem Tagebuch der Mutter

Kaum schlug die Tür hinter uns zu, nahm er mich ins
Gebet: »Wieso Goran und nicht Milan?« Ich sagte ihm,
daß Goran mein Stiefvater wäre. »Aber dein Vater heißt
doch Milan«, bemerkte er. »Nein, Zaruf.« »Wieso auf
einmal Zaruf?« Ratko stutzte. Ich erklärte ihm, daß ich
aus Angst vor seiner Reaktion nicht gewagt hätte, das
Mißverständnis aufzuklären. Ratko war überrascht, wie
ich auf so eine verrückte Idee kommen konnte. »Wir
hätten deine Eltern schon lange finden können«, behauptete er.

Erstes Gespräch mit der Mutter

18. 06. 1996

18.50 Uhr. Goran, Rejkana* und ich sitzen zusammen. Das Telefon läutet. Goran hebt den Hörer ab, und ich höre, wie Leilas Name fällt. »Sie ist hier. Hier ist Leilas Mutter«, sagt Goran und gibt mir das Telefon. Die Frau am Apparat stellt sich als Dara aus Zagreb vor. Seit einem Monat versuchte sie vergebens, uns zu erreichen. Kürzlich hätte sie ihre Mutter in B. besucht und dort meine Tochter kennengelernt. Leila wäre gesund und würde in Kürze ein Kind bekommen. Ich müßte mich nicht sorgen. Sie gab mir eine Telefonnummer, über die ich mit Leila in Kontakt treten könnte. Ich war verwirrt und fragte sie, in wessen Händen dieser Ort wäre. Sie lachte und erklärte, daß Kostanica in der Serbischen Republik läge ...

19. 06. 1996

Von hier aus kann man die Serbische Republik telefonisch nicht erreichen. Es geht nur von F. aus, und das wird momentan von den Kroaten besetzt gehalten. Unsere Telefonnummer gaben wir Zeljko weiter, dem Mann von Gorans Schwester. Er besitzt ein Satellitentelefon. Falls eine Verbindung zustande käme, würde er uns zu sich in sein Dorf holen. In mir brennt der Wunsch, daß das so schnell wie möglich geschehe. Ich lebe in völliger Ungewißheit. Bisher sind einundvierzig Falschmeldungen eingegangen.

aus dem Tagebuch der Mutter

---

* Schwester von Leilas Vater

»Leila! Leila!« rief ein Nachbarsjunge von der Straße ins Haus. Oma Staja hatte ihn geschickt, weil sie selber nicht mehr so gut laufen konnte. »Ja?« entgegnete ich. »Komm schnell ans Telefon, zu Oma Staja!« »Für wen ist das?« erkundigte ich mich ungläubig. »Für dich!« »Wer ist denn dran?« »Weiß ich nicht, aber Oma Staja hat gesagt, daß du sofort kommen sollst!« Verwundert sagte ich zu Ratko: »Jemand ruft mich ans Telefon.« Gelassen gab er zurück: »Gehen wir eben zusammen hin.«

Der Junge wartete auf der Straße auf uns und meinte: »Es ist nicht irgend jemand, es ist deine Mama!« Ich brachte nur »Mama ...!« hervor und konnte mich auf einmal weder vorwärts noch rückwärts bewegen. Wie vor den Kopf geschlagen, verharrte ich reglos. Ratko drängte: »Na los, nicht daß die Verbindung unterbrochen wird.« Und wir rannten, so gut ich das in meinem hochschwangeren Zustand vermochte, die Straße hinunter.

Kaum waren wir bei Oma Staja ins Haus gestürzt, teilte sie uns aufgeregt mit, daß das Gespräch unterbrochen worden wäre. Man würde gleich wieder anrufen. O Gott! Ich hatte immer die Hoffnung, daß ich meine Mutter eines Tages finden würde. Doch nie im Leben hatte ich damit gerechnet, daß sie mich anrufen würde. Ich saß wie auf Kohlen. »Vielleicht ist das nur irgend jemand anders ...«, wisperte ich. Da fragte Ratko Oma Staja und den Jungen drohend: »Seid ihr wirklich sicher, daß ihre Mutter angerufen hat? Macht bloß keine Scherze mit so was!« In mir herrschte das totale Chaos. Mein Bauch hüpfte auf und ab. Ratko machte sich große Sorgen, daß ich das Baby in Oma Stajas Küche zur Welt bringen würde.

Plötzlich schrillte das Telefon. Vor Schreck hielt ich die Luft an. Ratko hob den Hörer ab und reichte ihn an mich weiter. Zunächst redete ein Mann am Telefon:

»Hier ist Zeljko, Leila! Erinnerst du dich nicht an mich?« Ich hatte keine Ahnung wer »Zeljko« sein sollte. »Na, Zeljko.« »Entschuldigung, ich weiß nicht«, stotterte ich. »Ich hole deine Mutter«, sagte er. Es war der Ehemann von Gorans Schwester. Ich hatte total vergessen, daß er existierte. Da knackte es. Wieder war die Verbindung unterbrochen.

Stundenlang starrten wir wie hypnotisiert das Gerät an. Mach schon! Laß was hören! Plötzlich riß uns das Klingeln hoch. Meine Kehle war trocken. Als Mama sich meldete, hatte ich meine Stimme verloren. Ich stand da, hielt den Hörer in der Hand und weinte. Einen Moment glaubte ich, daß ich mit meiner Mama redete. Den nächsten wieder nicht. Ich stand unter Schock. Total verloren. Meine Mutter fragte ständig etwas, aber ich konnte kein Wort rausbringen. Mühsam preßte ich hervor: »Ich bin schwanger.« Mama drängte: »In welchem Monat denn, erzähl doch! Warum schweigst du?«

Beunruhigt schob Ratko mir einen Stuhl hin, aber ich reagierte nicht. Wie eine kaputte Schallplatte leierte ich die ganze Zeit: »Wo sind denn mein Bruder und meine Schwester?« Ihre Namen hatte ich nicht erwähnt. Deshalb nahm Mutter kurzzeitig an, daß ich wieder nur ein beliebiges Mädchen wäre, das sie täuschen wollte.

»Wir finden einen Weg, um uns zu sehen. Mach dir nicht zu viele Sorgen«, verabschiedete sie sich. Erst als der Hörer wieder auf der Gabel lag, setzte ich mich hin. Da merkte ich, daß alle um mich herum weinten. Eine Stunde hatte unser Gespräch gedauert, und wir hatten uns nichts gesagt. Es war furchtbar!

03.07.1996
Ich war auf der Arbeit, als Goran mich anrief. Zeljko hätte mit Leila geredet und für uns einen Gesprächstermin mit ihr vereinbart. Im Auto erzählte Zeljko, daß sie sich nicht mehr an ihn erinnern könnte. Ich war außer mir und

*wünschte mir, daß es sich nicht schon wieder nur um eine
Falschmeldung handelte. In F. sind wir um 17.30 Uhr angekommen. Gegen 02.00 Uhr bekamen wir eine Verbindung. Da ich wußte, daß Leila neben dem Telefon säße
und wartete, fing ich an zu zittern.*

*Ich weinte, aber als ich Leila weinen hörte, begann sich
etwas in mir zu bewegen. Ich schluckte und weiß nicht
mehr, wie ich mich fühlte. Dann kam ich wieder zu mir
und konzentrierte mich. Erst dann sagte ich: »Hallo,
Leca.« Aus dem Hörer kam eine Stimme, die mein Blut
zum Gefrieren brachte. Sie schrie: »Mama«, und dann fing
sie zu schluchzen an und dann nur noch »Mama, Mama,
Mama.«*

*Ich nahm all meine Kraft zusammen und fragte sie, wie-
viel sie schon gewachsen wäre, welche Schuhgröße sie hätte
und wann der Termin für die Geburt wäre. Leila erwähnte keine Namen, nicht einmal den ihres Bruders und ihrer
Schwester. Ich hatte Angst. Doch dann vertraute ich immer mehr dieser liebenswerten Stimme. Die Stimme, auf
die ich fünf Jahre lang gewartet hatte ... Wir gingen wieder nach Hause, und ich hörte nur noch diese verzweifelten Schreie: »Mama, Mama!« Meine Kehle schnürte sich
zu, und ich fragte Goran immer wieder, ob das nur ein
Traum gewesen wäre.*

aus dem Tagebuch der Mutter

Das war nur ein Traum! Alles nur ein Traum. Doch mit
einemmal kam mir zu Bewußtsein: »Hey, ich kann nach
Hause zu meinen Eltern!« Ich war völlig durcheinander. Zu Hause drückte ich mein Gesicht erschöpft ins
Kissen und weinte bitterlich. Von da an verstand ich
mich nicht mehr mit Ratko. Es nervte mich, wenn er
mir sein Mitleid bekundete. Ständig war ich sauer auf
ihn und vertrug seine Nähe nicht mehr. Sobald er mich
alleine ließ, atmete ich erleichtert auf.

Zehn Tage später holte mich der Nachbarsjunge wieder ans Telefon. Zwei oder drei Stunden sprach ich mit meiner Mutter. Sie sagte, daß wir uns bald wiedersehen würden. An mehr erinnere ich mich nicht.

24. 07. 1996, Mittwoch
Ich habe mit Dara telefoniert. Sie sagte mir, daß Ratko und Leila zwar zu essen, aber kein Geld hätten.

25. 07. 1996, Donnerstag
Von meiner Nachbarin habe ich mir 200 DM geliehen. Ich schrieb Leila einen Brief und gab ihn einer Bekannten, damit sie ihn Dara in Zagreb übergibt. Ich habe auch zwei Bilder mitgeschickt.

aus dem Tagebuch der Mutter

Zorans Geburt

»Das Kind stirbt!« erschreckte Ratko mich etwa zwei Wochen später. Der errechnete Geburtstermin war nämlich schon seit fünf Tagen überfällig. Nie hätte ich mich freiwillig ins Krankenhaus begeben. Doch Ratko jagte mir einen furchtbaren Schrecken ein. Als wir in der Klinik ankamen, beschwichtigten die Schwestern uns: »Das hat noch Zeit bis morgen.« Tatsächlich brachte ich mein Kind am Tag darauf zur Welt. Es war der 29. August 1996.

Zuerst durchstießen sie mir die Fruchtblase, dann sollte ich auf dem Gang auf und ab laufen. Dauernd erkundigte sich eine Krankenschwester: »Tut's weh? Ruh dich ruhig aus.« Denn ich rannte nun schon seit zwei Stunden den Gang auf und ab und hatte keine Lust mehr dazu. Erleichtert legte ich mich hin und schlief ein. Nach einer Weile kam die Hebamme wieder und schlug entgeistert die Hände über dem Kopf zusammen: »Das gibt's doch nicht! Wie kann man in so einem Zustand schlafen!« Sie schlossen mich an einen Tropf an, um meine Wehen zu verstärken. Zu meinem Entsetzen erwähnte die Schwester beiläufig, daß sie nun einen Arzt holen müßte.

Plötzlich merkte ich, daß sich etwas in mir zusammenzog. Besorgt rannte Ratko los: »Ich frage mal nach, ob das normal ist, daß du nicht jammerst und schreist.« Die Pflegerin bemerkte, wie ich mich auf der Trage wand, und forschte nach: »Hast du Schmerzen?«

»Nein«, erwiderte ich. »Es kann sich aber nichts zusammenzuziehen, bevor du keine Wehen spürst«, stellte sie nüchtern fest. Da fing ich zu weinen an. Sie warf einen prüfenden Blick zwischen meine Beine und staunte: »Es geht tatsächlich schon los.« Eilig schob sie Ratko raus.

Als der Arzt in den Kreißsaal trat, kniff ich die Augen zusammen. Dunkelheit! Ich spürte nichts mehr. War nicht mehr vorhanden. Er meinte, daß er einen Dammschnitt vornehmen müßte. Instrumente klapperten. Plötzlich rief er: »Es ist da!« Dann nähte er die Wunde wieder zu. Das schmerzte. Als mir die Schwester das Baby kurz zeigte, war sein Gesichtchen blau, und am Bäuchlein baumelte eine weiße pulsierende Schnur. Jämmerlich fing ich zu schluchzen an, weil ich annahm, daß sein Darm herausgeplatzt war. Ich hatte ja immer gewußt, daß so eine wie ich kein normales Kind zur Welt bringen konnte! Mit gebrochener Stimme fragte ich, was dem Kleinen fehlte. »Alles ist dran! Es ist ein Junge«, beruhigte mich die Schwester. Vor Erleichterung lachte ich laut auf. Das Baby war gesund und ein Junge!

Am liebsten hätte ich das hilflose Bündel sofort in meine Arme geschlossen. Doch Zoran war so klein, daß man ihn erst mal in einen Brutkasten legen mußte. Vor Kälte klapperte ich mit den Zähnen. Als mich die Pflegerin auf der Trage in den Gang rollte, sprang Ratko sofort zu mir. Ganz außer sich wischte er seine Tränen mit dem Ärmel aus dem Gesicht und preßte mir seinen Mund ans Ohr: »Ich dachte, du wärst gestorben, weil ich nichts gehört habe.« Zwei Stunden lang redete Ratko auf mich ein, weil ich nicht einschlafen durfte. Zwischendurch rannte er hektisch weg, um das Baby zu sehen. Dann kam er wieder zu mir zurück.

»Ich muß zur Toilette«, murmelte ich. »Warte, ich rufe gleich Hilfe«, sagte Ratko. »Unsinn, die Schwester brauch' ich nicht, mir tut ja nichts weh«, flüsterte ich, damit sie nichts mitbekam. »Ja, kannst du denn laufen?« fragte er ungläubig. Ich setzte mich auf, wollte die Beine auf den Boden stellen und sackte zusammen. Augenblicklich kam die Schwester angeprescht und beschwerte sich, warum ich sie nicht gerufen hätte. Mir war gar nicht bewußt gewesen, daß mein Unterleib aus einer einzigen Wunde bestand. Abends träumte ich vom Sterben. Weit, weit weg führte mich dieser Traum. Rote, gelbe, blaue, alle möglichen Farben leuchteten vor mir. Und ich fiel und fiel und fiel. Jemand faßte an meine Stirn und stellte fest, daß ich hohes Fieber hatte. Nervöse Betriebsamkeit entwickelte sich um mich herum. Am nächsten Tag hatte ich mich wieder erholt.

Fünf Tage lang mußte ich im Krankenhaus bleiben. Sobald die Babys anfingen, vor Hunger zu schreien, heulte ich vor Sehnsucht in meinem Bett. Dreimal am Tag war es für zehn Minuten erlaubt, die Kinder im Arm zu halten. Ansonsten durfte man sie bloß durch eine Glasscheibe angucken. Wenn die Schwestern die Neugeborenen in die Zimmer brachten, trugen sie in der Regel drei auf jedem Arm. Wenn dort vier lagen, wußte ich, daß Zoran dabei war. Das winzige Würmchen quetschten sie einfach jedesmal dazu.

In meinem Kopf drehte sich alles nur noch um meinen Kleinen. Sogar Mama hatte ich vergessen. Mein Herz floß über vor Liebe. Vielleicht fühlte ich mich zum ersten Mal ein bißchen glücklich nach all den Jahren. Voller Entzücken wickelte ich den kleinen Schatz aus. Ich wollte mit seinen Beinchen spielen. »Das geht auf keinen Fall! Was bilden Sie sich ein?« herrschte mich eine Pflegerin an. Da glaubte ich, daß sie mich nur so schlecht behandelte, weil ich eine Muslime war. Es stellte sich aber heraus, daß keine Frau ihr Baby ausziehen durfte.

»Hoch lebe die Mutter«, sangen am zweiten Tag meh-

174

rere vertraute Stimmen auf dem Flur. Nacheinander drängten Opa Lubjan, Mišan, Darko und all die anderen von der Küchenmannschaft in mein Krankenzimmer. Karan war wieder voll wie eine Haubitze und torkelte mit einem Strauß Blumen herein. Es war so eng im Zimmer, daß sich keiner mehr bewegen konnte. Der Arzt verdrehte die Augen und meinte: »Die sind ja verrückt.« Karans Frau besuchte mich jeden Tag und brachte mir Leckereien. Eine Zeitlang erschien sie sogar morgens, abends und mittags. Oft kam es vor, daß ich mich gerade zum Bett geschleppt hatte, um mich endlich mal auszuruhen, als es schon wieder hieß: »Besuch!« In meiner eigenen Heimat hätte ich vermutlich nicht so viel Aufmerksamkeit erfahren.

Treffen mit der Mutter

Zu Hause betteten wir Zoran in die Wiege, die uns die Küchenmannschaft zu meinem letzten Geburtstag geschenkt hatte. Eifersüchtig beobachtete meine Schwiegermutter uns dabei. Bis zu Zorans Geburt war sie eine hilfsbereite Person gewesen, aber mit einem Schlag versagte sie mir jegliche Unterstützung. Manchmal sprach die Alte ohne ersichtlichen Grund tagelang kein Wort mit uns. Zu allem Überfluß hatte Ratkos Firma auch noch Pleite gemacht. Wir besaßen keinen Zucker, kein Öl und kein Mehl mehr. Außer ein paar Hühnereiern hatten wir nichts auf unseren Tellern.

Zwar standen zwei Ziegen im Stall, aber keiner von uns brachte es übers Herz, unsere Haustiere zu schlachten. Außerdem benötigte ich ihre Milch, um Zoran weiter stillen zu können. Gott sei Dank fand Ratko nach einigen Wochen wieder eine Anstellung in der Holzverarbeitung. Trotzdem war die Stimmung im Haus ziemlich gereizt. Keiner konnte den anderen ertragen. Ich verabscheute Ratko und seine Mutter. Das einzige, was ich liebte, war mein Baby. Trotz der vergifteten Atmosphäre versuchte ich, es Zoran so schön wie möglich zu machen.

Manchmal bügelte ich die Babysachen viermal am Tag, weil es in unserer Wohnung so feucht war. Ich wusch seine Hemdchen und legte sie in den Schrank. Dabei stellte ich fest, daß die Sachen schon wieder muffelten. So verbrachte ich die meiste Zeit des Tages am Waschzuber. Morgens und abends badete ich den Kleinen in einer Plastikwanne. Entrüstet schlug meine Schwiegermutter die Hände über dem Kopf zusammen: »Du bringst das Kind um, wenn du es so oft wäschst.« Bei ihnen im Dorf war es üblich, daß man den Kindern nicht allzuviel Aufmerksamkeit schenkte. Niemand achtete darauf, wie schmutzig sie waren. In unserem Haus zog man nicht mal die Stallschuhe aus.

Wenn ich Zoran an mich drückte und auf sein Näschen küßte, protestierte meine Schwiegermutter: »Hör auf! Das ist nicht gut.« »Warum?« wollte ich wissen. »Sonst wird er später ein Lügner«, wußte die Alte. Küßte ich Zoran auf den Hals, zeterte sie: »Das ist nicht gut.« »Warum?« »Sonst wird er später mal stottern.« Streichelte ich aber seine Hände, hieß es, daß er ein schlechter Arbeiter werde. Von allen Seiten überschüttete man mich mit abergläubischen Sprüchen. Ich wußte nichts über Babys. Deshalb befolgte ich die Ratschläge der Frauen sogar manchmal. Großmutter Staja legte mir beispielsweise nahe, daß ich den Nabel von Zoran ein Jahr lang sorgsam umwickeln müßte. Aus diesem Grund kam ich mittlerweile aus dem Waschen nicht mehr heraus. Nabelbinden, Hemdchen und Windeln türmten sich zu meinen Füßen.

Am schlimmsten von allen setzte mir jedoch meine Schwiegermutter zu. Der Arzt hatte mir empfohlen, Zoran wegen seiner Blähungen auf den Bauch zu legen. Tatsächlich schlummerte er auf einmal ruhig wie ein kleines Murmeltier. Als meine Schwiegermutter Zoran in dieser Lage entdeckte, moserte sie wieder: »Willst du das Kind ersticken? So eine schlechte Mutter habe ich noch nie gesehn!« Wutschnaubend befahl ich ihr: »Geh sofort aus dem Zimmer.« »Wie kannst du mich aus meinem eigenen Haus jagen?« keifte sie zurück. »Marsch, raus!« schrie ich. Als Ratko nachmittags von der Abeit zurückkehrte, hatte ich mich noch immer nicht beruhigt.

An einem der folgenden Tage schleppte ich mal wieder den schweren Wäschetopf ins Haus. Da fing die Alte wie gewöhnlich an zu schimpfen. Plötzlich sah ich rot. Zornentbrannt schleuderte ich den Topf auf den Boden. Das Wasser lief durchs ganze Haus. An mehr erinnere ich mich nicht mehr. Ich weiß nur, daß ich Zoran den ganzen Tag auf dem Arm herumgetragen habe. Abends bereitete ich für Ratko und seine Mutter nichts zum Essen vor. Vermutlich hatte ich einen Nervenzusammenbruch.

Von da an klammerte ich mich noch heftiger an meinen Kleinen. Zoran war ein liebes Baby, aber ich keine normale Mutter. Ich ließ ihn nicht mehr in seiner Wiege, sondern nur noch in meinen Armen schlafen. Einmal fiel ich dabei nachts vom Stuhl und hätte ihn beinahe erdrückt. Da leuchtete mir ein, daß ich ihn wenigstens abends loslassen mußte. Ich rückte einen Sessel neben seine Wiege, legte meine Hand auf Zorans Körper und nickte in dieser Haltung ein.

»Komm doch zu mir ins Bett«, drängte Ratko unaufhörlich. Doch ich wollte seinen Körper nicht an meinem spüren. Außer meinem Kind wollte ich niemanden um mich haben. An Ratko verschwendete ich keinen Gedanken mehr. Er war ein sehr lieber Vater. Doch in meinem verwirrten Zustand war ich sogar eifersüchtig auf ihn. Es machte mich wütend, wenn er den Kleinen längere Zeit in seinen Armen hin und her wiegte.

Heimlich zählte ich jede Stunde, bis ich meine Mutter endlich treffen könnte. Unser Häuschen verließ ich nur noch, wenn es unbedingt sein mußte. Wenn jemand aus der Feldküche oder dem Dorf zu Besuch kam, hätte ich ihn am liebsten sofort wieder hinausgeworfen. Mich ärgerte das rücksichtslose Verhalten der Gäste. Keiner achtete darauf, ob Zoran gerade schlief. Bedenkenlos qualmten und lärmten sie. Der Kleine schreckte ständig hoch. Das machte mich wahnsinnig. Mein Kind bedeutete alles für mich.

Mama meldete sich bei Oma Staja so oft wie möglich. Wegen ihres Enkelkindes war sie ganz aufgeregt.
Wie groß und wie schwer er wäre? Welche Augen- und
Haarfarbe er hätte? »Küsse Oma, küsse Opa, küsse
Mama«, turtelte sie, als ich Zoran den Hörer ans Ohr
hielt. Leider konnte ich meine Eltern von uns aus ohne
ein Mobiltelefon nicht erreichen. Die Gespräche mit
meiner Mutter waren die einzigen Höhepunkte in diesen Wochen. Wir könnten uns in einer Schutzzone bei
Banja Luka treffen, schlug Mama vor. Dafür sollte Ratko sich Geld leihen. Sie würde es ihm später zurückzah-
len. Ungefähr zwei Tage, bevor wir uns trafen, rief Mutter noch mal an: »Ich kann es kaum erwarten, daß wir
uns sehen.« Ich schluckte.

07. 10. 1996
*Ich habe vom Schutzkorridor bei Banja Luka gehört und
Dara informiert, wie Leila dort hinkommen könnte. Leila sagte mir, daß Ratko damit einverstanden wäre. Allerdings hätten sie kein Geld. Ich rief meinen Bruder in Zagreb an. Seine Frau gab Dara 150 DM. Dara, Goran und
ich werden im Korridor warten, egal, was passieren mag.
Wir haben uns für den 08. 10. 1996 dort verabredet.*
                                    aus dem Tagebuch der Mutter

»Geh nicht, mein Sohn. Die Moslems werden dich umbringen«, krakeelte meine Schwiegermutter, als sie von
unserer geplanten Reise erfuhr. Mich beschimpfte sie als
»Balinkuscha«. Doch das prallte an mir ab. Meine Gedanken waren bei meiner Mutter. Seit Tagen konnte ich
vor Aufregung nicht mehr schlafen. Es war, als hätten
mich Ameisen angefallen. »Ich will Zoran mitnehmen«,
machte ich Ratko deutlich. Das käme nicht in Frage.
»Die Fahrt ist zu lang, und Zoran ist zu klein«, entschied
er. Wegen dieser fadenscheinigen Argumente rastete ich
aus. Die Fahrzeit zum Korridor betrug nicht mehr als

eine Stunde. Und für mich war es unvorstellbar, daß ich mich auch nur für eine Minute von meinem Baby trennen sollte.

In Wirklichkeit hatte Ratko Bedenken, daß ich mit dem Kleinen und meinen Eltern auf Nimmerwiedersehen nach Hause fahren würde. Das hatte ich aber gar nicht geplant. »Wenn Zoran nicht mitfahren darf, bleibe ich auch«, beschloß ich letztendlich. »Was, du willst deine Mutter nicht sehen?« staunte Ratko. Höhnisch stichelte ich: »Wo soll ich den Kleinen denn lassen? Soll ihn etwa deine Mama hüten?« Da Ratko stur auf seiner Meinung beharrte, einigten wir uns schließlich darauf, daß Mira auf Zoran aufpassen würde.

Für die Fahrt hatten wir uns fast 300 Mark vom Kommandanten geborgt. Er gab uns auch sein Auto. Ratko wollte nicht selber fahren. Vielleicht war er zu angespannt. Wahrscheinlich aber wollte er nur genügend Verstärkung dabei haben. Deshalb machten wir uns zu viert auf den Weg. Ein Fahrer, ein Nachbar, Ratko und ich.

08. 10. 1996

Um 07.00 sind wir losgefahren. Während der ganzen Fahrt schwieg ich. Mir war kalt. Goran und der Fahrer haben sich unterhalten. Obwohl ich Kettenraucherin bin, konnte ich nicht rauchen. Ich hatte das Gefühl, daß wir niemals dort ankommen würden. Es schien mir wie eine Ewigkeit. Ich habe keine Ahnung, welchen Weg wir genommen haben. Nicht einen einzigen Gedanken konnte ich zu Ende denken. Alles war so verwirrend.

aus dem Tagebuch der Mutter

Irgendwo bei Banja Luka befand sich der etwa zwanzig Kilometer lange Korridor. Man nannte diese Gegend auch ›Little Arizona‹, weil sie unter Kontrolle der Amerikaner stand. Scheinbar handelte es sich hier um einen beliebten Platz für Schmuggler. Unser Auto blieb in einer langen Autoschlange stecken. Hunderte von Leuten drängten sich an uns vorbei. »Da hinten sind die Moslems. Sie bringen uns um«, jammerte unser Fahrer. Er weigerte sich, noch einen Meter weiter zu fahren. »Ach, was! Los, wir gehen zu Fuß die Straße runter«, forderte Ratko mich auf.

08. 10. 1996

... Wir stiegen aus dem Auto und schoben uns durch die Menge. Ich hatte es nur noch eilig.

aus dem Tagebuch der Mutter

Verzweifelt suchte ich in der Menschenmenge ein vertrautes Gesicht. Vor Anstrengung schmerzten meine Augen. Auf einmal erkannte ich Goran. Eine Gänsehaut zog über meinen Körper. Im gleichen Augenblick entdeckte mein Stiefvater auch mich. Wie in Zeitlupe sah ich uns aufeinander zulaufen. Heulend fielen wir uns in die Arme. »Wo ist Mama?« stieß ich außer Atem hervor. Nur einen halben Meter hinter ihm stand sie. Ich hatte sie nicht erkannt. Nie wäre ich darauf gekommen, daß diese Frau meine Mutter sein könnte. Sie war abgemagert, sah krank aus und trug blond gefärbtes Haar. Früher hatte sie langes, schwarzes Haar wie ich gehabt. Wie an einer Unbekannten wäre ich an ihr vorbeigelaufen. Ihr ging es mit mir nicht anders.

08. 10. 1996

... da sah ich eine junge Frau, die auf uns zusteuerte, aber ich achtete nicht auf sie. Ich war nur noch gehetzt, weil ich irgendwo ankommen wollte. In diesem Moment sagte Goran: »Da ist unsere Leca.« Sie war die junge Frau, die ich nicht beachtet hatte. Wie vom Schlag getroffen, blieb ich stehen. Ich schwankte. Goran hielt mich fest. Leila kam auf mich zu. Wir umarmten uns.

aus dem Tagebuch der Mutter

Mit aufgerissenen Augen starrte sie mich an. Im nächsten Moment fielen wir uns in die Arme. Ich hatte das Gefühl, ohnmächtig zu werden. Dann weinten, weinten und weinten wir. Ruckartig schob Mama mich ein wenig weg. »Bist du's wirklich?« flüsterte sie. Ihre Hand tastete meinen Hals nach einer alten Operationsnarbe ab. Als Mama die Unebenheit fühlte, lachte sie erleichtert auf. »Komm, wir wollen uns irgendwo hinsetzen«, schnappte ich noch auf. Dann nahm sie mich an der Hand und zog mich durch die Menge. Ich spürte nur ihre Umklammerung, sonst nichts. Ratko hatte ich total vergessen.

08.10.1996
... mein Mädchen war ein Bündel aus Haut und Knochen! Ich schaute Leila in die Augen, streichelte ihr Haar und suchte nach ihrer Narbe. Wir weinten nicht, die Tränen flossen wie von selbst. Ihre Augen starrten mich an, und es schien mir, als ob sie voller Angst wären ... Ich packte Leila an der Hand und zog sie beiseite. Plötzlich hielt ich inne und fragte sie, mit wem sie gekommen wäre. Sie sagte: »Mit diesem Mann«, und zeigte auf ihn, ohne seinen Namen zu nennen ...

aus dem Tagebuch der Mutter

Mitten im Niemandsland hatten Soldaten ein Café zusammengezimmert. Es glich einem düsteren Bretterverschlag. Oben hing eine Decke aus Nylonstoff. Auch andere Gäste hatten hier Platz genommen. Dicker Zigarettenqualm hing in der Luft. Wir setzten uns, und Mama streichelte unablässig mein Haar. Als sie ein wenig zur Besinnung gekommen war, erkundigte sie sich: »Ist das Ratko?« Ich nickte. Voller Dankbarkeit begrüßte sie ihn als meinen Lebensretter.

08. 10. 1996
Wir setzten uns und redeten. Es gab so vieles, worüber wir

hätten reden können ... Ich riß mich zusammen und be-
nahm mich so normal wie möglich ...

aus dem Tagebuch der Mutter

Ratko quasselte irgendwas darüber, daß uns die Liebe zusammengeführt hätte. Doch Mama wandte sich ungeduldig sofort wieder mir zu. Aus ihrer Handtasche zog sie Fotos von meinen Geschwistern. Wir redeten über alles mögliche, teilten uns aber nichts Wichtiges mit. Zwischendurch hörten wir wieder auf, weil wir vor Tränen kein Wort mehr herausbrachten. Um mich herum rückten Stühle. Aufbruchstimmung herrschte. Doch ich nahm nichts davon wahr. Ich hing nur an den Augen meiner Mutter. Goran unterbrach uns: »Wir müssen gehen.« Panikgefühle stiegen in mir hoch: »Das geht noch nicht!« Es war ja gerade mal eine Viertelstunde vergangen. In Wahrheit aber hielten wir uns bereits seit vier Stunden an den Händen. Wegen der schlechten Straßenverhältnisse mußten wir noch vor Anbruch der Dunkelheit zurück.

Mama und Goran begleiteten uns ein Stück. Ein letztes Mal umarmten wir uns unter Tränen. »Bald sehen wir uns wieder«, tröstete Mama mich. Zum Abschied drückte sie unserem verängstigten Fahrer zwei riesige Taschen in die Hand. Die Türen fielen zu. Sofort drehte ich mich um und winkte. So lange wie möglich wollte ich Mama mit meinen Blicken festhalten. Doch im Handumdrehen hatte die Menge sie verschluckt. Vor Traurigkeit wollte ich aus dem Auto springen. Nur der Gedanke an mein Baby hielt mich davon zurück.

08. 10. 1996

Als wir uns voneinander verabschiedeten, weinte Leila sehr. Es fiel ihr schwer, sich von uns zu trennen. Sie ging auf die serbische und wir auf die andere Seite. Ich konnte nicht weinen. Ich war leer. Ich besaß weder Seele noch

Herz noch Gedärme. Wir setzten uns ins Auto und fuhren
zurück. Mir war nicht mehr kalt ... Nur die Bilder, die
mir Leila mitgebracht hatte, waren Beweis dafür, daß ich
tatsächlich bei ihr gewesen war. Ich schwieg lange, und ich
weiß nicht mehr, woran ich dabei gedacht habe.

aus dem Tagebuch der Mutter

Die ganze Fahrt über schüttelte mich ein Heulkrampf.
Zu Hause angekommen, weinte ich weiter. Ich hatte
völlig die Fassung verloren. Kein Wort kam mehr über
meine Lippen. Ich bin ein Mensch, der hundert Jahre
lang schweigen könnte. Mir würde das nichts ausmachen. Vergebens versuchte Ratko, mich zu beruhigen.
Aber ich wollte nur noch weg von ihm. Endlich nach
Hause! Innerlich redete ich mir zu: »Bleib ruhig, Leila.
Du mußt eine Möglichkeit finden, wie du zusammen
mit Zoran von hier verschwinden kannst.« Mit Ratko
sprach ich über mein Vorhaben lieber nicht. Ich betrachtete ihn als meinen Gefängnisaufseher. Es dauerte noch
acht Monate, bis er mich ziehen ließ.

Die Zeit verging wie im Schneckentempo. Dank Mamas Geschenken waren wir nicht mehr so bedürftig.
Hemdchen für Zoran, Handtücher, Kosmetika, einfach
alles hatte sie für uns zusammengepackt. Ich war glücklich über diese Kostbarkeiten. Trotzdem konnte ich seit
diesem Treffen nicht mehr aufhören zu weinen. Immer
tiefer versank ich in meinem Kummer. Wäre Zoran
nicht gewesen, ich hätte mich umgebracht.

Weihnachten rückte heran. Zur Feier des Tages standen ein Mittagessen und ein frischgebackener Kuchen
auf dem Tisch. Nach serbischer Tradition verstreute
man etwas Stroh im Haus. Wer als erster die Küche betrat, mußte auf dieser Unterlage Platz nehmen. Dort
sollte er still verweilen wie eine Henne auf ihren Eiern.
Je länger man »brütete«, desto größeres Glück schenkte man dem Haus. Ich mochte diese Bräuche wie alle

anderen auch. Als allerdings ein schwarz gewandeter
Priester mit Vollbart in unser Haus kam, erschrak ich
mich zu Tode. Was wollte dieser Mann von uns?

Besorgt beobachtete ich, wie er einen rauchenden
Weihrauchkessel umherschwenkte. Dieser Kerl würde
noch unser Haus anzünden. Ehrfürchtig verharrte Ratko mit seiner Mutter am Tisch. Unablässig bekreuzig-
ten sich beide. Ich wußte nicht, wie man das richtig
macht. Da mich der Pfarrer aber mit strengen Blicken
durchbohrte, versuchte ich es auch. Zufrieden brummte
er und wollte Zoran etwas zum Essen geben. Ich nahm
ihm eine weiße Scheibe aus der Hand und vertröstete
ihn: »Zoran bekommt das später.« Meiner Meinung nach
war er noch zu klein für solche Teigwaren. Später erfuhr
ich, daß es sich um eine Hostie gehandelt hatte.

Das Verhältnis zu meiner Schwiegermutter spitzte
sich von Tag zu Tag zu. »Ich hänge mich auf«, drohte sie
mir und suchte auf dem Dachboden nach einem Strick.
Entschlossen stürmte sie mit ihrer Ausrüstung in den
Garten und steuerte den Walnußbaum an. Zoran plärrte
im Haus. Ratko war auf der Arbeit. Und ich beschwor
meine Schwiegermutter händeringend: »Tu das nicht!
Was ist denn los mit dir?« »Ihr haßt mich«, meinte sie
schmollend. »Aber niemand haßt dich. Komm ins
Haus.« Lange redete ich auf die Alte ein, bis sie es sich
wieder auf der Küchenbank gemütlich machte.

Fortan nahm meine Schwiegermutter jeden Morgen
ihren Strick. In ihrer Wut fiel ihr nichts Besseres ein.
Bisher hatte ich sie mit beruhigenden Worten stets wieder von ihrem Hocker heruntergeholt. Dieses Spiel dauerte nun aber schon vier Monate. Mir reichte es. Als ich
eines Morgens zum Wasserholen gehen wollte, quengelte sie wieder unter dem Baum: »Diesmal bringe ich mich
wirklich um.« Auf dem einen Arm hatte ich Zoran, am
anderen zwei Kanister. »Bitte, beeil dich aber«, stachelte ich sie auf. Beleidigt sah sie mich an. Als ich mit vol-

len Kanistern zurückkehrte, hockte sie wimmernd auf der Türschwelle. »Was, du hast dich immer noch nicht aufgehängt?« fragte ich sie gelangweilt. Kaum kam ihr Sohn von der Arbeit, stürzte die Alte auf ihn zu: »Deine Frau will mich töten. Sie verlangt von mir, daß ich mich aufhänge.«

»Wie kannst du meine Mutter dazu anspornen, sich umzubringen?« fuhr Ratko mich aufgebracht an. Bisher war ich mir zu blöd vorgekommen, ihn über das kindische Verhalten seiner Mutter aufzuklären. Wenn er zu Hause war, verweigerte sie mit Leidensmiene jeden Bissen. Ratko sorgte sich deswegen schrecklich um sie. Sobald er aber zur Arbeit ging, stopfte die Alte alles Eßbare in sich hinein. »Sie hängt sich schon vier Monate lang auf«, gab ich Ratko Bescheid. »Es steht mir bis hier«, schnauzte ich und hielt meine Hand an den Hals. Er beschwerte sich: »Das mußt du ihr aber nicht unbedingt ins Gesicht sagen.« »Aber es steht mir noch drüber«, maulte ich zurück. Plötzlich mußte Ratko über die ganze Situation lachen. In der Küche konfrontierte er seine Mutter mit meiner Aussage. »Diese Balinkuscha lügt. Sie will mich töten«, erhob sie Einspruch. »Wenn ich dich umbringen wollte, hätte ich schon lange das Maschinengewehr genommen«, entgegnete ich ihr und zeigte auf die Knarre, die am Küchenschrank lehnte. Genausogut hätte ich die Bombe zünden können, die auf unserem Schlafzimmerregal lag. Ratko hatte die Waffen aufgehoben, weil er dem Frieden im Land nicht traute.

Die Stimmung im Haus verbesserte sich erst, als der Alten eine neue Drohung einfiel. »Ab sofort soll deine liebe Frau dir den Garten bestellen. Dann werdet ihr bald vor Hunger sterben«, begehrte sie gegenüber Ratko auf. Keinen Finger wollte sie mehr für uns krümmen. Die Arbeit im Garten machte mir jedoch sehr viel Spaß. Ratko zeigte mir, wie man Beete anlegte und welche

Pflanzen unter welchen Bedingungen am besten gedie-
hen. Dadurch kamen wir uns ein bißchen näher. Nur
nachts wurde diese Nähe wieder zerstört. Ratko schlief
weiterhin mit mir. Und die ganze Zeit über quälten mich
Alpträume dabei. Ich hielt das nicht mehr aus.

Inzwischen hatte ich mit meiner Mutter einige Male
telefoniert. Im letzten Gespräch verabredeten wir, daß
ich so schnell wie möglich nach B. kommen sollte. Mutter hatte nämlich über eine Flüchtlingsfrau erfahren, wie
man problemlos und kostenfrei aus der Serbischen Republik ausreisen konnte. Jetzt mußte ich nur noch Ratko überzeugen. »Wie geht's euch?« erkundigte sie sich
zuletzt. »Gut«, antwortete ich.

Besuch in B.

Ständig versuchte Ratko mich zu vertrösten: »Warte noch ein paar Monate. Dann reisen wir zusammen nach B.« Bezüglich Zoran verbot er sich jede weitere Diskussion: »Die Lage im Land ist zu unsicher für ein acht Monate altes Kind.« Erbittert klagte ich ihn an: »Warum läßt du mich nicht gehen? Sag wenigstens die Wahrheit.« Eine Weile schwieg er, bis er schließlich seufzend einräumte: »Ich hab' Angst, dich zu verlieren.« Da bekniete ich ihn: »Laß mich nach Hause gehen.« Ich hatte fast sechs Jahre lang gewartet. Und jetzt konnte ich es keine Sekunde länger aushalten.

Seit dem Treffen mit meiner Mutter brach ich ständig wegen nichtiger Anlässe in Tränen aus. Doch erst Monate danach kapierte Ratko, daß er mich nicht länger festhalten konnte. Er wußte, daß ich auch ohne seine Erlaubnis bald weggelaufen wäre. »Du kannst gehen, wenn du in vierzehn Tagen wieder zurückkommst«, legte er als Bedingung fest. Es war im Juni 1997, als er mich und Zoran mit dem Auto in Banja Luka an einer Bushaltestelle absetzte. Nur Frauen und Kinder besaßen die Stirn, zu dieser Zeit durchs Land zu reisen. Die Männer fürchteten Racheakte. Als ich mit dem Kleinen im Arm in den Bus einsteigen wollte, hielt mich Ratko an der Schulter zurück: »Ich hab' es doch verdient, daß du zu mir zurückkehrst? Niemals war ich ein Unmensch.« Er weinte. Das überzeugte mich. »Sieh mir in die Augen, Leila. Versprich es mir«, begehrte er. Ich versprach es ihm.

Der Bus stand unter internationalem Schutz. Deshalb durfte uns niemand anhalten. Die Fahrzeit kam mir so lang wie hundert Jahre vor. Dabei dauerte es nur einige Stunden bis nach Bosnien.

Bei der Ausfahrt aus der Serbischen Republik sammelten sich viele schwerbewaffnete Soldaten auf der Straße. Ich erschrak. Denn bei Kriegsende waren Gesetze meist nur auf dem Papier etwas wert. Der Bus holperte durch das vom Krieg entstellte Land. Vorbei an ausgebrannten Häusern mit schwarzverkohlten Dachgerippen. Türen öffneten sich ins Leere. Umgestürzte Kirchtürme lagen neben abgeknickten Minaretten. Doch all dem schenkte ich keine Aufmerksamkeit. Zoran brüllte die ganze Zeit über wie am Spieß. Ich konnte es kaum erwarten, endlich anzukommen.

In Sarajevo warteten Mama und ihr Schwager Branko auf mich. Als ich ausstieg, nahm Mama sofort den Kleinen in Empfang. »Endlich ist unsere Leila wieder da! Jetzt müssen wir nicht mehr um dich weinen«, seufzte Branko und putzte sich die Nase. Hastig umarmten wir uns alle. Ich wollte nach Hause! Der Dicke klemmte sich hinters Steuer und kurvte durch enge Schluchten in meine Heimatstadt hinein. Auf der Rückbank plapperte Mama mit Zoran. Fortwährend drehte ich mich um, um zu prüfen, ob es dem Kind auch gutginge. Vor Aufregung mußte ich mich während der ganzen Fahrt übergeben.

Draußen erkannte ich nichts Vertrautes wieder. Die Züge in den Bergwerken standen auf toten Gleisen. Pflanzen wucherten darüber. Das erste Haus in B. war ausgebrannt. Am Berghang entdeckte ich frisch aufgeschüttete Gräber. Als wir vor unserem Wohnblock hielten, wußte ich nicht, daß wir bereits angekommen waren. Für mich hatte sich alles verändert. Dabei sah unser Haus genauso aus wie früher.

Meine Schwester Gorana wartete im Treppenhaus auf mich. »Bist du wirklich das gleiche Mädchen?« staunte ich. Als ich B. verlassen hatte, war die Kleine gerade zwei Jahre alt gewesen. Jetzt lächelte mich ein hübsches blondes Mädchen an. Sie begleitete mich die Treppe hinauf und umschlang dabei immer wieder meine Beine. Wie eine Schlafwandlerin ging ich durch den Flur. Nur die Hängeschränke in der Küche und der Wandschrank im Flur waren aus meiner Kindheit erhalten geblieben. Erst an diesen Möbelstücken erkannte ich mein Zuhause wieder.

Automatisch steuerte ich das Zimmer meines Bruders an. Auf dem Boden lagen Matratzen und Schlafsäcke. Er nächtigte hier mit Goran. An den Wänden entdeckte ich die farbigen Abdrücke meiner Kinderhände. Vorsichtig strich ich darüber. In dieser Wohnung hatte nichts mehr mit mir zu tun, aber meine kleinen Handabdrücke waren noch vorhanden. Ich wischte mir die Tränen aus dem Gesicht und suchte in der Küche nach Emir. Wie sehr hatte ich ihn vermißt!

In der Küche fiel mir eine geschminkte Frau um den Hals, die mich schluchzend abküßte. Wer war das? Erst Tage später erinnerte ich mich an sie. Es war Semida, eine alte Bekannte. Als die anderen Nachbarn von meiner Ankunft erfahren hatten, drängten sie alle neugierig in unsere kleine Küche. Für mich waren diese Menschen Fremde. »Wie geht's dir?« wollten alle wissen. Mehr wagten sie sich nicht zu fragen.

Mama hatte den erschöpften Zoran inzwischen in unser Zimmer zum Schlafen hingelegt. Gerade wollte ich mich aus dem Gedränge befreien und die Toilette aufsuchen, als mein Bruder im Flur auftauchte. Wie angewurzelt blieben wir voreinander stehen. Aus einem kleinen Jungen war ein Erwachsener geworden. »Wo warst du denn, Schwester?« fragte er. Seine Stimme war tiefer als früher. Emir hatte eigentlich nie geweint, aber jetzt liefen ihm die Tränen übers Gesicht. Ganz lange hielten wir uns fest. Dann gingen wir in sein Zimmer und sperrten die Tür hinter uns ab.

Mehrmals klopfte Mutter an, aber ich rief immer: »Gib uns noch ein bißchen Zeit.« Wir rauchten und redeten. Ich weiß nicht mehr worüber. Dann erkundigte sich Emir nach dem kleinen Zoran. In der Aufregung hatte ich mein Kind vollkommen vergessen. Auf Zehenspitzen schlichen wir ins Nebenzimmer. »Er sieht mir ähnlich«, stellte Emir fest. Dabei grinste er stolz.

Da in der Küche alle Gäste auf mich warteten, mußte ich mich wohl oder übel dazugesellen. Ich redete mit vielen Menschen, aber ich sagte nicht viel. Über den Krieg wollte keiner mehr etwas hören. Sobald ich davon anfing, lenkte man schnell zu anderen Themen über. Manche nickten mir stumm mit der Miene des Verstehens zu und bildeten sich darauf auch noch was ein. Ich freute mich über all die Besucher, aber ich ertrug ihre Nähe nicht. Immer wieder flüchtete ich mit meinem Bruder in sein Zimmer. So kam es, daß meine Gäste den ganzen Abend auf der Suche nach mir waren.

Am liebsten wäre mir gewesen, wenn sich alle außer Emir und mir in Luft aufgelöst hätten. Mama unterbrach unsere Innigkeit: »Möchtest du dich nicht endlich umziehen? Du bist von der Fahrt noch ganz verschwitzt.« Als ich mich aus meinen Kleidern schälte, schluchzte Mama: »Wie siehst du denn aus?!« Ich trug ein Unterhemd, darüber ein T-Shirt, darüber noch ein T-Shirt und so weiter. Mir war gar nicht bewußt, daß ich völlig abgemagert und wie eine bunte Zwiebel angezogen war. Mama besorgte mir neue Kleidung, aber mir war alles viele Nummern zu groß. In der Not probierte ich drei Röcke von Gorana an. Die Sachen der Achtjährigen paßten wie angegossen. Damals wog ich bei einer Größe von 1,80 Meter gerade mal zweiundvierzig Kilo.

Bis elf feierten die Besucher bei uns. Als endlich alle

weg waren, setzten sich Goran, Mama, Emir, Gorana und ich zusammen in die Küche. Nach einer Weile stubste Emir mich an und meinte, daß er mir etwas in seinem Zimmer zeigen müßte. Hinter seinen Büchern zog er eine kleine Schachtel hervor. Darin hatte er alles aufgehoben, was ihn an mich erinnerte. Altes Bonbonpapier, meine Kugelschreiber, bunte Streichholzschachteln und allerlei Krimskrams. Diese Schachtel hatte er während des ganzen Krieges stets mit sich herumgetragen

In jener Nacht blieben meine Mutter und ich als letzte auf. Mama erzählte hauptsächlich von der verzweifelten Suche nach mir. Von mir wußte sie nur, daß man mich in einem Konzentrationslager gefangengehalten hatte. Als sie genauer nachfragte, wie es in den Hallen denn gewesen wäre, wich ich aus. Wir hätten hart gearbeitet. Barfuß im Schnee Kartoffeln geschält und im Krankenhaus den Boden geschrubbt. Mutter bedrängte mich nicht weiter. Sie wollte, daß ich von alleine zu erzählen begänne. Doch ich fügte auch später nicht mehr viel hinzu. Denn ich konnte mir vorstellen, wie sich eine Mutter fühlte, wenn dem eigenen Kind solche schrecklichen Dinge zugestoßen waren. Das hätte ihr das Herz gebrochen.

Der Abschied rückte näher. Immer schwerer wurden die Tage, immer trauriger die Augen meiner Mutter. Ununterbrochen forderte sie mich auf: »Iß mehr, mein Kind! Iß!« Nächtelang lehnten wir uns aneinander und plauderten. Sie wollte wissen, wie meine Beziehung zu Ratko wäre. »Alles in bester Ordnung«, erwiderte ich ihr. Ich konnte ihr einfach nicht sagen, wie schlimm es für mich dort war. Meine Mutter hätte sonst geweint und mit allen Mitteln versucht, mich bei sich zu behalten. Ich wollte mit ihr deswegen nicht streiten.

Tagsüber wagte ich mich nicht auf die Straße. Mir war immer schwindelig. Außerdem hatte ich das Gefühl, als ob alle Menschen mit dem Finger auf mich zeigen würden. Ich fühlte mich als Außenseiterin. Die anderen Frauen waren gepflegt, sie trugen schöne Frisuren und modische Kleider. Im Gegensatz zu ihnen sah ich schrecklich aus. In diese Welt, in dieses Leben war ich nicht mehr eingeweiht. Ich war nicht mehr gesellschaftsfähig.

März 1997
... Erst jetzt bemerke ich, wie Leila wirklich aussieht. Völlig verloren. Ich wünschte, daß sie bei uns bliebe. Aber ohne Erfolg. Leila lebt in Angst. Sie traut sich nicht einmal, vors Haus zu gehen. Ständig klagt sie über Kopfschmerzen. Sie erzählt nur Gutes über die Menschen, mit denen sie zusammenlebt. Ich weiß, daß etwas nicht in Ordnung ist. Aber ich will ihr nicht weh tun. Ich muß ihre Entscheidung respektieren und darüber nachdenken, wie ich ihr helfen kann.

aus dem Tagebuch der Mutter

Einmal setzte ich mich, trotz meiner Furcht vor den Menschen, vor der Haustür auf eine kleine Bank. Die Hühner pickten am Boden, und ein Bauer trieb seine Kühe vorbei. Nach einer Weile gesellte sich ein gleichaltriges Mädchen namens Belma zu mir. Wir waren zusammen aufgewachsen. Mitleidig musterte sie mich: »Du siehst vielleicht schrecklich aus! Deine Haare sind in einem furchtbaren Zustand.« Mir fehlte der Mut, mich zu wehren. Dabei waren meine Haare mit den gespaltenen Spitzen immer noch besser als ihre paar Flusen. Vor dem Krieg war diese Belma immer ein paar Schritte hinter mir zurückgewesen. Sie war schlechter in der Schule, kleiner und schlampiger. Jetzt führte sie sich mir gegenüber wie eine Staatspräsidentin auf. Wie ein Nichts fühlte ich mich neben ihr.

Jeden Tag klingelte mehrmals Besuch an unserer Tür. Einmal stöckelte unsere Bekannte Semida herein und munterte Mama und mich auf: »Laßt uns doch mal abends ausgehen.« Energisch schüttelte ich den Kopf. »Ach bitte«, lag mir Mama in den Ohren. Ihr zuliebe gab ich nach. Beide Frauen machten mich für den Abend zurecht. Mir war es egal, wie ich aussah. Ich hatte keine Lust, mich zu schminken. Im Treppenhaus bemerkte Mama meine schmutzigen Schuhe. Ich hatte sie nicht geputzt, weil sie draußen im Matsch sowieso wieder dreckig geworden wären.

Im Halbdunkel gingen wir in ein Café. Männer und Frauen stierten mich an. Ich fühlte mich, als ob auf meiner Stirn die Aufschrift »Vergewaltigt« prangte. Gleich würde sich der Boden unter meinen Füßen öffnen. Die Musik dröhnte in meinen Ohren. Ich merkte, wie erst mein Nacken dann mein Rücken langsam feucht wurden. Mühsam preßte ich, zu Semida gewandt, hervor: »Wenn wir nicht in zwei Minuten wieder rausgehen, ist mit mir alles vorbei.«

Doch diese Frau war so uneinsichtig. Sie behandelte mich wie eine verzogene Göre. »Dann gehn wir eben in ein andres Café«, entschied sie nach einigem Hin und Her. Mama brachte mich aber lieber nach Hause. Kaum hatte ich mir die Decke über den Kopf gezogen, fiel ich in einen traumlosen Schlaf. Neben mir schlummerten Zoran, Mama und Gorana auf einer Matratze.

Wieder läutete es. Auf einmal nervten mich all diese Menschen. Ich hatte das Gefühl, daß sie ihre Anteilnahme nur heuchelten. Es machte mich auch wütend, daß meine alten Freunde nicht mehr hier lebten. Um mich herum tauchten hundert neue Gesichter auf. Die meisten waren Flüchtlinge vom Land, deren Neugierde mich in den Wahnsinn trieb. Diese Menschen hatten ihre eigenen Geschichten. Sie paßten nicht zu mir.

Am liebsten verbrachte ich meine Zeit mit Mama. Mein Haß auf Männer erstreckte sich für Momente sogar auf meinen Stiefvater Goran. Es bedrückte mich sehr, daß ich wieder zu Ratko zurückkehren sollte. Dieser Kerl sollte mich endlich in Ruhe lassen! Im nächsten Moment schämte ich mich wegen solcher Gedanken, denn schließlich liebte Ratko seinen Sohn und mich über alles. An den Abschied von meiner Familie kann ich mich nicht mehr erinnern. Ich weiß nicht einmal mehr, wie ich zum Bus gekommen bin. Vergebens hatte ich gehofft, daß wir keine Fahrkarten bekommen würden. »Bleib hier«, bestürmte mich Mama. Doch ich hatte versprochen zurückzukehren.

März 1996

Leila ging zurück. Und ich blieb, um weiter zu leiden. Erst im Mai kam von B. aus eine Telefonverbindung in die Serbische Republik zustande. Ich rief häufig an, und wir redeten lange. Sie bat mich jedesmal, zuerst den Hörer aufzulegen, denn sie brachte das nicht übers Herz. Niemals hat sie sich über irgend etwas beschwert ... Bei jedem neuen Telefonat fragte sie mich, ob ich an Zorans Geburtstag käme, denn danach wollte sie mit mir nach Hause kommen. Ratko würde es ihr bestimmt erlauben.

aus dem Tagebuch der Mutter

Zorans erster Geburtstag

Ratko hüpfte vor Freude, als er uns in Banja Luka an der Bushaltestelle abholte. Für den Augenblick spürte ich auch etwas Ähnliches wie Wiedersehensfreude. Im Dorf angekommen, bereiteten wir alles für den Winter vor. Wir machten Heu für die Tiere und sammelten Brennholz. Doch irgend etwas war mit mir passiert. Die meiste Zeit über fühlte ich mich schlecht gelaunt. Wie ein gefangenes Tier biß ich um mich.

Am liebsten hockte ich im Stall und unterhielt mich mit den Ziegen. »Lale« hatte ich beim Gebären von »Gri ko« geholfen. Die andere Ziege war mir nicht so sympathisch. Sie taufte ich heimlich »Milena«. So hieß meine Schwiegermutter. Ohne es zu wollen, begann ich Zoran zu vernachlässigen. Abends schlief ich wie eine Tote und bemerkte nicht, wenn sich der Kleine die Seele aus dem Leibe brüllte. Dafür rappelte sich sein Vater hoch und fütterte ihn. Morgens teilte mir Ratko mit, daß er ihm dreimal in der Nacht die Flasche gegeben hätte. »Wem?« fragte ich. Verwundert gab Ratko zurück: »Na, Zoran.« Mittags schlummerte ich beim Essen am Tisch ein. Ich kippte einfach nach hinten um. Ich konnte mich von dieser lähmenden Müdigkeit nicht befreien. In mir war alles leer. Ich fühlte mich gräßlich.

Mein Zustand verschlimmerte sich zusehends. Ich konnte meine Gedanken nicht mehr zusammenhalten. Manchmal zündete eine belanglose Bemerkung oder ein harmloses Bild wie eine Leuchtrakete in meinem

Kopf und tauchte eine Szenerie aus der Vergangenheit ins Licht. Ein Hund an der Leine. Was hatte das mit mir zu tun? Wenn ich Ratko überhaupt wahrnahm, dann verhielt ich mich ihm gegenüber ekelhaft. Wir saßen draußen im Garten auf der Bank. Er legte den Arm um mich. »Bah«, entfuhr es mir, und angewidert schob ich ihn weg. Ich konnte nicht mal mehr ertragen, wenn er mich nur mit der Fingerspitze berührte. Mehrere Male am Tag beschimpfte ich ihn, wie unglaublich ich ihn hassen würde.

Ein anderer Mann hätte mich längst zum Teufel gejagt. Statt mit mir zu streiten, versuchte Ratko mich zu besänftigen. Er war gut zu mir. Doch er konnte mich nicht verstehen. Dazu wußte er zuwenig über mich. Er war der Ansicht, daß ich es bereute, zu ihm zurückgekehrt zu sein. »Du liebst mich nicht«, stellte er traurig fest. Das war seiner Meinung nach der Grund, warum ich mich wie eine Furie aufführte. Er kapierte nicht, daß ich krank war.

Aufgrund meines Zustandes verfiel der ganze Haushalt. »Ich habe Hunger«, meckerte Ratko, wenn er von der Arbeit heimkehrte. Mir war das egal. Ich ließ alles liegen. Nicht mit Absicht. Ich vergaß einfach, die Wäsche zu waschen, den Herd abzuschalten oder Zoran zu wickeln. Morgens, wenn ich aufwachte, erinnerte ich mich an nichts mehr. Nicht mal an mich selber. Verlottert schlurfte ich durchs Haus.

Manchmal beschloß ich: »Du gehst jetzt raus, holst tief Luft und machst einen Spaziergang.« Schon im nächsten Moment verlor ich jedoch den Willen dazu. Täglich tat mir entweder das Bein, der Kopf, der Magen oder sonst was weh. Hätte einmal nichts geschmerzt, wäre ich sehr verwundert gewesen. Trotz dieser Beschwerden mußte ich mich um Zoran kümmern. Für meinen Sohn hätte ich mich normalerweise umgebracht. Mit einem Male erwischte ich mich bei dem Gedanken, wie ich meinem Liebsten ein Kissen auf seinen schreienden Mund drückte.

Oft telefonierte ich in den folgenden vier Monaten mit meiner Mutter. Sie wollte zu Besuch kommen, wenn Zoran seinen ersten Geburtstag feierte. Mir war, als ob ich noch mal kurz nach oben ans Licht tauchte. Im August holten wir Mama von der Bushaltestelle ab. Ich freute mich über ihr Kommen. Doch ich haßte meine Mutter dafür, daß sie sah, wie ich lebte. Tapfer lächelte Mama, als sie unser ärmliches Haus betrat. Innerlich ist sie fast gestorben. Später erzählte sie mir, daß sie nie in ihrem Leben etwas Schmutzigeres und Ekelhafteres als diese Bruchbude gesehen hätte.

In einer ziemlich gedämpften Stimmung feierten wir einige Tage später Zorans Geburtstag. Ursprünglich wollte Mutter sofort am nächsten Tag wieder abreisen, aber unglücklicherweise waren alle Plätze im Bus belegt. Die Arme mußte zwölf Tage bei uns ausharren. Vor Nervosität nahm sie in dieser Zeit fast fünf Kilo ab. Nach außen wirkte sie stets ruhig und gefaßt. Doch sie war sehr angespannt wegen all der grausamen Geschichten, die sich nach Kriegsende zwischen Moslems und Serben zutrugen. Das Morden hatte noch lange nicht aufgehört.

15.08.1997

… Sie begrüßten mich alle sehr freundlich, nur eine junge Frau sagte »Pomoz Bog«*. Eine Katze, die auf der Türschwelle schnurrte, wurde von einem Mann mit dem Fuß getreten und mit »Türke« beschimpft …

aus dem Tagebuch der Mutter

»Komm, wir wollen einen heben«, forderte meine Schwiegermutter sie auf. Die Alte hatte nämlich mitt-

---

* Gruß unter serbisch-orthodoxen Gläubigen

198

lerweile zu trinken angefangen. Ab und an zwang sich meine Mutter aus Freundlichkeit, mit ihr anzustoßen. Dann verging eine halbe Stunde, und die Alte nörgelte wieder: »Komm, wir genehmigen uns noch einen.« Meine Mutter verdrehte die Augen und konnte es kaum fassen. »Hoch lebe Šešelj*«, rief die Schwiegermutter aus heiterem Himmel, »alle Muslime sollen verrecken.« Über Nacht hatte sie sich in eine überzeugte Nationalistin verwandelt.

»Mein Gott, wird sie mich umbringen, während ich schlafe?« fragte mich meine Mutter ängstlich. »Keine Sorge, sie tut wilder, als sie ist«, versuchte ich sie zu beruhigen. Trotzdem wagte Mama es nicht einzuschlafen. Während Ratko auf dem Dachboden nächtigte, hatten wir ihr eine Matratze neben mein Bett geschoben. Erstaunt stellte sie fest: »Oh, das ist aber naß hier! Hat Zoran etwa reingepinkelt?« »Nein«, bekannte ich verschämt. Die Bettwäsche war von der Feuchtigkeit im Haus so naß, daß man sie hätte auswringen können. Mama ist fast verrückt geworden. Ständig schaute sie zum Fenster hinaus, als ob dort draußen die Rettung läge. Glücklicherweise kamen auch mal normale Leute wie Mišan und Mira zu Besuch. Und natürlich sahen wir auch bei Oma Staja vorbei.

Mir war das alles unglaublich peinlich. Doch Mama besänftigte mich: »Schweig lieber, Kleine. Wenn du mit nach Hause kommst, werden wir über alles reden.« Mit Ratko verstand sich meine Mutter sehr gut. Deshalb überzeugte sie ihn schnell, daß sie mich und Zoran mit nach B. nehmen würde. »Ich bleib' nicht lange«, versicherte ich ihm. Er vertraute mir. Am Abend vor unserer Abreise zeterte meine Schwiegermutter: »Deine Frau kommt nie wieder zurück.« Dann küßte sie Zoran und weinte.

---

* Vojislav Šešelj ist Führer der Serbischen Radikalen Partei.

Zu Hause

Der Bus rollte nach B. zurück. Und ich hatte das Gefühl, in tiefe Abgründe zu stürzen. Ich fiel und fiel und fiel. Selbst meine Mutter konnte mich nicht mehr auffangen. Für ein Lächeln von mir hätte sie alles getan. Doch mich erfreute nichts mehr. Wieder sprach ich kaum ein Wort. Mama versuchte, mich in Gesellschaft zu bringen. Doch meistens hockte ich stundenlang wie versteinert, mit dem Kleinen auf dem Schoß, auf einem Stuhl. Wenn mich jemand ansprach, war ich in der Regel geistesabwesend. Ich redete wirres Zeug und litt unter totaler Amnesie. So weit ging der Schutz vor den schrecklichen Bildern.

Ich war nicht mehr bei Sinnen. Nur aus Mamas Erzählungen weiß ich, wie ich mich damals verhalten habe. Fortwährend übergab ich mich. Als einmal ein Hubschrauber über das Haus flog, kroch ich sofort unters Sofa. Ich wusch mich nicht mehr, kämmte meine Haare nicht. Nachts machte ich ins Bett. Wie eine böse Saat platzten die Alpträume in mir auf. Erst jetzt kam die Angst hoch, die ich die letzten Jahre ständig unterdrückt hatte.

Einmal rannte ich durch eine verlassene Burg. Alles war mit grüner Farbe übertüncht. Ich lief durch hohe, große Räume und suchte, suchte und suchte. Ich wußte selber nicht, wonach. Dann betrat ich ein Zimmer, in dem eine grüne Kiste stand. Ich blickte hinein und schrie entsetzt auf. Drin lag meine Leiche. Ich war tot!

Panisch flüchtete ich ins nächste Zimmer. Auf einmal versperrten mir Männer mit langen Bärten den Weg. Es waren Tschetniks. Sie lachten mich aus. Voller Panik hetzte ich weiter und stieß auf weinende Frauen, die mit ihren Kindern am Boden lagen. Schweißgebadet wachte ich auf.

Hartnäckig redete meine Mutter auf mich ein, daß ich nicht mehr zu Ratko zurückkehren dürfte. Deswegen kriegten wir uns sogar in die Haare. »Mein Kind hat einen Vater. Ich muß dorthin zurück«, hielt ich ihr entgegen. »Du hast dort keine Perspektive. Der Kleine wird in dieser Feuchtigkeit noch sterben«, gab sie zurück. Zoran rasselte es tatsächlich schon in der Brust, wenn er atmete. »Ratko soll hierher kommen. Oder ihr geht woanders hin. An diesem Ort kannst du auf keinen Fall leben«, stellte Mama fest. »Versuch's wenigstens, Leila.« Vielleicht wünschte ich mir nichts anderes als das.

Eines Tages meldeten sich Leute vom Staatlichen Sicherheitsdienst bei uns. Zwei Männer befragten mich, wo ich mich während des Krieges aufgehalten hatte. »Ich war draußen«, erwiderte ich knapp. Es war nicht schwer zu erkennen, daß ich nicht mehr ganz richtig im Kopf war. Die Polizisten kehrten fünf- oder sechsmal wieder. Manchmal setzte sich Mama dazu. Schließlich luden sie mich zum Verhör in die Polizeistation ein. Dort servierten sie mir sogar Kuchen. Doch ich wollte mich nicht mehr erinnern.

Mit diesen zwei fremden Männern in einem Zimmer fühlte ich mich unwohl. Bildeten die sich etwa ein, daß ich ihnen was erzählen würde? Nur beiläufig erwähnte ich, daß man in der Putenfarm andere Menschen umgebracht hätte. Dann hatte ich die Nase voll von ihren ewigen Fragereien: »Mich interessiert das alles nicht. Wegen euch kann ich nicht mehr schlafen!« Doch die Polizisten ahnten mehr, da ihnen andere Fälle von Vergewaltigungen bekanntgeworden waren. Deshalb

schickten sie eine Krankenschwester zu mir. Als diese
Frau unsere Wohnung betrat, lag ich gerade mal wieder
im Bett. Sie war sehr freundlich und sprach mich bereits
nach kurzer Zeit auf die Mißhandlungen an. Ich
schwieg. »Du mußt zu Medica«, legte sie mir nahe. Das
wäre ein spezielles Krankenhaus für Frauen, die im
Krieg Schlimmes durchgemacht hätten.

Es dauerte noch einige Wochen, bis meine Mutter
mich endlich überredet hatte, diese Klinik aufzusuchen.
Bis dahin hatte sie alles mögliche probiert, um mich wenigstens ein bißchen aufzubauen. Sie kochte meine
Lieblingsspeisen, bestellte alte Freunde und gab mir eine
Flut von Ratschlägen. Ich sollte zu Hause bleiben, mir
eine Wohnung nehmen, die Mittelschule beenden und
solche Sachen. Nichts von alldem half. Ich sperrte mich
in mein Zimmer ein und versank in Alpträumen.

Therapie

»Ich bin nicht verrückt«, wehrte ich mich verzweifelt, »Mama, hilf mir!« Doch meine Mutter hatte längst eingesehen, daß sie mir nicht mehr helfen konnte. Trotz meiner Wut war ich zu schwach, den beiden Psychologinnen von Medica die Tür vor der Nase zuzuschlagen. Beruhigend sprachen sie mir zu. Ich müßte mir keine Sorgen machen. Es wäre nicht schlimm bei ihnen im Krankenhaus, und ich wäre geistig nicht gestört. Kein Wort glaubte ich ihnen. Bestimmt würden sie mich in dieser Irrenanstalt sofort in eine Zwangsjacke stecken.

Während der dreistündigen Fahrt nach Zenica lag Zoran still in meinen Armen. Die Frauen behelligten mich nicht weiter mit ihren Fragen. Vor einem etwa zwanzig Meter langen Gebäude parkten sie ihren Geländewagen. »Bitte aussteigen«, hieß es. Dann ging es eine Treppe hinauf, an einem Portier vorbei und auf einen Gang mit acht Zimmern. »Du kannst dich einrichten, wie du willst«, meinte eine der Frauen zu mir. Sie wollte sich mitfühlend zeigen und war jederzeit bereit, mit mir zu weinen, mich zu umarmen und zu trösten. Solche übertriebenen Personen konnte ich nicht ausstehen.

Rosa Bettwäsche mit Hasen drauf. So was hatte ich schon lange nicht mehr gesehen. Ein Kinderbett, Schrank und Tisch. Da ich nicht vorhatte, länger zu bleiben, hatte ich lediglich eine kleine Wolldecke von zu Hause mitgebracht. Nachdem ich meine Sachen im

Schrank verstaut hatte, spazierte ich mit dem Kleinen auf dem Arm in eine Art Cafeteria. In dem Gemeinschaftsraum saßen mehrere einfache Bauersfrauen schweigend zusammen. Schüchtern grüßte ich. Doch keine antwortete. Diese Situation kam mir bekannt vor. »Die sind alle verrückt«, war mir sofort klar. Unbehaglich setzte ich mich mit Zoran in eine Ecke und nahm dort eine Kleinigkeit zu mir. Da kam eine ältere Frau namens Emina auf mich zu und erkundigte sich: »Warum setzt du dich nicht zu uns?« Sie war voller Narben und Flecken. Später erfuhr ich, daß ein Mann die 60jährige mit Benzin übergossen und angezündet hatte. Etwas mißtrauisch folgte ich der kräftigen Frau an den langen Tisch. Dort stellte man mir die üblichen Fragen. Woher ich käme, wie mein Sohn hieße und wie ich auf seinen Namen gekommen wäre. Der erste Tag war gräßlich.

Doch der zweite Tag war noch gräßlicher. Man schickte mich zu verschiedenen Ärzten. Vor Bestürzung fing ich zu heulen an. Was würden sie mit mir anstellen? Wahrscheinlich würde sich nun endgültig bestätigen, daß ich an schlimmen Geschlechtskrankheiten leiden würde. Um mich zu besänftigen, setzte sich die Frauenärztin vor der Untersuchung zu mir ins Zimmer und trank Kaffee mit mir. Und so konnte ich es ein bißchen besser ertragen, von ihr angefaßt zu werden. Als sie mir aber nicht sofort die Testergebnisse zeigte, witterte ich wieder eine Verschwörung gegen mich.

»Das kann nicht sein«, äußerte eine andere Ärztin verwirrt, nachdem sie mein Blut untersucht hatte. Ungläubig wiederholte sie den Test. »Es ist mir völlig rätselhaft, wie du dich mit diesem schlechten Blutbild noch auf den Beinen halten kannst«, staunte sie. Wenn ich noch länger gezögert hätte, in die Klinik zu kommen, wäre ich nicht mehr am Leben. Die Ärztin verabreichte mir verschiedene Medikamente. Bewußt verzichtete sie

dabei auf Beruhigungstabletten. Denn viele der vergewaltigten Frauen waren abhängig von solchen Medika-
menten. »Nimm nur«, forderte sie mich auf und hielt
mir mehrere Fläschchen hin. »Aber wieviel soll ich nehmen?« wollte ich wissen. Sie entgegnete: »Nimm soviel,
wie du vertragen kannst.«

Zu allem Überfluß sollte ich jetzt auch noch eine
Psychiaterin aufsuchen und mit ihr über meine Vergangenheit reden. Nur wenn das Unrecht benannt werde,
habe die Seele eine Chance zu heilen, war deren Ansicht.
Wie eine erneute Vergewaltigung empfand ich das. Deshalb erzählte ich dieser Frau lediglich, daß man mich im
Konzentrationslager eingesperrt hatte. Und zwar vier
Jahre lang. Das sollte ihr reichen. Nach mehreren ver-
geblichen Bemühungen warf sie das Handtuch. Als sie
mir mitteilte, welche Therapeutin von nun an für mich
zuständig wäre, hätte ich mich fast übergeben.

In meinen Augen handelte es sich bei dieser Frau um
eine total selbstverliebte Person. Ständig änderte sie ihre
Haarfarbe und erkundigte sich, ob ihr das stehen würde. Was kümmerte mich das? Um mich herum hockten
bitterarme und jämmerlich dreinblickende Flüchtlingsfrauen aus Srebrenica. Mit Hunden hatten die Serben
ihre Männer und Söhne aus dem Flüchtlingsstrom aus-
gesondert. Seitdem hatte niemand sie wiedergesehen.
Wie ein Elefant platzte diese Psychologin in unsere
Runde und trompetete los, daß sie sich gerade neue
Schuhe für 170 Mark gekauft hätte. Ich weinte und bat,
daß man mich wieder nach Hause schicken sollte. Doch
das ließ man nicht zu. So nahm ich bei dieser Therapeutin im Sprechzimmer Platz und schwieg.

Während meiner zahlreichen Untersuchungen befand
sich Zoran meist im sogenannten stillen Zimmer. Anfangs weigerte ich mich, das Kind einem Kinderpsycho-
logen zu überlassen. Ich traute einfach keinem Menschen über den Weg. Aber Zoran war glücklich dort. Der

Anderthalbjährige warf Papierkügelchen umher und amüsierte sich prächtig. Mein Kind spielte das erste Mal.

Jedes Wochenende durfte ich mit dem Kleinen nach Hause. Dort hingen wir die ganze Zeit über in der Wohnung herum. Besorgt fragte Mama nach meinem Befinden. »Mir geht's gut«, entgegnete ich ihr. Seit meiner Rückkehr war meine Mutter ständig krank. Ich wollte sie mit meinem Kummer nicht noch zusätzlich belasten. Vielleicht ahnte Mama etwas von Vergewaltigung. Von den Psychologinnen in Medica wußte sie nur, daß ich traumatisiert wäre. In den ersten acht Wochen fiel es mir unglaublich schwer, am Sonntag abend wieder zurück nach Zenica zu fahren.

Der Alltag in dieser Klinik ödete mich an. In meiner Verzweiflung hing ich ständig an der Strippe. »Halte noch ein bißchen durch«, redete meine Mutter mir gut zu. Der einzige Lichtpunkt bei Medica war die mit Narben übersäte Oma Emina. Mit ihr hatte ich mich in der Zwischenzeit ein wenig angefreundet. Sie strickte ständig Hausschuhe und erzählte mir dabei über ihre beiden Töchter, die sie sehr vermißte. Über unser Schicksal redeten wir kaum. Lieber plauderte ich mit ihr ein wenig über Ratko und Zoran.

»Telefon für Leila!« kündigte abends jemand ein Gespräch für mich an. Zu meiner Überraschung meldete sich Ratko. Er wollte wissen, was ich dort bei Medica machte und wie es uns ginge. Ich ließ Ratko in dem Glauben, daß ich nur wegen meiner Anämie behandelt würde. Und ich erklärte ihm, daß ich mich ihm gegenüber so unmöglich benommen hätte, weil ich sehr krank gewesen war. Zum Abschied fragte er: »Wann kommst du endlich nach Hause?« »Weiß nicht«, flüsterte ich. »Bis bald«, sagte er. Nach diesem Telefonat fing ich an, von Ratko zu träumen. Wir hüteten auf einer großen Wiese Schafe miteinander. Das war schön. Möglicherweise hatte ich Sehnsucht nach ihm.

Durch die zahlreichen Säfte und Tabletten verbesserte sich mein körperlicher Zustand. Und langsam hellte sich auch mein Gemütszustand wieder ein wenig auf. Das Zusammenleben mit den anderen Frauen, die alle etwas Schreckliches erlebt hatten, übte jetzt eine beruhigende Wirkung auf mich aus. Ich fühlte mich nicht mehr wie eine Außenseiterin. Unter den dreißig Frauen war ich die jüngste. Viele warfen mir zwar neugierige Blicke zu, hielten sich aber mit Fragen zurück. Gerne suchte ich ihre Nähe, lauschte ihren Erzählungen über ihr früheres unbeschwertes Leben und döste dabei im Sessel ein. Keine der Frauen sprach gerne über das Schreckliche, was hinter ihnen lag.

Nach zweieinhalb Monaten versuchte eine dritte Psychologin ihr Glück mit mir. Jasmina war eine gemütliche Person, die offen und natürlich wirkte. Und plötzlich konnte ich reden. Ohne auf Zusammenhänge zu achten legte ich los. In einer Sitzung schilderte ich, was mir zugestoßen war. Meine Erinnerungen waren bruchstückhaft. Es gab keinen logischen Ablauf. Das Schlimmste lag noch im dunkeln. Während ich redete, vergaß ich alles um mich herum. Ich selber fühlte mich gänzlich unbeteiligt und wirkte vermutlich sehr gefaßt. Als ich aufblickte, weinte Jasmina. »Entschuldige«, murmelte sie. Ich erzählte, erzählte und erzählte. Danach war mir, als wäre ich eine tonnenschwere Last losgeworden.

An diesem Nachmittag warf ich mich aufs Bett und starrte an die Decke. Am nächsten Tag lag ich, immer noch bekleidet, in der gleichen Haltung da. Nach diesem Gespräch mit Jasmina ließ ich Zoran bei meiner Mutter. Ich hatte Sehnsucht nach ihm. Doch mir war klar geworden, wie dringend ich Ruhe benötigte. Jeder Tag war ausgefüllt. Ich machte die Therapie und besuchte nebenher einen Nähkurs. Oft saß ich stundenlang in meinem Zimmer und guckte aus dem Fenster. Dabei schlief ich manchmal ein. Als ich einmal aufwachte, tanzte der Schatten eines Baumes auf meiner Hand. Schreiend sprang ich auf. Ich dachte, daß ein Mann heimlich in mein Fenster geklettert wäre.

Jasmina und ich brauchten noch drei weitere Monate, bis ich das Gefühl hatte, ihr meine ganze Geschichte mitgeteilt zu haben. Oft zitterte ich dabei. Bekam kaum noch Luft. Stierte ins Leere. Die Todesangst kroch wieder hoch. Da hörte ich das Wimmern der sterbenden Frauen, roch den stinkenden Atem der Männer und spürte die dumpfen Schläge auf meinem Körper. »Komm zurück!« rief mich Jasmina von weither, »komm zurück!« Sie nahm mich in die Arme. Hielt mich fest, bis ich wieder aus dem Bordell bei ihr war.

Normalerweise hatte man feste Gesprächstermine, aber ich durfte kommen, wann immer ich wollte. Manchmal passierte es mir an der Nähmaschine, daß sich blitzartig Bilder einblendeten. Dann ließ ich alles stehen und liegen und stürzte zu Jasmina. Jeden Morgen holte sie mich in ihr Büro ab. Da ich im Schlaf wie bewußtlos war, mußte Jasmina mich immer wecken, damit ich aus den Federn kam. Manchmal geschah es, daß ich sie nach dem ersten Termin noch drei- oder viermal aufsuchte. Normalerweise durfte jede Patientin nur drei Monate bei Medica bleiben. Oma Emina und ich bildeten Ausnahmen. Von den anderen war zu jener Zeit keine körperlich gefoltert worden. Als die Flüchtlingsfrauen sich verabschiedeten, weinten alle. Sogar die Köchinnen.

Kaum war die erste Gruppe weg, kam schon die nächste. Unter ihnen fiel mir eine auf. »Oh, sie sieht aus wie die schöne Brena*«, stellte ich voller Bewunderung fest. Als die 30jährige mit den anderen beim Kaffeetrinken im Gemeinschaftsraum Platz nahm, glotzte ich die gan-

---

* Schlagersängerin

ze Zeit zu ihr hinüber. Die Neue trug ein schickes Sakko und drunter ein weißes Hemd. In ihrem blonden Haar steckte eine Schleife, und sie war geschminkt. Ich war begeistert. Selten gefiel mir eine Frau auf Anhieb. Als sie anfing zu reden, bemerkte ich, daß sie sich nicht nur äußerlich von den anderen unterschied. Fata stammte zwar auch vom Lande, aber sie war nicht so einfach wie die anderen.

Da sich immer häufiger Bilder aus der Vergangenheit zwischen meine Gedanken drängten, fürchtete ich mich, alleine in meinem Zimmer zu bleiben. Deshalb steckte man Fata zu mir. Sie war auch von mehreren Männern vergewaltigt worden. Abends warteten wir immer, bis die Lichter ausgingen. Kurz darauf schlichen wir ins Gemeinschaftszimmer. Es gab zwar eine Hausordnung, aber daran hielt sich eigentlich niemand. Kettenrauchend hockten wir bis zum Morgengrauen zusammen. Dabei redeten wir weniger über unsere Vergangenheit als über unsere Zukunft. Bisher hatte ich noch keine Frau erlebt, die so ansteckend lachen konnte. Ohne ihren Humor wäre sie wahrscheinlich vor die Hunde gegangen. Niemals war mir ein Mensch so nah wie Fata.

Ständig phantasierte die hübsche Blondine von Kerlen, aber keinem traute sie über den Weg. Abends im Zimmer ging sie zum Fenster und pfiff anerkennend: »Oh, sieh mal, was für ein Mann! Der sieht nicht schlecht aus.« Wenn sich derjenige zufällig umdrehte, versteckte sie sich schnell hinterm Schrank. Entschuldigend meinte sie: »Den will ich doch gar nicht. Ich möchte einen besseren.« Über Sexualität verloren wir kein Wort. Nur einmal wollte Fata wissen: »Glaubst du, daß du jemals mit einem Mann Spaß am Sex haben kannst?« Da entgegnete ich: »Woher soll ich das wissen? Ich hab' noch nie mit jemandem geschlafen. Eigentlich bin ich noch Jungfrau.« Alle Frauen bei Medica haßten dieses Thema. Wenn die Sprache darauf kam, reagierte ich immer furchtbar unruhig. Selbst mit meiner Psychologin wollte ich darüber nicht sprechen. Im Scherz nannte ich sie immer Sexologin, weil sie so ausdauernd auf diesem Thema herumritt. Doch ich verschloß mich davor.

Stück für Stück zog mich Jasmina aus dem Sumpf. Einmal erkundigte sie sich beiläufig: »Warum läßt du dir eigentlich nicht die Nägel wachsen?« Erstaunt blickte ich sie an: »Na, hör mal, wozu?« »Das ist bei jungen Frauen jetzt modern«, klärte sie mich auf. Um ihr eine Freude zu bereiten, reinigte und lackierte ich ab sofort täglich meine Nägel. An einem der nächsten Tage schlug Jasmina vor: »Warum bindest du deine Haare nicht zusammen? Ich möchte sehen, wie dir das steht.« Gehorsam steckte ich mir einen Dutt zurecht. »Das sieht super aus«, lobte sie mich. Schließlich hatte ich den Wunsch, meine Frisur noch einmal zu ändern. Ganz von allein.

Meine Therapeutin nahm mir die Furcht vor fremden Leuten, indem sie mich ganz selbstverständlich aufforderte: »Komm, gehen wir in der Stadt einen Kaffee trinken.« »Nein, Jasmina, ich kann nicht«, haspelte ich verlegen. »Los, du kommst mit mir«, zog sie mich am Ärmel fort. Der erste Schritt ins Freie war beklemmend. Mein Puls beschleunigte sich. Mit einem dicken Kloß im Hals schlürfte ich mit der Psychologin Kaffee.

Jasmina wußte, daß ich sie nicht nur achtete, sondern liebte wie eine Mutter. Dieser Frau war klar, daß ich ihr nichts abschlagen konnte. Einmal fragte sie mich seufzend: »Kann ich dich um etwas bitten?« »Was?« »Bitte hol Taschentücher für mich«, verlangte sie und schaute mich spitzbübisch an. Ich haßte es, auf die Straße zu gehen, aber ich konnte nicht »nein« sagen. Als ich ihr schließlich das Päckchen auf den Tisch legte, war ich fast ein bißchen stolz auf mich und erstaunt, wie gut ich die Aufgabe gemeistert hatte.

Felsenfest war ich davon überzeugt, daß ich überhaupt keinen Geschmack und Stil mehr haben würde. Doch Jasmina fiel auch zu diesem Thema etwas ein. »Ich brauche dringend einen Hut. Bitte besorg mir morgen einen«, bat sie mich. »Ich kann dir keinen Hut kaufen. Ich weiß nicht, was dir gefällt«, wies ich ihre Bitte von mir.« Da beruhigte mich Jasmina: »Ich vertraue auf deinen Geschmack.« Ich wand mich und begehrte auf: »Ich kann das nicht.« Doch sie beharrte gleichmütig: »Du kannst, du kannst.«

Mit hängendem Kopf schlich ich davon. Drei Stunden irrte ich durch die Straßen und suchte einen passenden Hut für sie. Nehme ich den hier oder doch lieber den da? Verzweifelt entschied ich mich für einen. Als ich in ihr Büro trat, war Jasmina vor Freude ganz außer sich. »Wunderschön, einfach traumhaft«, überschlug sie sich mit Komplimenten. Wahrscheinlich hätte ich den häßlichsten Hut aus Zenica anschleppen können, sie wäre trotzdem begeistert gewesen. Mit der Zeit verlor ich die Angst vor meiner Angst. Ich begann den Situationen in der Öffentlichkeit wieder etwas abzugewinnen.

Dank meiner Therapeutin nahm ich mit zweiundzwanzig auch meinen Körper wieder besser an. Zumindest konnte ich mir die Haut eincremen, ohne daß ich mich dabei unbehaglich fühlte. Bis auf meine kaputten Zähne war ich zufrieden mit mir. Als ich eines Morgens gutgelaunt in den Gemeinschaftssaal kam, entdeckte ich dort ein neues Mädchen. Sie war so jung wie ich, stammte aus Gora de und war jahrelang von ihrem eigenen Ehemann gefoltert worden. Unbefangen setzte ich mich zu ihr an den Tisch. Ihre Augen waren trüb, als ob für immer ein Schatten über ihnen läge. Die ganze Zeit über schwieg sie. Wenn sie nicht rauchte, rieben ihre Hände im Schoß aneinander, als ob sie sich waschen würde.

Plötzlich begann sie zu reden und zu lachen, als ob

nichts gewesen wäre. Mittendrin brach sie dann wieder ab und fiel in sich zusammen. Von ihrem Verhalten war ich schockiert. Zum ersten Mal nach Jahren ergriff mich wieder tiefes Mitleid. Schluchzend lief ich zu Jasmina: »Warum benimmt sie sich so?« Sie erwiderte: »Du warst auch nicht anders. Jetzt geht's dir nur ein bißchen besser.« Da bemühte ich mich jeden Tag, daß es mir noch besser ginge. Denn es gab nichts Schlimmeres, als wenn sich ein Mensch so klein fühlte. Kleiner als ein Stück Fliegendreck.

In den letzten sechs Monaten hatte ich mir eine Riesenportion Selbstvertrauen angeeignet. Die ganze Belegschaft von Medica hatte mir eingeredet, daß ich schön, klug und toll wäre. Ich hatte gelernt, jedem zu sagen, was ich dachte. Was kümmerte mich all das andere? Für mich war ich die Beste. Morgens fing ich an, mich zu schminken und herzurichten. Alle paar Stunden machte ich mir eine andere Frisur und lackierte mir mal rosa, mal knallrote Fingernägel. Vor nicht allzu langer Zeit, da hatte ich noch unter Schweißausbrüchen gelitten, wenn mir jemand auch nur in die Augen blickte. Drehten sich aber jetzt nicht wenigstens fünf Leute auf der Straße nach mir um, so lief etwas verkehrt. Im März 1998 fuhr ich endgültig nach Hause. Beim Abschied krampfte sich mein Herz zusammen.

Weiterleben

Beschwingt und fast übermütig kehrte ich nach B. zurück. Erst jetzt hatte ich begriffen, daß der Horror vorbei war und alles wieder gut wird. Ich fühlte mich glücklich, weil ich überlebt hatte. Natürlich war die Stadt nach dem Krieg grauer geworden. Vernagelte Läden, zerbombte Häuser und fünfundneunzig Prozent Arbeitslosigkeit beherrschten den Alltag. Doch das konnte mich nicht schrecken. Mir gehörte die Welt! Ich würde die Mittelschule beenden und dann weitersehen.

Mit Unterstützung der Behörden hatten meine Eltern in ihrem Wohnblock ein kleines Appartement für mich gefunden. Eigentlich gehörte es einer Serbin, die während des Krieges geflohen war. Mit ihrer Rückkehr rechnete aber niemand mehr. An der Wand klebten noch bunte Plastikrosen, und einige Möbelstücke waren zurückgeblieben. Natürlich freute ich mich über das Stückchen Selbständigkeit, das mir mit dem Zimmer geboten wurde. Trotzdem blieb ich anfangs weiterhin bei meinen Eltern in der Wohnung. Das Alleinsein traute ich mir noch nicht zu. Wegen meiner Angst vor der Dunkelheit brannte nachts auch immer eine kleine Lampe.

Pausenlos plapperte ich meiner Mutter die Ohren voll. Vielleicht könnte ich nach der Schule doch noch ein Studium anfangen? Gemeinsam überdachten wir meine Möglichkeiten und versuchten uns den Alltag so schön wie möglich zu gestalten. Ein wenig half ich auch im Haushalt. Kartoffelschälen blieb mir glücklicherweise erspart. »Geh endlich schlafen«, unterbrach Mama manchmal meinen Redeschwall mit einem Blick auf die Uhr. Es war oft weit nach Mitternacht.

Eines Morgens kam eine alte Freundin aus Kindheitstagen zu uns. Aus Munevera war eine hübsche Frau geworden. Ich erinnerte mich noch, wie ich ihr den Christbaumschmuck ins Haar geflochten hatte. Mittlerweile trug die Blondine einen modischen Kurzhaarschnitt und studierte in Sarajevo Geografie. Leider hatten wir uns nicht viel zu sagen. In meinen Augen benahm sie sich noch immer wie ein Kind. Sie machte sich Sorgen über ihre Ausbildung und irgendwelche Kerle. Nicht daß ich neidisch auf sie gewesen wäre. Doch wir fanden einfach keinen gemeinsamen Nenner mehr. Sie erzählte von unseren anderen gemeinsamen Schulfreunden. Die meisten waren verheiratet oder umgezogen. In Muneveras Anwesenheit fühlte ich mich steinalt.

Es gab nur noch wenige Verbindungen zu meinem früheren Leben. Einmal rief meine alte Schulfreundin Sabina aus K. an. Wir weinten ununterbrochen. Nach einer Weile verabschiedeten wir uns wieder. So ergab das einfach keinen Sinn. Als mein Onkel Senad aus K. uns besuchte, war ich vor Freude ganz aus dem Häuschen. »Komm wieder zu uns«, schlug mein reicher Onkel vor. Doch es war für mich unmöglich, in mein früheres Paradies zurückzukehren. Es existierte nicht mehr. Kladuša und die Erinnerungen waren zu nah. Nach wie vor wollte ich von B. weg. Doch momentan fiel mir keine Lösung ein, wie ich das bewerkstelligen sollte.

Schnell war klar, daß ich meine Schulpläne erst einmal begraben konnte. Jetzt war es für mich vorrangig, eine Arbeit zu finden. Die finanzielle Situation in der Familie war nach dem Krieg so schlecht, daß ich sie unterstützen mußte. Mutter verdiente beim Putzen gerade mal 100 DM. Allerdings mußte sie damit bald aufhören. Ihr körperlicher Zustand verschlimmerte sich zusehends. Sie klagte nie, aber jeden Tag sah sie schlechter aus. Goran war zwangsbeurlaubt, weil seine Firma nicht genug Aufträge hatte. Sein Ausfallhonorar betrug 3 DM pro Monat. Mama hatte sich bemüht, diese Geldprobleme so lange wie möglich von mir fern zu halten. Doch die Not war nicht zu verbergen.

Ein Kollege von Goran begleitete mich bei der Arbeitssuche. Zunächst einmal besorgte er mir neue Papiere und für Zoran eine Geburtsurkunde. Dieser Mann war der Bruder des Bürgermeisters in B. Seine Beziehungen könnten hilfreich sein. Er stellte mich den verschiedensten Leuten vor. Meistens hockte ich jedoch auf irgendwelchen Wartebänken, während Muhammed für mich von Tür zu Tür eilte.

In der ganzen Stadt liefen wir uns die Füße wund. Sogar in dem Forstbetrieb, in dem meine Mutter vor kurzem noch als Putzhilfe tätig gewesen war, erkundigte ich mich nach einem Job. Überall gab man mir leere Versprechungen oder dieselbe Antwort mit auf den Weg: »Melde dich später wieder. Zur Zeit sind fast alle arbeitslos.« In unserer Ratlosigkeit hatten wir zu Hause mindestens tausendmal Familienrat abgehalten. Allerdings kam dabei nicht viel heraus. Zum Glück konnten Mama und Goran einen selbst noch in der schlimmsten Situation mit ihren Scherzen zum Lachen bringen.

Trotzdem waren wir alle sehr gereizt. Schon morgens quengelte Gorana vor dem geöffneten Kühlschrank: »Mama, es ist kein einziges Wiener Würstchen da. Das andere mag ich nicht essen.« »Iß, was es gibt. Sonst wirst du krank«, wies ich sie zurecht. Sie sollte endlich aufhören, rumzujammern und meine Mutter zu tyrannisieren. In dem Moment schlurfte Emir herein und setzte noch eins drauf. »Gib mir mal eine Mark für die Schule«, schnorrte er Mama an. Ärgerlich fuhr ich ihn an, daß er schon alt genug wäre, um zu verstehen, daß wir kein Geld hätten. Als ich noch ein Kind war, war ich genauso verwöhnt wie meine Geschwister. Doch jetzt gingen mir die beiden mit ihren Wünschen entsetzlich auf die Nerven. Ich wußte schließlich, daß es auch viel schlimmer kommen konnte.

Etwa alle fünf Tage meldete sich Ratko abends bei mir. Wir unterhielten uns freundschaftlich, aber ich war froh, einen großen Abstand zu ihm zu haben. Immerzu wollte er wissen: »Wann kommst du endlich nach Hause?« Ich versuchte ihm klarzumachen, daß Zoran und ich in seinem Dorf keine Zukunft hätten. Müde setzte ich mich jedesmal nach diesen Gesprächen zu meinen Eltern in die Küche. Der Fernseher lief, aber ich konnte keine Filme mehr ertragen. Mir erschienen diese Geschichten so lächerlich nach all dem, was ich durchgemacht hatte.

In der Not rannte ich nun sogar alleine auf die Ämter, um eine Arbeit zu finden. Und plötzlich befand ich mich wieder, wie damals, mit Männern in einem Raum und mußte mir ihre dummen Sprüche gefallen lassen. Meine restliche Euphorie war verpufft. Keiner von den Typen sagte direkt: »Wenn wir zusammen ins Bett gehen, bekommst du einen Job.« Doch jeder deutete mir das durch die Blume an. Ich bewarb mich um eine Arbeit und hörte stets die Frage: »Wann gehst du mit mir aus?« »So geht das nicht!« schimpfte ich und stürmte wieder davon. Trotz meiner Proteste blieben die meisten Männer gleichgültig. Sie legten mir nahe, daß ich von meinem hohen Roß heruntersteigen sollte: »Wer so überheblich ist, fällt auf die Nase.«

Würden mich solche Männer bis ans Ende meiner Tage verfolgen? Könnte ich denn nie ein normales Leben führen? In diesem Moment wünschte ich mir, abgrundtief häßlich auszusehen. Eine riesengroße Nase mit Warzen und Schlabberlippen malte ich mir in Gedanken ins Gesicht. Mein Selbstwertgefühl schrumpfte zusehends. Selbst Muhammeds Bruder, der Bürgermeister, machte mir den Hof. Wenn seine Sekretärin mich in seine Kanzlei rief, mußte ich stets einen Kaffee mit ihm trinken, obwohl eine lange Schlange draußen vor seiner Tür stand. »Oh, du bringst Licht in mein Büro«, begrüßte er mich gewöhnlich. Eigentlich wäre er ein sehr vielbeschäftigter und gestreßter Mensch, aber sobald ich erschiene, fühle er sich auf der Stelle erheblich besser. Meine Besuche würden ihm sehr viel bedeuten. Ein paarmal fragte er mich, ob ich abends mit ihm ausgehen wollte. Schweigend schüttelte ich den Kopf. Zum Abschied bekräftigte er jedesmal, daß er mir helfen würde. Doch daraus ist bis heute nichts geworden. Wenigstens war er nie so aufdringlich wie die anderen.

Die Wartenden im Flur reagierten stets verärgert, wenn ich das Zimmer wieder verließ: »Was treibst du denn zwei Stunden lang da drin?« Entsetzlich peinlich war mir das. »Mir scheint, daß du nie eine Stelle kriegen wirst. Sie wollen nur, daß du sie in ihren Büros besuchst«, kommentierte meine Mutter die ganze Situation. Mit ihr konnte ich darüber sogar kichern. Wahrscheinlich klang das ziemlich hysterisch.

Unmittelbar nach meiner Rückkehr aus der Therapie hatte mir ein Caféhausbesitzer eine Arbeit angeboten. Nie hätte ich mir vorstellen können, da zu arbeiten. Dort hielten sich zu viele Männer auf, auch Betrunkene. Deshalb hatte ich diese Idee sofort verworfen. Ein Erlebnis mit Zoran stimmte mich jedoch um. Wiedermal bettelte mich der Kleine an: »Mama, ich habe Hunger. Bitte kauf mir eine Leberwurst.« Doch ich besaß keinen Pfennig. Er weinte, und ich konnte ihm nicht erklären, wieso ich nichts zu essen für ihn hatte. Da marschierte ich einfach schnurstracks in den nächsten Laden und schnappte mir eine Leberwurst aus der Auslage. Dem Ladenbesitzer gegenüber behauptete ich, daß mein Stiefvater das später bezahlen würde.

Als Zoran aufgegessen hatte, ging ich mit flauem Magen in dieses Café. »Ich fange morgen sofort an«, schlug ich dem überraschten Besitzer vor. Ein dürrer und grauhaariger Säufer war er. Kaum hatte ich das Café wieder verlassen, verließ mich aller Mut. »Ich schaffe das nicht«, jammerte ich zu Hause Goran die Ohren voll. »Versuch's, Leila«, bestärkte er mich, »wenn diese Arbeit zu schwer für dich ist, hörst du gleich wieder damit auf.« In unserer Familie ahnte niemand, wie sehr mir vor Männern grauste. Aber wir brauchten dringend Geld.

Im Mai 1999 begann ich, als Mädchen für alles in dem Café zu arbeiten. Es hatte zwei Etagen. Eine Kaffeemaschine existierte nicht, weil man türkischen Kaffee kochte. Neben der Bar also standen unten vier Tische mit Holzstühlen, oben ein großer und zwei kleine Tische. Mit dem Besitzer hatte ich vereinbart, daß ich von sieben bis nachmittags um drei arbeiten würde. Allerdings änderte sich das nach zwei Wochen. Ich blieb von sieben bis abends elf, weil er einer anderen wegen mir gekündigt hatte. Daraufhin bekam ich eine Lohnerhöhung. Zumindest auf dem Papier. 250 Mark für eine Schicht, und 350 Mark für beide Schichten. Da ich alleine war, mußte ich vom Putzen übers Servieren bis hin zum Kassieren alles machen.

Am ersten Tag konnte ich vor Nervosität nicht mal Kaffee brühen, weil meine Hände so schrecklich zitterten. Ich fühlte mich ausgestellt wie in einer Zirkusmanege. Ständig kamen fremde Menschen herein und musterten mich ungeniert. Darunter Jugendliche, Frauen und ältere Herren. »Setz dich zu uns«, verlangten die Männer von mir. Manche faßten sogar meinen Arm an. Erschreckt zuckte ich zusammen. Als es sich herumgesprochen hatte, daß ein neues Gesicht in B. aufgetaucht war, setzte ein regelrechter Ansturm auf das Café ein. Einige Gäste mußten draußen auf der Treppe Platz nehmen, weil drinnen bereits alles voll war. Sperrte ich morgens die Tür auf, warteten schon fünfzig Leute auf mich. Vor Scham versank ich fast im Erdboden.

Zwischendurch stürzte ich zur Toilette und brach dort weinend zusammen. Ich konnte einfach nicht verstehen, wieso sich die Menschen mir gegenüber so gemein verhielten. Da fragte einer zum Beispiel, wo ich herkäme. »Aus B.«, erwiderte ich. »Du lügst«, schnauzte er mich an, »ich hab' dich hier noch nie gesehn.« Zudem hagelte es Hunderte von blöden Machosprüchen. Fast alle, die über achtzehn waren, hatten mich zum Ausgehen eingeladen und einen Korb von mir geerntet. »Spiel hier nicht die Heilige«, beschimpften sie mich. Ständig belästigten mich Unbekannte mit Fragen. Als ich abends um elf absperrte, zischte mir jemand »Serbenhure« hinterher.

Meine Eltern hatten mit dem Besitzer ausgehandelt, daß er mich nachts mit dem Auto nach Hause bringen sollte. Wenigstens der alte Säufer benahm sich mir gegenüber korrekt. Sobald zu Hause die Tür hinter mir zufiel, kamen die Erinnerungen wieder in mir hoch. Betrunkene, brutales Gelächter, schwitzende Körper und all das. Doch glücklicherweise war ich so kaputt, daß ich sofort einschlief. Meine Alpträume waren seit dem Aufenthalt bei Medica verschwunden.

Der Weg ins Café bedeutete jeden Morgen die Hölle für mich. Doch ich war glücklich, als ich meinen ersten Lohn in der Hand hielt. Endlich verfügten wir über genügend Geld! Es machte mich froh, wenn meine Geschwister mit zufriedenen Gesichtern in die Schule gingen und Zoran an seiner Wurst kaute. Das verlieh mir die Kraft, weiter durchzuhalten. Keinem wollte ich erzählen, wie schlecht ich mich fühlte. Mama hätte mir augenblicklich verboten, dieses Café wieder zu betreten. Ich hatte keine Freunde, mit denen ich sprechen konnte. Denn eigentlich traute ich keiner Frau über den Weg. Und die Männer haßte ich.

Verliebt

Mit der Zeit beruhigte sich der Sturm aufs Café. Es erschienen nur noch die Stammgäste. Darunter auch Ibrahim. Ein schwarzhaariger, dunkelhäutiger Mann mit Marinehaarschnitt und blitzenden schwarzen Augen. Er war gut gebaut, vielleicht zehn Jahre älter als ich und sehr sympathisch. Seit meiner Pubertät war es das erste Mal, daß mir ein Mann gefiel. Normalerweise ignorierte ich alle männlichen Wesen. Es war mir egal, ob sie schön oder häßlich waren. Doch Ibrahim war anders. Er verhielt sich sehr zurückhaltend. Nie hatte ich ein schlechtes Wort von ihm gehört.

Es war wieder so ein Morgen, an dem ich mich heulend auf die Toilette geflüchtet hatte. Als ich mit rotgeweinten Augen zurückkam, sprach Ibrahim mich an: »Warum weinst du? Ich hab' dich schon öfter dabei beobachtet.« Wir waren alleine im Café. Sonst hätte er mich wahrscheinlich nicht angesprochen. Ich brühte mir einen Kaffee und setzte mich zu ihm an den Tisch. »Ein Kunde hat sich geweigert, die Rechnung zu bezahlen«, erzählte ich. Er hätte mich als Betrügerin beschimpft und daraufhin das Café türenschlagend verlassen. »Ich will hier nicht mehr arbeiten. Das ist nicht zum Aushalten«, schüttete ich ihm mein Herz aus. Ibrahim war ein guter Zuhörer. Ich hatte das Gefühl, als ob er alles verstehen würde. Vom ersten Augenblick an funkte es zwischen uns. Ohne große Worte übernahm er übrigens die Rechnung für diesen Mann.

Von nun an setzte sich Ibrahim immer zu mir an den Tresen. Ich berichtete ihm von Zoran und dessen Vater sowie dem Rest meiner Familie. Ratko hätte mich im Krieg gerettet. »Dafür ehre ich ihn. Aber ich liebe ihn nicht«, sagte ich ihm. Ibrahim lauschte ernst. Er arbeitete als Meteorologe. Sein Büro befand sich gleich zwei Häuser weiter. Seitdem wir uns näher kennengelernt hatten, saß Ibrahim den ganzen Tag lang im Café. Zwischendurch wechselte er regelmäßig irgendwelche Bänder und kehrte zwanzig Minuten später wieder zurück. Allein seine Anwesenheit wirkte wie ein Schutzschild auf mich. Niemand belästigte mich mehr. In ruhigen Minuten setzte ich mich manchmal auch zu ihm, und wir lösten gemeinsam Kreuzworträtsel.

Es war unfaßbar! Aber ich hatte mich wie ein kleines Mädchen bis über beide Ohren verliebt. Das fühlte sich anders an als bei Ratko. Mit Herzklopfen, Magenzwicken und allen anderen Symptomen, die ich bisher nur aus meinen alten Liebesromanen kannte. Auf einmal ging ich gerne zur Arbeit. Schließlich wußte ich, daß Ibrahim dort auf mich wartete. Sobald er aber zum Bänderwechsel verschwand und ein anderer Mann das Café betrat, wurde mir gleich wieder übel. Am liebsten wäre ich davongelaufen und nie wieder zurückgekehrt. Wenn Ibrahim dann aber auftauchte, war die Welt für mich wieder im Lot. Fortan begleitete mich dieser schöne Mann jeden Abend nach Hause.

»Es ist Feierabend, wir schließen. Würden Sie bitte zahlen?« forderte ich zwei betrunkene Polizisten auf. Während der eine sein Geld auf den Tisch warf, spielte sich der andere auf: »Wann Schluß ist, das bestimme noch immer ich.« Ruhig konterte ich: »Wenn der Besitzer des Cafés kommt, können Sie von mir aus mit ihm noch länger hier sitzen. Aber ich mache jetzt Schluß.« Da herrschte er mich an: »Wer hat dir erlaubt zu gehen?« Diesen Tonfall ließ ich mir nicht bieten: »Was denkst du dir denn überhaupt? Nur weil du Polizist bist, müssen wir alle nach deiner Pfeife tanzen?« Da platzte dem Fettsack der Kragen: »Paß auf, wie du mit mir redest!« Dabei faßte er ständig an seine Pistole, aber ich konnte nicht mehr an mich halten: »Was willst du mir sagen? Meinst du, ich bin ein armes Würstchen, das du nach Lust und Laune schikanieren kannst?«

Plötzlich richtete er seine Waffe gegen mich und drohte: »Wenigstens vor der hast du Angst.« Da brannte mir eine Sicherung durch, und ich brüllte ihn an: »Ich hab' weder Angst vor deiner Pistole noch vor dir. Tausend Kugeln hat man knapp an meinem Kopf vorbeigeschossen. Hau endlich ab!« Vor Wut schäumend, torkelte er auf mich zu und wollte mich an der Gurgel packen. In dem Moment schlug ihm Ibrahim mit der Faust in den Bauch und warf ihn durch die Glastür auf die Straße. Kurz darauf versammelten sich zwölf Polizisten im Café und wollten wissen, was hier los gewesen wäre. Mir war schlecht.

Ibrahim wurde drei Stunden lang auf der Polizeistation verhört. Auch mich hatte man vorgeladen. Den Uniformierten machte ich klar, daß ich meine Aussage nur vor dem Leiter der Polizeidienststelle abgeben würde. Zuerst zogen mich die Beamten deswegen auf. Da ich aber eisern schwieg, gaben sie schließlich nach. Beim Chef im Zimmer schlug ich mit der Faust auf den Schreibtisch und schnauzte ihn an: »Was ist denn in dieser Stadt los? Zuerst kann ich keine Arbeit finden, und nachdem ich eine gefunden habe, machen mir gerade die Menschen Probleme, die mich eigentlich beschützen sollten. Sind hier denn alle verrückt geworden?!« Am Ende mußte Ibrahim dem Besitzer 150 Mark zahlen, weil er die Tür kaputtgeschlagen hatte. Ihn juckte das nicht. Er war ziemlich wohlhabend.

Wie gewohnt, traf ich mich am nächsten Tag mit meinem Freund im Café. Wenn er vom Bänderwechsel zurückkam, brachte er mir stets einen blühenden Zweig mit. Darüber freute ich mich mehr als über jedes andere Geschenk. Obwohl Ibrahim ein Auto hatte, begleitete er mich abends lieber zu Fuß nach Hause. Wir waren beide große Romantiker. Gemeinsam betrachteten wir den Sternenhimmel und versanken dabei in Träumereien. Mama und Goran lächelten immer, wenn ich beladen mit Kirschbaumzweigen die Wohnung betrat.

Immerzu bohrte Ibrahim in meiner Vergangenheit herum. Bisher hatte ich ihm nur Bruchstücke über das Leben im Konzentrationslager erzählt. Eines Nachts hielt an einer Kreuzung ein Auto, und der Unbekannte darin zündete sich eine Zigarette an. Beiläufig erkundigte sich Ibrahim, ob ich das bemerkt hätte. Schlagartig war ich wie gelähmt. Meine Hände waren schweißnaß. Vielleicht wollte mich jemand in einen Hinterhalt locken? Meine Vergewaltiger waren schließlich alle auf freiem Fuß. Ibrahim bemerkte, daß ich total verstört war. »Komm, wir setzen uns auf eine Bank und rauchen eine, bis du dich wieder beruhigt hast.« Er fand mein Verhalten so merkwürdig, daß er mich in einem fort löcherte: »Leila! Du mußt mir erzählen, was dir passiert ist.« Da stieß ich hervor, daß man mich in der Putenfarm vergewaltigt hatte. Das hätte er von Anfang an vermutet, meinte Ibrahim. Schweigend begleitete er mich zur Haustür.

Dieser Mann hatte einen neuen Menschen aus mir gemacht. Ich fühlte mich mehr als glücklich. Wie auf Wolken schwebte ich. Auf dem Heimweg hielt ich diesmal einen Apfelblütenzweig in der Hand. Der Mond schien. Die Straßen waren menschenleer. Ein lauer Wind wehte. Wir scherzten über irgend etwas. Da nahm er meine Hand. Das kitzelte wie ein kleiner elektrischer Schlag. »Heute stört es dich nicht«, stellte er lachend fest. Bisher hatte ich Ibrahim nämlich jede Annäherung verboten. Mit einemmal wandte er sich zu mir um und küßte

mich. Alles drehte sich. Und dann fühlte es sich an, als
ob mir Flügel wachsen würden. Abends wälzte ich mich
im Bett unruhig hin und her. Dieses Gefühl nistete im
Brustkorb. Brannte in den Adern. Einfach Irrsinn. Ich
war tatsächlich verliebt!

Am nächsten Tag schilderte ich brühwarm meiner
Mutter dieses Erlebnis. Sie freute sich für mich, obwohl
sie eigentlich lieber Ratko als Schwiegersohn gesehen
hätte. Kurz darauf stellte sich Ibrahim meinen Eltern
vor. Goran war der Meinung, daß der Mann noch nicht
geboren wäre, der mich verdient hätte. Keiner wäre gut
genug für mich. Mein Bruder war der Ansicht, daß Ibrahim ein Wichtigtuer wäre. Gorana wiederum war völlig
hingerissen. Ibrahim hatte sie mit Schokolade besto-
chen.

Gemeinsam mit meinem Freund schmiedete ich Pläne. Dabei hatte ich allerdings ständig ein schlechtes Ge-
wissen. Seit diesem Kuß mußte ich unentwegt an Ratko
denken. Er tat mir leid. Ibrahim wollte mich heiraten
und mit mir und Zoran in die Schweiz ziehen. Dort lebten Verwandte und Freunde von ihm. Er würde arbeiten, und ich sollte vorerst zu Hause bleiben. Dann hätte
ich endlich mehr Zeit für den Kleinen. Wir faßten das
ernsthaft ins Auge, aber im tiefsten Inneren glaubte ich
nicht daran. Für mich klang das wie ein Märchen.

Ich war ziemlich unschlüssig. In der Realität konnte
ich mir nicht vorstellen, mit ihm wegzugehen und ein
normales Eheleben zu führen. Könnte ich jemals Lust
mit einem Mann empfinden? Ich wünschte es mir,
konnte es mir jedoch nicht vorstellen. Endlich wollte
ich mich wie eine echte Frau fühlen. Einfach nur küssen
und streicheln. Mehr nicht.

Ratko und Ibrahim

Knapp zwei Monate war ich mit Ibrahim zusammen, als Ratko seinen Besuch ankündigte. Da in diesem Ort nichts geheim blieb, wußte man auch auf der Polizeistation bald darüber Bescheid. Ein Kriminalinspektor sprach mich auf der Straße an: »Ich habe gehört, daß der Serbe Ratko Miri kommt. Wann?« »In den kommenden zwei Tagen. Warum?« »Du hast das nicht gemeldet.« »Wem soll ich das melden?« »Na, uns.« »Warum?« »Wegen deiner persönlichen Sicherheit. Das ist deine Bürgerpflicht.« »Wo steht das?« »Laßt euch nicht einfallen, in unserer Nähe aufzutauchen. Ich hätte die Vollmacht, diesen Miri zu erschießen. Er ist Serbe.« Zornerfüllt starrte ich ihm hinterher. Am nächsten Tag traf ich diesen Polizisten wieder auf der Straße und fauchte ihn an: »Tu das bloß nicht. Auch nicht zufällig!«

Als ob Ratko jemanden umbringen könnte. Es dauerte lange, bis sich meine Wut wieder gelegt hatte. Ich wußte nicht, um welche Uhrzeit er ankommen würde. Einerseits freute ich mich auf seinen Besuch, andererseits überhaupt nicht. Wie sollte ich ihm das mit Ibrahim beibringen? Bisher hatte ich meinen Freund nur einmal beim Telefonieren erwähnt. Ich war völlig verzweifelt und stand kurz vor einem Nervenzusammenbruch. Als ich gerade im Café Getränke servierte, klingelte das Telefon. »Komm nach Hause. Ratko ist da«, sagte meine Mutter. Aufgeregt wandte ich mich an Ibrahim: »Ich gehe jetzt. Er ist da.« Ungerührt bestand er darauf, daß ich mich noch einmal zu ihm setzen sollte.

Ibrahim war als gläubiger Moslem sehr konservativ erzogen. »Ich bin der Mann und führe das Wort. Es wird so sein, wie ich es bestimme«, ist seine Einstellung. Hastig kippte ich den Saft aus meinem Glas hinunter und wollte aufbrechen. »Ich begleite dich nach Hause«, beharrte Ibrahim. Mir war das nicht recht, aber ich wollte ihn nicht kränken. Kaum standen wir oben vor der Wohnungstür, fragte er mich, ob ich ihn nicht mit Ratko bekannt machen wollte. »Auf gar keinen Fall«, stieß ich empört hervor. Doch dieser Sturkopf ließ sich nicht beirren. In diesem Augenblick öffnete Goran die Tür, weil er unsere Stimmen gehört hatte.

»Was gibt's Neues? Wie geht's?« Mit diesen Worten drängte sich Ibrahim an Goran vorbei in die Wohnung. Überrascht trat mein Stiefvater zur Seite. Ibrahims Verhalten gefiel mir überhaupt nicht. Niemand hatte ihn hereingebeten. Wie gerne hätte ich Ratko dieses Zusammentreffen erspart. Doch mein Freund war schon in der Küche. Bleich wie ein Laken erschien ich hinter ihm. Freudig kam mir Ratko entgegen und küßte mich auf die Wange. Das war ein Schock für Ibrahim.

Ratlos blickte Ratko in die Runde. Warum stellte ihm keiner diesen fremden Mann vor? Betreten schwiegen alle. »Ich bin Leilas Freund«, posaunte Ibrahim plötzlich heraus und ließ sich auf die Küchenbank fallen. Wie peinlich! Gleich würde ich sterben. Ratko schossen die Tränen in die Augen. Ibrahim benahm sich wie ein Gokkel, der gerade einen Kampf gewonnen hatte. In diesem Moment waren all meine Sympathien auf Ratkos Seite.

Meine Mutter kochte Kaffee und klapperte laut mit dem Geschirr, damit die Stille nicht ganz so unerträglich war. Gorana flüchtete in ihr Zimmer. Ich warf beim Tischdecken die Tassen um, weil ich so zitterte. Keine Sekunde länger ertrug ich diesen traurigen Blick. Deshalb stierte ich auf meine Füße. Mir war zum Heulen zumute. Nur Zoran war gut gelaunt. Mit leuchtenden Augen hing er an Ratkos Arm und plapperte stolz: »Das ist mein Papa!« Das paßte Ibrahim nicht. »Ich hab' ein Geschenk für dich«, sagte er zu dem Kleinen. Am liebsten hätte ich mich in Luft aufgelöst. Kurzerhand stolzierte Ibrahim aus der Wohnung. Wir schwiegen. Als er wieder zurückkehrte, lockte er Zoran mit einer Tafel Schokolade zu sich. Der Kleine nahm die Schokolade entgegen und hüpfte mit seiner Beute gleich wieder zu Ratko. Darüber freute ich mich. Die Stunden verstrichen. Doch Ibrahim kam einfach nicht auf die Idee, uns endlich alleine zu lassen. »Denkst du nicht daran, nach Hause zu gehen?« fragte ich ihn schließlich gequält. Heiter fragte er, ob ich ihn rausschmeißen wollte. »Nein, aber es wäre besser, wenn du jetzt gehen würdest«, zischte ich und platzte dabei fast vor Wut.

Als er endlich weg war, hockte ich noch eine Zeitlang alleine mit Ratko am Tisch. Er war wie gelähmt. Kein Wort kam über unsere Lippen. Ich wußte nicht, was ich ihm hätte sagen sollen. Alles, was mir einfiel, klang blöd in meinen Ohren. Ich hoffte, daß er mich irgend etwas fragen würde, aber er fragte nichts. Die Nacht verbrachte er mit Goran in meinem Appartement. Das hatten die beiden so ausgemacht. Goran meinte später: »Du kannst dir nicht vorstellen, wie leid mir dieser Mensch tut.« Die ganze Nacht hätte er geweint und dabei bestimmt fünf Päckchen Zigaretten geraucht. Goran gegenüber hätte er behauptet: »Leila kann zusammensein, mit wem sie will. Hauptsache, sie ist glücklich. Sie soll nur gut auf mein Kind aufpassen. Ich träume von dem Tag, an dem sie zu mir zurückkehren wird.«

Am nächsten Morgen kam ich früher aus den Federn als sonst, schminkte mich fahrig und kochte mir einen Kaffee. Ich stand völlig neben mir. Da hörte ich Ratko klopfen. Er wußte, daß ich bald zur Arbeit aufbrechen würde. Wir setzten uns zusammen und redeten über oberflächliche Dinge. Wie groß und klug Zoran wäre, was für schöne Zähne er hätte und solche Dinge. Ratko wollte noch eine Nacht in B. bleiben. Er wollte wissen, ob ich mit ihm abends ausgehen würde. »Nein«, sagte ich. Niedergeschlagen akzeptierte er es.

»Ist er endlich nach Hause gefahren?« empfing mich Ibrahim im Café. »Nein«, entgegnete ich unterkühlt. »Wie lange wird er bleiben?« »Zwei oder drei Tage«, gab ich zurück. Ich war zwar in diesen Mann verliebt, aber sein Imponiergehabe vom Vortag empfand ich als unerträglich. Ratko war lange unterwegs gewesen, um sein Kind und mich zu sehen. Er hatte mir das Leben gerettet. Und dieser Wichtigtuer verletzte ihn einfach. »Er ist nicht dein Lebensretter«, ärgerte sich Ibrahim immer, »er hat lediglich so gehandelt, wie es jeder andere normale Mensch auch getan hätte.«

Die ganze Zeit über machte er abfällige Bemerkungen über Ratko. Auf sein eifersüchtiges Geschwätz reagierte ich gar nicht. Da schnaubte er: »Alle Tschetniks sind die gleichen Schurken.« Im ersten Augenblick verschlug es mir die Sprache. Nationalistische Sprüche aus dem Munde meines Freundes. Das brachte das Faß zum Überlaufen. Völlig außer mir beschimpfte ich ihn als hinterhältig und unanständig. Ibrahim wurde immer kleiner. »In dieses Café kommen nur Moslems, aber sie benehmen sich schlimmer als die Tschetniks«, machte ich meinem Zorn Luft. An diesem Tag verließ ich das Café früher als sonst. Ich wollte mir doch noch die Zeit für ein Gespräch mit Ratko nehmen.

Auf der kleinen Brücke kamen mir Ratko und mein Stiefvater entgegen. Sie wollten in ein Lokal. »Darf ich mich anschließen?« fragte ich. Ratko lachte erleichtert. Kaum hatten wir auf einer Bank Platz genommen, zog sich Goran unauffällig zurück. Der Abend wurde lang. Wir weinten viel. Und ich erzählte Ratko alles. Fast alles.

Wegen Ibrahim machte er mir keinen Vorwurf, aber ständig bestürmte er mich, daß ich zu ihm zurückkehren sollte. Ich wollte ihm klarmachen, daß das für mich unmöglich wäre. Er sollte mein abweisendes Verhalten endlich verstehen. Wie konnte ich in einem Land leben, in dem meine Vergewaltiger möglicherweise im gleichen Geschäft wie ich einkaufen gingen?

Ich versuchte, Ratko meinen psychischen Zustand zu erklären, den ich vor der Therapie durchlebt hatte. Und ich erwähnte, daß ich nach dem Konzentrationslager in einem »Haus« war. Ein Mann hätte mich dort einem anderen übergeben. Ich erwähnte keine Einzelheiten. Ich denke aber, daß er klug genug war, um sich zusammenzureimen, was tatsächlich passiert war. Vielleicht hat mich Ratko umarmt, während ich nach Worten rang, aber ich kann mich nicht mehr daran erinnern. In der Kneipe geigte ein Musikant alte Volksweisen. Ratko entschuldigte sich für seine Tränen. Die Musik wäre daran schuld.

Am nächsten Morgen setzte er mich mit seinem Auto vor dem Café ab. Er wollte noch mitkommen, um meine Arbeitsstelle kennenzulernen. An der Bar servierte ich ihm einen Kaffee. »Laß es uns noch mal miteinander versuchen«, ließ er mir keine Ruhe. In dem Moment kam Ibrahim herein. Als er uns entdeckte, machte er auf dem Absatz kehrt und verschwand wortlos. »Liebst du diesen Mann?« wollte Ratko wissen. Ich antwortete, daß ich in ihn verliebt wäre, aber nicht wüßte, ob ich ihn liebte. Hastig sprudelte Ratko los: »Auch wenn ihr zusammenbleibt und heiratet, er wird dich nie so sehr lieben wie ich. Denn keiner versteht dich besser als ich. Selbst wenn du noch andere Kinder bekommst, du kannst jederzeit zu mir zurückkommen. Ich werde immer auf dich warten. Irgendwann werden wir wieder zusammensein. Die Zeit spielt keine Rolle für mich.«

Dann drückte er hastig seine Zigarette aus und warf

sich seine Jacke über die Schulter. Ich begleitete ihn noch zu seinem Auto. Ratko kurbelte die Scheibe runter und forderte mich ein letztes Mal auf: »Laß uns unseren Sohn holen und gemeinsam nach Hause fahren.« »Nein«, entgegnete ich ihm. Er schluchzte und fuhr davon. Traurig blieb ich zurück. An diesem Tag wechselte ich mit Ibrahim kein Wort mehr. Und die Tage darauf begannen wir zu streiten, sobald das Café leer war. Wenigstens räumte er endlich seine Eifersucht ein. »Ich will dich nicht an diesen Mann verlieren«, brummte er.

Liebe

Der Besitzer des Cafés hat Pleite gemacht. Ich bin wieder arbeitslos. »Bald bekommst du den Rest von deinem Gehalt«, vertröstete mich der alte Säufer seit Monaten. Doch er hat sein ganzes Hab und Gut verspielt. Mit meinem Trinkgeld sind wir bisher einigermaßen über die Runden gekommen. Aber jetzt steht uns das Wasser wieder bis zum Halse.

Mein Leben ist farbloser geworden. Die Beziehung zu Ibrahim habe ich aus verschiedenen Gründen beendet. Dieser Mann kann mich einfach nicht verstehen. Jedesmal wollte er Zoran dabei haben, wenn wir uns trafen. Mir war das aber nicht recht. Solange ich mir nicht hundertprozentig sicher war, ob er der Richtige wäre, sollte sich mein Kind nicht an ihn gewöhnen. Gekränkt beklagte sich Ibrahim: »Du hast andere Pläne.« Das stimmte nicht. Ich wollte nur nicht, daß mein Kind eines Tages schlecht über mich denken würde: »Meine Mama konnte mit meinem Vater nicht zusammenleben. Sie hatte aber diesen und jenen Onkel als Freund. Mit denen wollte sie auch nicht zusammensein.« Ibrahim hielt mir entgegen: »Du liebst diesen Ratko.« So endeten unsere Gespräche normalerweise immer.

Bei unserem letzten Treffen führte mich Ibrahim abends aus. Das Lokal war randvoll, und die Gäste taxierten mich von oben bis unten. Das verunsicherte mich. »Ich fühle mich hier nicht wohl«, flüsterte ich Ibrahim zu. Er verstand die Welt nicht mehr. Es handelte sich um das teuerste und beste Restaurant im Ort. »Fürchtest du dich etwa vor den Menschen?« fragte er. »Nein«, erwiderte ich, »aber ich will irgendwohin, wo weniger Leute sind.« Das paßte Ibrahim nicht, aber er fügte sich. Den ganzen Abend nörgelte er herum, wie klein und billig diese Absteige wäre. Da riß mir der Geduldsfaden: »Ich will sofort nach Hause.«

Letztendlich habe ich noch einige Dinge über Ibrahim erfahren, die mir nicht besonders gefielen. Wie viele andere nach dem Krieg zockte er professionell und organisierte Kartenspiele im großen Stil. Betrügereien standen dabei auf der Tagesordnung. Jetzt war mir auch klar, warum Ibrahim so viel Geld hatte. Als ich ihn darauf ansprach, gab er es ganz offen zu. Er nahm an, daß ich ihm trotzdem vertrauen würde.

Unendlich traurig fühlte ich mich, als zwischen uns Schluß war. Doch ich bin eine sehr trotzige Person. Wenn ich einmal beschlossen habe, nicht mehr mit jemanden zu reden, dann halte ich mich auch daran. Egal, wie sehr mir das selber weh tut. Ibrahim klingelte an der Haustür und rief mich öfter an, aber ich schmetterte ihn nur ab: »Du brauchst dir die Mühe nicht mehr zu machen.« Danach ging ich ins Bad und weinte. Ich habe Sorge, daß alles wieder von vorne anfängt. Deshalb gehe ich ihm besser aus dem Weg.

Wenn ich mich sehr schlecht fühle, rufe ich Jasmina bei Medica an. Sie hat immer ein offenes Ohr für mich. Nach den Gesprächen mit ihr fühle ich oft eine große Sehnsucht nach einem ganz normalen Leben. Wie andere junge Leute würde ich gerne mal wieder in eine Disco gehen. Aber was soll ich dort? Dort würde ich wahrscheinlich sowieso nur unter Platzangst leiden. Ich war einfach zu lange eingesperrt. Ich kann dort noch nicht mal eine Toilette aufsuchen und die Tür längere Zeit hinter mir verschließen, weil mich sonst die Panik packt. Und wenn ich nicht ständig ein Glas Wasser griffbereit habe, bekomme ich Zustände. Eine Folge dessen, daß man mich so oft hat fast verdursten lassen. Außerdem würden alle in der Disco über mich lästern: »Guck mal, sie hat ein Kind und geht trotzdem zum Tanzen.« So denken die Menschen hier.

Ich muß diese Stadt verlassen. Am liebsten hätte ich ein kleines Häuschen. Weit weg vom Lärm. B. ist eine tote Stadt. Seit Kriegsende hat sich einiges geändert. Ab und zu schlendern amerikanische IFOR-Soldaten durch die Straßen. Serben findet man kaum noch im Ort. Zur Zeit baut man eine eigene Schule für alle Kroaten. Meine Schwester Gorana kam vor einigen Tagen ganz aufgelöst nach Hause, weil alle ihre Freundinnen diese neue Schule besuchen wollen. Das arme Kind weiß nicht, wo sie mit einem kroatischen Vater und einer muslimischen Mutter eigentlich hingehört. »Wer bin ich?« fragte sie Mama. Und meine Mutter antwortete: »Du bist Gorana.«

Für die gegenseitigen Beschuldigungen der bosnischen, kroatischen oder serbischen Führung interessieren wir uns nicht. Wir sind damit beschäftigt, die Scherben unseres Lebens wieder zusammenzufügen. Der Alltag mit der Arbeitslosigkeit ist wieder eingekehrt. Momentan lassen wir in den Geschäften anschreiben. Abends schauen wir manchmal fern oder bekommen Besuch. Mittlerweile kann ich sogar wieder Komödien gucken und darüber lachen. Genauso genieße ich es, wenn wir in unserer Küche eine kleine Party veranstalten. Und wenn ich alleine sein möchte, ziehe ich mich einfach in mein Appartement zurück. Ich habe viele kleine Fortschritte gemacht.

Tagsüber gehe ich regelmäßig mit Zoran spazieren. Ungern verlasse ich dabei jedoch die gewohnten Wege. In meinen düsteren Stimmungsmomenten fühle ich mich von der Gesellschaft verlassen. Nur mein Kind verleiht mir dann noch Lebensmut. Wenn Zoran mal größer ist, werde ich ihm alles über meine Vergangenheit erzählen. Allerdings ohne Rachegefühle in ihm zu wecken.

Immer wieder plagen mich diese verdammten Unterleibsschmerzen. Ich hoffe, daß das nicht lebensgefährlich ist. Meine Periode bekomme ich auch nur unregelmäßig. Zum Arzt gehe ich lieber nicht. Aber abgesehen von all den Schmerzen und depressiven Verstimmungen bin ich glücklich, noch auf dieser Welt zu sein. Mein Motto lautet: »Nimm alles, was dir das Leben bietet.« Ich war immer ein großer Optimist. Das macht das Dasein leichter.

Erst kürzlich besuchte mich Ratko wieder. Abends führte er mich aus. »Zoran ist das beste Kind auf der Welt«, erzählte ich dabei über unseren Kleinen. Da erwiderte er: »Warum darf das Kind nicht mit beiden Elternteilen aufwachsen? Sein Vater ist doch kein schlechter Mensch.« Das weiß ich wohl. Darum hat mich seine Bemerkung sehr getroffen. Im Restaurant spielte eine Band. Ratko bestellte ein Lied. »Gib mir deine Hand zur Versöhnung, damit wir es noch einmal versuchen. Komm nach Serbien, Leila«, beschwor er mich. Es gibt aber kein »Zurück«. Wir können weder bei ihm noch bei mir leben. Weit weg müßten wir ziehen. Denn in diesem Land haben wir keine Zukunft. Irgendwo anders auf der Welt würde es besser sein. Wahrscheinlich wird mich kein Mann je so lieben wie Ratko.

Ob ich ihn auch liebe? Ich weiß nicht, ob ich dazu überhaupt in der Lage bin. Vielleicht liebe ich ihn in einem anderen Sinn. Es vergeht kein einziger Tag, an dem ich nicht an Ratko denke. Jedesmal, wenn ich zu Bett gehe, bete ich für ihn. Möglicherweise ist das Liebe. Ich weiß es nicht. Wenn er früher angerufen hatte, war mir das gleichgültig. Jetzt freue ich mich darüber. Vielleicht ist das Liebe. Wenn wir tatsächlich irgendwann zusammenleben sollten, werde ich ihm die ganze Wahrheit über mich erzählen. Vielleicht können wir uns dann lieben.

234

Nachwort

»Massenvergewaltigungen im Kosovo« – eine der Schlagzeilen während des Kosovokrieges. Wieder waren unzählige Frauen mißbraucht worden. Und zwar größtenteils von den gleichen Tätern wie im ehemaligen Bosnien. Erneut ein weltweiter Aufschrei des Protestes, der jedoch schnell wieder verhallte. In diesem Moment stellte ich mir die Frage, was eigentlich mit den mißbrauchten Frauen in Bosnien geschehen war. Wie lebten diese Opfer? Wer half ihnen? Seltsam still war es um sie geworden.

Vergewaltigungslager: Ein Wort, das Gänsehaut verursacht, aber zugleich seltsam unkonkret bleibt, unvorstellbar. Während des Jugoslawienkrieges wurden zehn-, vielleicht sogar hunderttausend Frauen auf bestialische Weise mißbraucht und gefoltert, um sie und ihre Familien zu demütigen und zu vernichten. So viele, daß hinter der Anonymität des Wortes verschwindet, welchen Alptraum jede einzelne von ihnen durchlebt hat. Vergewaltigung als Kriegsstrategie, die kein Benzin und keine Munition kostet. Zweifelsohne wird und wurde in jedem Krieg vergewaltigt. Doch auf dem Balkan kam etwas Neues dazu. Massenvergewaltigungen waren Bestandteil der Politik. Das systematische Quälen hatte Methode. Zurück blieben seelische und körperliche Krüppel.

Bei meinen Recherchen nach Frauen, die bereit wären, über ihr heutiges Leben zu sprechen, stieß ich auf eine Mauer des Schweigens. Aus Fachkreisen bekam ich zu hören, daß keine Frau freiwillig bereit wäre, eine Aussage zu machen. Denn das Leben heute wäre untrennbar mit dem von gestern verknüpft. Psychologinnen, die mit traumatisierten Frauen arbeiteten, rieten mir, von dem Thema Abstand zu nehmen. Die Opfer wären im Schweigen erstarrt. Nur ein Drittel der Frauen wäre überhaupt noch in der Lage, emotional zu reagieren. Die meisten hätten die Fähigkeit verloren, über sich selber zu sprechen. Sie erzählten von dem, was geschehen war, in der dritten Person. An Gerechtigkeit glaubte keine mehr. Denn bis heute waren die Täter auf freiem Fuß. Die meisten Opfer litten still. Sie waren in Vergessenheit geraten.

Nach einigen Wochen stieß ich auf einen Verein (Vereinigung von Kriegsgefangenen der Föderation Bosnien-Herzegowina) in Sarajevo, der Ansprechpartner für Kriegsopfer ist. Mit Hilfe dieser Vereinigung bekam ich Kontakt zu mehreren mißbrauchten Frauen, die im März 2000 in Den Haag aussagen wollten. Frauen mit Zivilcourage. Starke Persönlichkeiten, die ein unglaubliches Martyrium überlebt hatten. In den Gesprächen reihte sich das Grauen aneinander, bis es unfaßbar wurde. Von vorsätzlicher Schwängerung, Elektroschocks an den Genitalien oder wochenlangen Vergewaltigungen selbst an hochschwangeren Frauen war dabei die Rede. Manche mußten dem Mord an den eigenen Töchtern zusehen.

Ganze Familien wurden durch die Vergewaltigungen zerstört. Unter den Überlebenden wäre die Selbstmordrate extrem hoch, teilte mir die Vereinigung für Kriegsgefangene mit. Aus Furcht, vom Mann oder der Familie verstoßen zu werden, schwiegen viele bis heute. Die meisten sind von Beruhigungsmitteln abhängig. Medizinische und psychologische Hilfe ist nur den wenigsten Opfern zuteil geworden. Alleingelassen fristen die Frauen meist in Flüchtlingswohnungen ihr Dasein. Verarmt, zerfressen von ihrer Angst. Mit ihnen ihre Kinder.

Unter all diesen Frauen befand sich auch Leila. Sie war die Jüngste. Und sie war anders. Sie schluckte keine Pillen, und sie wirkte ruhig, fast stoisch. Ein Mädchen, das dank dem therapeutischen Hilfsprojekt Medica wieder lachen und reden gelernt hatte. Mit ihr war ein kleines Wunder geschehen. Leila hatte sich verliebt. Sie war ein Mädchen, das in all dem Entsetzen Hoffnung gab.

Hinter ihrer unberührten Fassade tobten jedoch seelische Stürme. Bei unserem ersten Treffen erzählte sie mir (im Rahmen einer Reportage), daß es ihr von allen mißbrauchten Mitgefangenen noch am besten ergangen wäre. Später stellte sich heraus, daß Leila noch nicht die Kraft besessen hatte, den Horror beim Namen zu nennen. Ihre Geschichte ließ mich auch nach Abschluß meiner Arbeit nicht mehr los. Der Mut und Trotz der 24jährigen faszinierten mich. Die Gleichgültigkeit der Gesellschaft machte mich wütend.

Auch bei den nachfolgenden Begegnungen warf Leila noch einiges durcheinander. Manches brachte sie nur stockend oder auch gar nicht heraus. Sie versuchte, das Erlebte abzuschwächen. Mit Unterstützung einer Psychologin, die gleichzeitig als Übersetzerin fungierte, setzten wir die einzelnen Teile in tagelangen Gesprächen behutsam zusammen. Deutlich wurde auch, welche große Rolle Leilas Mutter in ihrem Leben spielte. Deren Liebe war für die Tochter wie ein Proviantbeutel, aus dem sie all die verlorenen Jahre hindurch gezehrt hatte. Das Schicksal dieses jungen Mädchens spiegelte den ganzen Wahnsinn des Krieges auf dem Balkan wider. Feindbilder verschwanden. Alle waren schuldig. Egal, ob Moslems, Serben oder Kroaten. Doch unter den Bösen gab es immer auch Gute.

»Das Unrecht darf nicht vergessen werden«, beharrt Leila. Dabei zieht sie zärtlich ihren kleinen Sohn Zoran auf den Schoß. Auch ihrem Kind werde sie später einmal die Wahrheit sagen. »Aber ohne Rachegefühle in ihm zu wecken.« Damit der Horror ein Gesicht bekommt und damit die Männer, die ihr Leben zerstört haben, endlich gefaßt und bestraft werden, will die junge »Mutter Courage« ihre Geschichte erzählen, in diesem Buch und vermutlich im Frühling 2000 vor dem Internationalen Gerichtshof in Den Haag, obwohl jedesmal die Todesangst wieder da ist, wenn sie sich die Bilder ins Gedächtnis ruft, die sie lieber verdrängen würde.

Der Weg nach Den Haag ist unglaublich mühsam. Die Frauen müssen das Kreuzverhör ohne psychologische Betreuung überstehen. Viele brechen unter der Belastung der Aussagen zusammen. Detailgerecht müssen sie berichten und dabei das ganze Entsetzen noch einmal durchleben. Wenn ihnen dabei etwas entfällt, was nach einer Traumatisierung sehr häufig geschieht, gelten sie vor dem Gericht als unglaubwürdig. Nach ihren Aussagen steht den Frauen kein Schutz vor Racheakten zu.

Im Oktober 1999 hat sich Leila freiwillig bereit erklärt, als Hauptzeugin in einem Gerichtsprozeß in Sarajevo gegen Iuvuz Begi auszusagen. Er war einer der führenden Köpfe unter Fikret Abdi und Kommandant des Konzentrationslagers, in dem sie monatelang eingesperrt war. Für mehrere Morde und Vergewaltigungen soll er verantwortlich sein. Mit Leila traten auch andere Frauen auf.

Die Anwältin stritt alle Vergehen ihres Mandanten Begi ab. Erneut fühlten sich die Opfer als Schuldige. Seit Beginn des Prozesses erhielt Leila mehrere Morddrohungen. Trotz 24stündigem Polizeischutz lauerte ein Unbekannter ihr hinterm Haus auf und schlug sie zusammen. Eine Nachbarin hörte die Schreie der jungen Frau und verhinderte so Schlimmeres. Leila ist sich nicht sicher, ob sie noch die Kraft besitzt, als Kronzeugin in Den Haag aufzutreten. Sie ist in Schweigen gefallen.

Alexandra Cavelius

Immaculée Ilibagiza

Aschenblüte

Ich wurde gerettet, damit ich erzählen kann
Mit zahlreichen Abbildungen

ISBN 978-3-548-36981-5
www.ullstein-buchverlage.de

»Ich hörte sie meinen Namen brüllen. Meine früheren
Freunde und Nachbarn – jetzt liefen sie mit Macheten
durchs Haus und suchten nach mir ...«
In einem winzigen Versteck überlebt Immaculée Ilibagiza
den Völkermord in Ruanda. Mit Hilfe ihres Glaubens gelingt
es ihr, die Angst vor Entdeckung und das Grauen der Mas-
saker zu ertragen – aber auch, den Mördern ihrer Familie
zu verzeihen und ein neues Leben zu beginnen.

»Ein kostbarer Beitrag zu einer Literatur, die versucht,
den Untiefen menschlicher Verkommenheit ein Stück
Hoffnung entgegenzusetzen.« *Publishers Weekly*

US276

ullstein